Aileen Heid

# ERINNERUNGSPOLITIK

## Nordirlands langer Weg zum Frieden

**AN INTERDISCIPLINARY SERIES**
**OF THE CENTRE FOR INTERCULTURAL AND EUROPEAN STUDIES**

**INTERDISZIPLINÄRE SCHRIFTENREIHE**
**DES CENTRUMS FÜR INTERKULTURELLE UND EUROPÄISCHE STUDIEN**

**CINTEUS** • Fulda University of Applied Sciences • Hochschule Fulda
cinteus@sk.hs-fulda.de
www.cinteus.eu

ISSN 1865-2255

13 *Andreas Herberg-Rothe (ed.)*
Lessons from World War I for the Rise of Asia
ISBN 978-3-8382-0791-9

14 *Agnieszka Satola*
Migration und irreguläre Pflegearbeit in Deutschland
Eine biographische Studie
ISBN 978-3-8382-0692-9

15 *Vera Axyonova (ed.)*
European Engagement under Review
Exporting Values, Rules, and Practices to the Post-Soviet Space
ISBN 978-3-8382-0860-2

16 *Işıl Erduyan*
Multilingual Construction of Identity
German-Turkish Adolescents at School
ISBN 978-3-8382-1201-2

17 *Hans-Wolfgang Platzer*
Bronislaw Huberman und das Vaterland Europa
Ein Violinvirtuose als Vordenker der europäischen
Einigungsbewegung in den 1920er und 1930er Jahren
ISBN 978-3-8382-1354-5

18 *Aileen Heid*
Erinnerungspolitik
Nordirlands langer Weg zum Frieden
ISBN 978-3-8382-1351-4

Aileen Heid

# ERINNERUNGSPOLITIK

## Nordirlands langer Weg zum Frieden

**Bibliografische Information der Deutschen Nationalbibliothek**
Die Deutsche Nationalbibliothek verzeichnet diese Publikation in der Deutschen Nationalbibliografie; detaillierte bibliografische Daten sind im Internet über http://dnb.d-nb.de abrufbar.

Bibliographic information published by the Deutsche Nationalbibliothek
Die Deutsche Nationalbibliothek lists this publication in the Deutsche Nationalbibliografie; detailed bibliographic data are available in the Internet at http://dnb.d-nb.de.

ISBN-13: 978-3-8382-1351-4


Printed in the EU

This work is dedicated to the people of
Northern Ireland
and to all the other people around the world
who live in times of
conflict & trouble.

May we all never stop to believe in change.

A very special thanks goes to John Kelly and his family
without whom I never could have done this

## Inhaltsverzeichnis

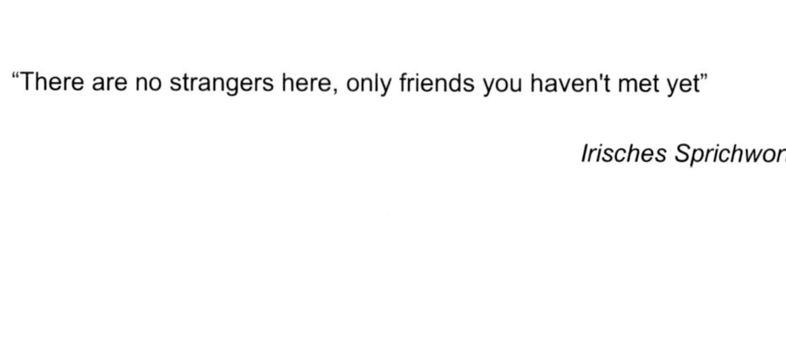

"There are no strangers here, only friends you haven't met yet"

*Irisches Sprichwort*

## Vorwort

„Was der Historiker berichtet und erklärt,
müßte real sein, sonst ist das,
was er betreibt, nicht Geschichte."
(Lyotard 2010, S. 86)[1]

**I**

Die Integration Europas in der zweiten Hälfte des 20. Jahrhunderts gilt, wie wir uns immer wieder versichern, als eine Erfolgsgeschichte. Lange schien es nur eine Richtung zu geben: den sukzessiven Beitritt der Staaten Europas, der nach 1989 auch die ehemaligen sozialistischen Länder Mittel- und Südosteuropas einschloss. Freilich hat diese Erfolgsstory in den vergangenen Jahren einige Risse bekommen, die sich nicht allein in der Ablehnung einer gemeinsamen Verfassung in Kernländern der EU, dem Auftauchen nachhaltiger Konfliktlinien (Euro-Krise, Staatsschuldenkrise, Migrationskrise) und zuletzt dem Austritt des Vereinigten Königreiches manifestieren. Auch die jüngere Geschichte der Europäischen Union, die im 2017 eröffneten „Haus der europäischen Geschichte" in Brüssel ihren „offiziellen" Ort gefunden hat, hat umgehend Kritik erfahren und zwar eine, die sich auf die Erfolgsstory selbst bezieht. So wird die vorgebliche Zentrierung der Erinnerung – das „Haus" will bewusst nicht Museum einer abgeschlossenen Geschichte sein – auf das Friedensprojekt Europa nach dem Ende des zweiten Weltkriegs als eine dezidiert westliche Perspektive bezeichnet, welche die Vergangenheit der mittelosteuropäischen Mitgliedsstaaten ausblendet. Zugleich werde das Schicksalsjahr 1989 – der Fall des Eisernen Vorhangs und die vorausgehende Phase der Unfreiheit im „Osten" Europas – abgedunkelt. Die auf eine gegenwärtige und zukünftige, gemeinsam geteilte Identität des politischen Europas abzielende Erinnerungspolitik kreist so gesehen immer auch um Konflikte, die sie zugleich ein Stück weit reproduziert (siehe für *einen* zeitlich etwas früher gelagerten Überblick: Leggewie 2011).[2]

1 Lyotard, Jean-Fançois (2010). *Streifzüge. Gesetz, Form, Ereignis*. 2. Auflage. Wien: Passagen Verlag.
2 Leggewie, Claus (2011). *Der Kampf um die europäische Erinnerung. Ein Schlachtfeld wird besichtigt*. Zusammen mit Anne Lang. München: Beck.

## II

Auch innerhalb und unterhalb der Ebenen der Kollision überregionaler, „nationaler“ oder „nationalstaatlich“ organisierter Erinnerungspolitiken werden Konfliktlinien tradiert, die als Herausforderung europäischer Integration gelten können. 2019, im Zuge der sogenannten Brexitverhandlungen zum Austritt des Vereinigten Königreiches aus der EU, hatten sich die europäische wie die britische Administration heillos ineinander verhakt, weil eben jener Brexit aus einer weich gewordenen Grenze wieder eine harte (nämlich eine EU-Außengrenze) zu machen drohte, die mit einem ganz anderen Konflikt auf Engste verbunden ist: Die Grenze zwischen der Republik Irland und Nordirland, das Teil des Vereinigten Königreiches ist. Allein die Möglichkeit einer harten Trennungslinie hat den mühsam auf Eis gelegten Nordirlandkonflikt aus der Position einer erkalteten wieder in die Nähe einer heißen Auseinandersetzung gerückt. Viele der europäischen Mitgliedsstaaten sind auch Postkonfliktgesellschaften, die um ihre Vergangenheit, Gegenwart und Zukunft ringen: von Irland über Spanien zu (dem jetzt ausgetretenen) Vereinigten Königreich über Belgien, und damit ist die Reihe lange nicht beendet.

Von *einer* Geschichte Europas oder von den *Geschichten* der europäischen Nationalstaaten zu sprechen und die Vergangenheit gewissermaßen abzuschließen, kann heute nicht mehr überzeugen. In den Geistes-, Sozial- und Kulturwissenschaften hat sich diese Einsicht durchgesetzt. Erinnert sei an Pierre Noras Formulierung vom Verhältnis von Gedächtnis und Geschichte, die zu einem verlebendigten Verständnis der Erinnerungs- und Gedächtnispolitik beigetragen hat. Maurice Halbwachs Theorie des kollektiven Gedächtnisses wurde wieder entdeckt, Jan und Aleida Assmann haben wichtige Forschungen zu kulturellen und kommunikativen Gedächtnissen vorgelegt: Die Wiederentdeckung der gegenwärtigen, konfliktiven Vergangenheit als Feld alltäglicher gesellschaftlicher Auseinandersetzung und deren Relevanz für das Selbstverständnis ehemaliger Konfliktparteien und deren Bereitschaft zum Zusammenleben – und etwas pathetisch gesagt: zum Frieden – sind für die Wissenschaftlerinnen und Wissenschaftler, die sich mit Europa befassen von ganz herausragender Bedeutung.

## III

Im Geiste einer solchen Erkundung der lebendigen „Geschichte" in Europa hat Aileen Heid Forschungen in Nordirland durchgeführt, auf deren Grundlage sie 2018 ihre Masterarbeit „Shades of Remembrance. Erinnerungspolitik und der lange Weg zum Frieden; eine Betrachtung anhand des Fallbeispiels Nordirland" im Studiengang *ICEUS* (Intercultural Communication and European Studies) verfasst und eingereicht hat. Anlass für die Wahl des Themas war für sie die erschreckend-faszinierende Präsenz des Nordirlandkonflikts in den bis heute gepflegten und zum touristischen Besuchermagnet avancierten *Murals* Nordirlands. Wer schon einmal Derry – resp. Londonderry, je nachdem, ob man mit katholischen oder protestantischen Einwohnerinnen und Einwohnern spricht – besucht hat, kennt den Blick auf die wandgroßen Gemälde, die in den katholischen und protestantischen Vierteln angefertigt werden. Zum Zentrum der Stadt: der neutralen Zone gerichtet und von den Stadtmauern aus gut sichtbar bringen sie Unterstützung für den gegeneinander gerichteten katholischen und protestantischen Kampf um die Vorherrschaft zum Ausdruck, beklagen die eigenen Märtyrer und erlittenen Ungerechtigkeiten und drohen der je anderen Seite, der sie Verrat und Grausamkeit vorwerfen. Zwar ruhen dort die Waffen, doch von einem positiven Frieden ist das regional immer noch durch Zäune und Mauern geteilte Nordirland weit entfernt. Wie Erinnern unter diesen Bedingungen kollektiv funktioniert und welche Spuren einer Veränderung der Erinnerungspolitik auf dem Weg zur Überwindung des negativen Friedens eine Rolle spielen oder spielen könnten waren die erkenntnisleitenden Fragen ihrer Arbeit.

Aileen Heid blieb für ihre Analysen freilich nicht stehen bei der Exegese von Bildbedeutungen oder bei normativen Forderungen, die geteilte Konfliktvergangenheit doch nun endlich hinter sich zu lassen. Vielmehr hat sie die Orte besucht, mit Akteuren gesprochen und sich so den Arten und Weisen genähert, wie die Erinnerungsmarker – *murals*, Aussprüche, Mauern, Zäune – mit den aktuellen sozialen Lebenssituationen sowie dem Ringen um die Vergangenheits- wenn nicht -bewältigung, so doch -bestimmung verbunden sind. Sie hat dafür eben nicht die Perspektive der Geschichte und ihrer Distanzierung, sondern die Perspektiven der Erinnerung und des Gedächtnisses eingenommen, die oben andeutungsweise genannt wurden. Die Autorin kann vor dem Hintergrund dieser theoretischen Orientierungen zeigen, dass der ethnopolitisch motivierte Nordirlandkonflikt in einen Zustand gewählter Apartheid eingemündet ist. Entspannungszeichen sind zwar feststellbar, dennoch wird weiterhin und zum Teil verstärkt wechselseitige „Trennungsarbeit“ betrieben. Politische Konflikttransformationsstrategien sind widersprüchlich und laufen auf die verschiedenen historischen Schichten des Konflikts auf. Analytisch verdichtet hat die Autorin diesen Zustand im Konzept des „dialogischen Zelebrierens“ des jeweils eigenen erfahrenen Leids, welches der jeweils anderen Seite vorgehalten wird.

**IV**

Aileen Heid hat eine ebenso umfangreiche wie konzise und theoretisch wie empirisch überzeugende Analyse *eines* zentralen europäischen Konflikterinnerungsgeschehens vorgelegt. Die vorliegende Publikation macht diese Studie in einer für die Veröffentlichung überarbeiteten Fassung einem breiteren Publikum zugänglich. Zu bedenken ist – und hier ist vielleicht der Verweis auf einen der Gründerväter der Soziologie, Georg Simmel, erlaubt –, dass gerade Aileen Heids Figur eines dialogischen Zelebrierens wechselseitiger Verletzungen nicht etwa als Ausdruck des Zusammenbruchs sozialer Beziehungen zu lesen ist. Vielmehr hat Simmel gezeigt, dass andauernde Konfliktkonstellationen geradezu als Aggregatzustände intensiver sozialer Beziehungen zu betrachten sind.[3] Der Aufruf zum Vergessen ist daher ebenso wenig Option wie harmonisierende Angebote einer auf Aufarbeitung und Überwindung basierenden „Erinnerungskultur“. Sie bleiben ohne Beteiligung der Konfliktparteien leere Rhetorik. So gesehen steht die vergleichende Erforschung der im europäischen Mikroraum verankerten Erinnerungskulturen im Hinblick auf ein die Konflikterinnerungen einbegreifendes europäisches Gedächtnis noch immer am Anfang. Studien wie die vorliegende eröffnen hier ein weites europäisches Forschungsfeld.

Fulda, Mai 2020
Prof. Dr. Matthias Klemm

3 Simmel, Georg (1992). Der Streit. In: Ders.: *Soziologie. Untersuchungen über die Formen der Vergesellschaftung. Gesamtausgabe Band 11*. Frankfurt am Main: Suhrkamp, S. 284-382.

## Abkürzungsverzeichnis

| | |
|---|---|
| AKUF | Arbeitsgemeinschaft zur Kriegsursachenforschung |
| APNI | Alliance Party of Northern Ireland |
| BPK | Beobachtungsprotokoll |
| CDC | Community Development Council |
| CIRA | Continuity IRA |
| CLMC | Combined Loyalist Military Command |
| DUP | Democratic Unionist Party |
| EU | Europäische Union |
| GPK | Gesprächsprotokoll |
| IICD | Independent International Commission on Decommissioning |
| INLA | Irish National Liberation Army |
| IRA | Irish Republican Army |
| NATO | North Atlantic Treaty Organisation |
| NGO | Non-Governmental Organisation |
| NICRA | Northern Ireland Civil Rights Association |
| No. | Nummer/Number |
| NS | Nationalsozialismus |
| OIRA | Official IRA |
| PIRA | Provisional IRA |
| Provos | Provisional IRA |
| PSNI | Police Service Northern Ireland |
| RIRA | Real IRA |
| RUC | Royal Ulster Constabulary |
| SDLP | Social Democratic and Labour Party |
| UDA | Ulster Defence Association |
| UFF | Ulster Freedom Fighters |
| UNO | United Nations Organisation |
| UPV | Ulster Protestant Volunteers |
| UUP | Ulster Unionist Party |
| UVF | Ulster Volunteer Force |

## Verzeichnis gälischer Begriffe

| | |
|---|---|
| An Taoiseach | Offizieller Titel des irischen Regierungschefs; etwa zu übersetzen mit *Der Häuptling* |
| Coiste na n-Iarchimí | Name einer Organisation zur Wiedereingliederung ehem. nationalistischer Gefangener; etwa zu übersetzen mit *Komitee der ehemaligen Gefangenen* |
| Connaught | Name einer der vier irischen Provinzen. Sie umfasst grob den westlichen Teil der irischen Insel |
| Cúchulainn | Name eines alten irischen Sagenhelden |
| Dáil Eireann | Name des Parlaments der Republik Irland; etwa zu übersetzen mit *Irische Versammlung* |
| Féile an Phobail | Name eines mehrtägigen Festivals im Stadtteil Falls in Belfast; etwa zu übersetzen mit *Festival der Community* |
| Fianna Fáil | Name einer von Eamon de Valera gegründeten Partei; etwa zu übersetzen mit *Soldaten des Schicksals* |
| Leinster | Name einer der vier irischen Provinzen. Sie umfasst grob den östlichen Teil der irischen Insel |
| Munster | Name einer der vier irischen Provinzen. Sie umfasst grob den südlichen Teil der irischen Insel |
| Sinn Féin | Name der wichtigsten nationalistischen Partei; etwa zu übersetzen mit *Nur wir Selbst* |
| Ulster | Name einer der vier irischen Provinzen. Sie umfasst grob den nördlichen Teil der irischen Insel und besteht außer den sechs Grafschaften Nordirlands aus drei weiteren Counties, die der Republik Irland angehören |

## Verweis auf Anhänge

Im Laufe dieser Arbeit wird zu Zwecken der Veranschaulichung immer wieder auf Material verwiesen, welches während mehrerer Feldaufenthalte in Nordirland angefertigt wurde. Namentlich sind dies Fotografien, Beobachtungs- und Gesprächsprotokolle sowie Interview-Mitschriften. All diese Materialien sind in der unten angegebenen Reihenfolge im Anhang zu finden.

Die Zeilenzählungen der Protokolle und Interviews beginnen mit jedem Dokument jeweils wieder neu. Wird innerhalb des Textes aus einem der Dokumente im Anhang zitiert oder auf diese verwiesen, so geschieht dies gemäß dem folgenden Schema: Anhang, Nummer des Protokolls bzw. des Interviews, Zeilenangabe der entsprechenden Stelle (Bsp: Anhang C, Interview I, Z. 122-125).

Alle im Anhang enthaltenen fotografischen Abbildungen wurden während der Feldaufenthalte von der Autorin selbst aufgenommen. Sie sind als Abb. 1-8 gekennzeichnet. Entsprechend wird sich im Text auf die jeweilige Fotografie als „Abb." bezogen.

Die Materialien im Anhang sind in folgender Reihenfolge angefügt:

Fotografische Abbildungen

Anhang A – Beobachtungsprotokolle I – VII

Anhang B – Gesprächsprotokolle I – II

Anhang C – Interview-Mitschriften I – II

# 1 Einleitung

Die Hamburger Arbeitsgemeinschaft zur Kriegsursachenforschung (*AKUF*) zählt seit Beendigung des Zweiten Weltkriegs 1945 bis einschließlich 2007 weltweit 238 Kriege, wobei die Anzahl der Konflikte im Jahr 1992 mit 55 ihren Höhepunkt erreichte (Schreiber 2007).[1] Seit diesem Zeitpunkt sind die Zahlen zwar zurückgegangen, liegen aber trotzdem im Schnitt bei ca. 30 Kriegen und bewaffneten Konflikten pro Jahr (ebd.), so auch im Jahr 2017, für das die *AKUF* insgesamt 31 Auseinandersetzungen zählte (Universität Hamburg 2017, S.1). Konflikte, auch bewaffneter Natur, sind also ein omnipräsenter, das Weltgeschehen prägender Faktor – entgegen dem meist vorherrschenden Eindruck auch in Europa. Zwar kommt dieses quantitativ gesehen mit nur einem laufenden Konflikt[2] und 16 beendeten Konflikten im Zeitraum von 1945 bis 1997 auf ein noch recht überschaubares Ergebnis (Hensell 1997) – jedenfalls im Gegensatz zu anderen Weltregionen. Diese Zahl erscheint dennoch erschreckend, wenn man bedenkt, wie weit entfernt von der eigenen Realität man als typischer Westeuropäer Dinge wie bewaffnete Konflikte, Kriege und Krisengebiete im Allgemeinen wahrnimmt. Dabei waren sie auch auf dem europäischen Kontinent stets präsent, und viele sind es noch: Baskenland, Kroatien, Mazedonien, Bosnien-Herzegowina oder Nordirland, um nur einige zu nennen. Auch wenn viele dieser ehemals offen ausgetragenen Konflikte mittlerweile offiziell beendet sind, bedeutet dies nicht automatisch, dass sie auch auf staatlicher und/oder vor allem auf gesellschaftlicher Ebene tatsächlich überwunden wurden (Baumann 2008, S. 17ff.). Dementsprechend schwelt mehr als ein Konflikt von der Weltöffentlichkeit weitestgehend unbeachtet weiter vor sich hin (ebd., S. 19f.). Dies trifft besonders hinsichtlich der Zivilbevölkerung entsprechender Konfliktregionen zu. Denn wer sich über Jahre, teilweise Jahrzehnte oder gar Jahrhunderte hinweg als Gegner gegenüberstand, wird in der Regel kaum über Nacht und nur durch die Unterzeichnung eines Dokumentes plötzlich zu guten Nachbarn werden. Entsprechend häufig bleiben Post-Konfliktgesellschaften trotz Ende der Gewalt geteilt (ebd., S. 89). Diese geistige Trennung zu überwinden, erscheint oftmals als nahezu unlösbare Aufgabe im Gesamtkontext des Friedensprozesses. Denn die Erinnerung an das Geschehene, während

1 Sind keine Seitenzahlen angegeben, so handelt es sich um Onlinequellen, bei denen eine Seitenangabe nicht möglich ist.

2 Dabei handelt es sich um den 2014 begonnenen Krieg in der Ukraine (Universität Hamburg 2017, S. 3).

des Konfliktes an sich und oftmals auch in den Jahrzehnten bis Jahrhunderten davor, ist meist tief im kollektiven Gedächtnis der ehemaligen Konfliktparteien und häufig auch in dem der Gesellschaft als Ganzes verankert (Baumann 2008, S. 105ff.). Die Fragen, die solche Situationen aufwerfen, sind also entsprechend stark mit der Art und Weise des „richtigen" Umgangs mit Erinnerung verknüpft (Meier 2010, S. 14f.). Wie und auf welche Weise solche problematischen Erinnerungen gesamtgesellschaftlich bearbeitet, beziehungsweise aufgearbeitet werden können, variiert stark und kann von kompletter Verdrängung bis zu moralischer Rechtfertigung oder gerichtlicher Verurteilung der Täter reichen (Assmann 2011, S. 25ff.). Inwieweit solche Maßnahmen aber dazu in der Lage sind, die gespaltene Gesellschaft wieder näher zusammenzuführen, ist stets unterschiedlich und kann nur für jeden Fall individuell betrachtet werden (ebd.).

Erinnerungspolitik jedweder Art ist äußerst arbeitsintensiv, langwierig und steht vor mannigfaltigen Herausforderungen. Gilt es doch nicht nur, tief verwurzelte Vorurteile und über Generationen weitergegebene Feindseligkeit zu überwinden, sondern beispielsweise auch den Umgang mit ideologisch beziehungsweise emotional stark aufgeladenen Symbolen und Traditionen zu regeln (Baumann 2008, S. 102ff.) sowie aus verschiedenen identifikatorisch geprägten Geschichtserzählungen ein gemeinsames gruppenübergreifendes, anschlussfähiges Narrativ (Assmann 2011, S. 38f.) zu destillieren, das zur Identitätsstiftung der Gesellschaft als Ganzes beiträgt und längerfristig die Durchlässigkeit beziehungsweise die Auflösung der innergesellschaftlichen Grenzen fördert und eine Identifikation als ganzheitliche Gesellschaft und Nation erlaubt sowie ein Zugehörigkeitsgefühl zu diesen beiden Kollektiven kreiert. So sähe wohl zumindest der Idealfall von Erinnerungspolitik im Kontext von Konflikttransformation und Friedensprozess aus. Leider tritt dieser nur äußerst selten ein, und so bewegen sich die meisten Post-Konfliktgesellschaften mit gelegentlichen Ausreißern irgendwo entlang des breiten Spektrums zwischen dem (offiziellen) Ende von Waffengewalt und gelebtem Frieden (Baumann 2008, S. 14). Dabei ist der Themenkomplex der Erinnerungspolitik auch bedeutend im Hinblick auf die Idee des Europäischen Gedankens, der ein gemeinschaftliches Zusammenwachsen der einzelnen Nationen und somit ein friedliches und freundschaftliches Miteinander sowie die Entstehung einer gesamteuropäischen Gemeinschaft anstrebt. Doch auch dieses Ziel wird ohne die Überwindung gesellschaftstrennender Erinnerungsgräben langfristig kaum umsetzbar sein.

Ein besonders interessantes Beispiel, an dem das Verharren in dieser oben beschriebenen Zwischenwelt ebenfalls sichtbar wird, ist Nordirland. Das kleine Land, das von Ende der 1960er bis 1994 bzw. 1998[3] von seinem bewaffneten Konflikt, den sog. *troubles* erschüttert wurde, hat bis heute mit deren Nachwirkungen beziehungsweise mit deren mentalem Fortbestehen zu kämpfen (Otto 2005, S. 141ff.). Seine aus historischen Gründen (siehe Punkt 3.2) seit nahezu jeher in Nationalisten und Unionisten gespaltene Gesellschaft verharrt mit Vehemenz in ihrer sich selbst auferlegten Teilung, die auch heute, über 20 Jahre nach dem Ende der Waffengewalt und der offiziellen Beendigung des Konfliktes, noch so real in den Köpfen der Menschen existiert wie die *Peace lines* in den Wohnvierteln Nord- und Westbelfasts. Dies liegt zum einen in der besonderen historischen Dimension des Konfliktes begründet, zum anderen spielen aber auch diverse weitere Faktoren, wie eine von großem Misstrauen geprägte Einstellung zu staatlichen Akteuren sowie zur jeweils anderen Seite, eine Rolle. In den meisten Fällen besteht zwischen den beiden Gruppen kaum oder gar überhaupt kein Kontakt und nur sehr wenige bewusste Berührungspunkte im Alltag (Baumann 2008, S. 95ff.; Wuhrer 2000, S. 266ff.). In den Wohngegenden, vor allem den Arbeitervierteln der größeren Städte, aber auch in ländlichen Regionen, ist die nahezu totale Segregation der beiden Gruppen bis heute die Regel und zieht sich zuweilen auch durch die Viertel der gesellschaftlichen Ober- und Mittelschicht (Wuhrer 2000, S. 266ff.). An den Häuserwänden prangen noch immer die gewaltigen *murals*, die die jeweilige parteiische Sicht auf die Dinge proklamieren, und die Anzahl beziehungsweise der Ausbau der *Peace lines* als feste Grenzen zwischen einigen der Wohnviertel verstärkt sich eher, als dass an ihre Abschaffung gedacht werden könnte (Melaugh & Lynn 2017). Generell erscheint das Zusammenleben der beiden Gruppen auch in der Post-Konflikt-Ära äußerst schwierig und häufig geprägt von Provokationen, die sich etwa in den auch durch nationalistische Gebiete führenden Paraden unionistischer Verbände manifestieren (Wuhrer 2000, S. 140ff.). Trotzdem wird auch hier in vielfältiger Form Erinnerungsarbeit auf offizieller, vor allem aber auf zivilgesellschaftlicher Ebene betrieben. Im Hinblick auf den Brexit sowie die

---

3 Zwar wurde bereits 1994 ein Waffenstillstand ausgerufen, das *Karfreitagsabkommen* wurde aber erst 1998 unterzeichnet. Auf den gesamten Ablauf des Konfliktes wird später in Abschnitt 3.3 noch genauer eingegangen.

politische Situation in Nordirland selbst stehen diese Initiativen vor besonderen Herausforderungen, da ihre Zukunft, wie die des ganzen Landes, ungewiss ist und sich die Maßnahmen unter Umständen bald bewähren müssen.

Im Folgenden soll nun zunächst ein kurzer theoretischer Überblick über die Themenkomplexe von Konflikt, Konflikttransformation und Friedensprozess gegeben werden, bevor näher auf die Bedeutung, den Stellenwert und den Einfluss von Erinnerungsarbeit und damit auch von Geschichte im Friedensprozess generell eingegangen wird. Im Anschluss daran werden verschiedene Möglichkeiten des Umgangs mit schwieriger Vergangenheit betrachtet und unter Einbeziehung einiger Beispiele verdeutlicht. Wie sich Erinnerungspolitik aber konkret im Detail gestalten kann, soll mittels der Betrachtung eines spezifischen empirischen Falles erarbeitet werden. Dazu wird das oben beschriebene Beispiel Nordirlands und der *troubles* herangezogen und ausführlich vor dem Hintergrund der dort stattfindenden Erinnerungspolitik untersucht und diskutiert. Dabei soll von den weit zurückliegenden Ursachen des Konfliktes über einen kurzen Abriss seines Verlaufes, seinen Auswirkungen und (symbolischen) Begleiterscheinungen bis hin zu staatlichen und zivilgesellschaftlichen Ansätzen der Erinnerungsarbeit ein möglichst ganzheitliches Bild dieses Falls gezeichnet werden, der durch die gegenwärtige politische Situation[4] und den Brexit noch einmal an Relevanz und Brisanz gewinnt. Anhand empirischer Beobachtungen und weiterer Daten sollen so nicht nur die aktuelle gesellschaftliche Situation und der derzeitige Stand des Friedensprozesses analysiert, sondern auch mit Hilfe ausgewählter Beispiele verschiedene Ansätze nordirischer Erinnerungspolitik bzw. nordirischen Umgangs mit schwieriger Vergangenheit betrachtet werden. Ein Ausblick sowie eine Diskussion von Chancen und Problematiken in Form eines Fazits schließen das empirische Beispiel ab. Am Ende der Darstellung finden sich einige Schlussgedanken, die die Ergebnisse der Theorie mit den Beobachtungen anhand des empirischen Falls verknüpfen und zusammenfassen, bevor sich den Grenzen der Untersuchung und weiteren denkbaren Forschungsimplikationen zugewandt wird.

Die Bearbeitung der angesprochenen Thematiken erfolgt größtenteils durch gezielte Auswertung und Analyse ausgewählter Literatur, zudem werden

4 Nordirland wurde zum Zeitpunkt dieser Untersuchung (2018) von der Zentralregierung in London aus regiert. Aufgrund von Parteistreitigkeiten war das Land seit Januar 2017 nicht in der Lage eine eigene Regionalregierung zu bilden. (Pieper, 2018) Die politische Situation gestaltete sich also recht fragil und sehr angespannt. Seit Januar 2020 regiert sich Nordirland wieder selbst.

aber auch die Webseiten verschiedener Organisationen und politischer Akteure sowie Archive mit einbezogen. Da all dies aber nicht in der Lage ist, die eigene empirische Erfahrung zu ersetzen, sollen vor allem für die Analyse der aktuellen Gegebenheiten auch die Erkenntnisse zweier Feldaufenthalte vor Ort herangezogen werden.

# 2 Begriffliche und theoretische Grundlagen

Zunächst soll nun auf einige Begrifflichkeiten und Konzepte, die den folgenden Ausführungen zugrunde liegen, genauer eingegangen werden, um sich daran anschließend den Zusammenhängen zwischen den einzelnen Ansätzen genauer zuzuwenden.

## 2.1 Begriffsklärung: Krieg oder „bewaffneter Konflikt“?

Das Themengebiet „Konflikt“ ist äußerst breit gefächert und durch eine hohe Diversität von Theorien und Definitionen gekennzeichnet. Es kann hier also keinesfalls in seiner Gänze behandelt, sondern nur sehr kurz umrissen und lediglich auf die für diese Arbeit relevante Begriffsklärung fokussiert betrachtet werden.

Schon wodurch sich ein bewaffneter Konflikt als solcher auszeichnet und inwiefern er sich von einem Krieg unterscheidet bzw. wann das eine sich zum anderen wandelt, erscheint zuweilen unklar, denn die zahlreichen verschiedenen Definitionen weichen mitunter stark voneinander ab. So definiert die *AKUF* in Anlehnung an István Kende[8] „Krieg als gewaltsamen Massenkonflikt“, der die folgenden Merkmale aufweist: (1) An den Kämpfen sind mindestens zwei bewaffnete Streitkräfte beteiligt, bei denen es sich zumindest auf einer Seite um reguläre Kräfte der Regierung handelt. (2) Zudem muss auf allen Seiten ein Mindestmaß an zentral gelenkter Organisation gegeben sein und (3) die bewaffneten Operationen müssen sich mit einer gewissen Kontinuität ereignen, das heißt, über gelegentliche oder spontane Zusammenstöße hinausgehen.

Als „bewaffnete Konflikte“ werden laut der *AKUF* entsprechend Auseinandersetzungen bezeichnet, die die Kriterien der Kriegsdefinition nicht ganz erfüllen. Beispielsweise etwa dann, wenn die Kontinuität der Kampfhandlungen nicht mehr oder noch nicht gegeben ist. Zudem unterscheidet die *AKUF* zwischen fünf verschiedenen Kriegstypen[9] mit und ohne unmittelbare Fremdbeteiligung[10] (Universität Hamburg 2016).

8 Ungarischer Friedensforscher (1917–1988) (vgl. Universität Hamburg 2016).

9 Anti-Regime Krieg, Autonomie- und Sezessionskrieg, Zwischenstaatlicher Krieg, Dekolonisationskrieg und Sonstiger Krieg (vgl. Universität Hamburg 2016).

10 Als Fremdbeteiligung gilt ausschließlich die *aktive* Teilnahme der Streitkräfte eines weiteren Staates. Bloße finanzielle Hilfe oder Waffenlieferungen fallen nicht darunter (vgl. Universität Hamburg 2016).

In einem Bericht der wissenschaftlichen Dienste des Deutschen Bundestages zur völkerrechtlichen Kategorisierung von Konflikten ist hingegen zu lesen, dass es nach dem Zweiten Weltkrieg im öffentlichen bzw. politischen Diskurs zu einer fast vollständigen Abkehr vom Kriegsbegriff kam und dieser stattdessen auch in der völkerrechtlichen Wissenschaft und Praxis durch den Begriff des „bewaffneten Konflikts" abgelöst wurde. Dies geschah vor allem aus völker- und kriegsrechtlichen Gründen, die zu erläutern an dieser Stelle aber zu weit führen würde. Weiterhin wird in jenem Bericht auch nur zwischen internationalen sowie nicht-internationalen bewaffneten Konflikten unterschieden, eventuelle Konfliktarten hingegen werden nicht weiter ausdifferenziert (Arndt 2010, S. 1).

Dies sind natürlich nur zwei Ansätze von vielen, die hier exemplarisch zur Begriffsklärung herangezogen wurden, um zu verdeutlichen, wie unterschiedlich einzelne Definitionen ausfallen können. In vorliegender Abhandlung soll sich nun an jenem Konfliktbegriff der wissenschaftlichen Dienste des Deutschen Bundestages orientiert werden, da dieser völkerrechtlich besser belegt und eindeutiger anzuwenden ist. *Bewaffneter Konflikt* umfasst damit die meisten gewaltsamen Auseinandersetzungen seit Ende des Zweiten Weltkrieges und damit auch die nordirischen *troubles*.

## 2.2 Friedensprozess und Konflikttransformation

Das Ende des Krieges als Beginn des Friedens, der in einem Friedensvertrag festgehalten wird – so oder ähnlich gestaltet sich wohl in den meisten Fällen das generelle Verständnis zu dieser Thematik. Entgegen der landläufigen Meinung bedeutet ein Friedensvertrag in den meisten aber Fällen noch keinen verbindlichen Friedensschluss. (Baumann 2008, S. 13). Denn Frieden ist kein plötzlich eintretender Zustand, der auf einen vorangegangenen Zustand des Krieges oder bewaffneten Konfliktes folgt. Auch nichts, was aufgrund der Unterzeichnung eines Dokumentes (auch nicht in Form eines Friedensvertrages) einfach eintritt. Dies wäre eine ideale Vorstellung von Frieden, die diesen Begriff sehr begrenzt definieren würde, nämlich zum einen als das Resultat eines Aushandlungsvorganges und zum anderen als die bloße Abwesenheit von Waffengewalt. Beides ist zu kurz gegriffen, denn es lässt nicht nur den Prozescharakter von Frieden außer Acht, sondern ignoriert zudem auch die Tatsache, dass der Friedensprozess oft nicht das tatsächliche Ende eines Konfliktes bedeutet, sondern lediglich dessen Fortführung mit politischen Mitteln anstatt mit Waffengewalt. Zudem sind Friedensprozesse häufig äußerst langwierig und laufen in der Regel nicht geradlinig auf einen „dauerhaften Frieden" hinaus. Stattdessen sind sie recht krisenanfällig und von Rückschlägen geprägt. Generell kann der Friedensprozess als eine Art virtueller Zustand oder Zwischenwelt beschrieben werden, in welcher der Konflikt als solcher und damit die Waffengewalt zwar bereits beendet ist, aber ein tatsächlicher, dauerhafter Friede noch nicht erreicht wurde (Baumann 2008, S. 13f.).

Dazu stellt sich natürlich die kaum zu beantwortende Frage, wann dieser Zustand erreicht ist und wie sich dieser beschreiben lässt. Dazu gibt es variierende Theorien, die alle zu betrachten den Rahmen dieser Arbeit sprengen würde, weswegen hier in Anlehnung an Johan Galtung mit dem Begriff des *positiven* Friedens (1971) gearbeitet werden soll. Galtung beschreibt diesen als mehr als nur die bloße Abwesenheit von Waffengewalt (*negativer* Friede), nämlich als die komplette Abwesenheit personaler und struktureller Gewalt auf allen Gesellschaftsebenen mit dem Ziel der Friedenssicherung und einer friedvollen, gewaltfreien Gesellschaft. *Negativer* Friede ist demnach lediglich die Voraussetzung für einen *positiven* und damit stabilen und dauerhaften Frieden (vgl. Galtung 1971).

Doch wie bereits erwähnt, ist es bis dahin oft ein langer Weg, der mit der Unterzeichnung eines Abkommens und dem Waffenstillstand gerade erst beginnt und zudem besonders krisenanfällig ist. Friedensprozesse ergeben sich oftmals relativ unverhofft und treffen auch ihre zentralen Akteure bisweilen unvorbereitet, woraus oft Phasen des politischen Experimentierens resultieren, die den Prozess als Ganzes nicht gerade stabilisieren (Baumann 2008, S. 70). Dies ist besonders problematisch, da gerade bei innerstaatlichen Konflikten durch Krisen im Friedensprozess häufig erneute Eskalationen drohen, die die bereits erreichten Fortschritte und Ergebnisse stark gefährden oder die Friedenskonsolidierungen gar ganz zum Stillstand bringen können (ebd., S. 17). Diese Krisenanfälligkeit wird zuweilen mit unzureichenden *State-building*-Maßnahmen (Paris 2007) bzw. mit dem *Stateness First*-Ansatz (Fukuyama 2005) begründet. Beide Konzepte besagen in etwa, dass bevor an politische Verbesserungen bzw. eine gesellschaftliche Neuordnung und die (Wieder-)Einführung von ökonomischem Wettbewerb gedacht werden kann, zumindest ein Mindestmaß an politischer Stabilität und eine relativ effiziente Verwaltungsstruktur vorhanden sein müssen (Paris 2007, S. 293, 301ff.; Fukuyama 2005). Solche gibt es in Post-Konflikt-Staaten aber oft nicht (Paris 2007, S. 293) oder ihnen wird misstraut, was sie nahezu ineffizient macht. Baumann stellt allerdings fest, dass diese These zu kurz greife. Sie bezieht sich seiner Ansicht nach zu sehr auf den Staat als alleinigen Akteur und hat dementsprechend auch einen zu starken territorialen Bezug (Baumann 2008, S. 19). Vor allem aber lässt sie die sog. weichen Faktoren, wie etwa gesellschaftsbezogene Aspekte, außen vor, gerade die sind aber häufig der Grund, warum Konflikte auch nach ihrer offiziellen Beendigung weiter schwelen (ebd., S. 19f.). Im Mittelpunkt stehen dabei oft der festgefahrene Antagonismus der Konfliktparteien sowie deren Verfeindung, die quasi „als soziale Kollateralschäden der Gewaltperiode des innerstaatlichen Konfliktes hinterlassen wurden“ (ebd., S. 20). Sie führen nur allzu häufig dazu, dass die verschiedenen Gemeinschaften zuweilen durch tatsächliche, aber vor allem durch unsichtbare Grenzen getrennt bleiben und so trotz Waffenstillstand nahezu in verschiedenen Realitäten leben (ebd., S. 19f.). Baumann spricht in diesem Zusammenhang auch vom Konzept der *freiwilligen Apartheid* (ebd., S. 20), auf welches später noch genauer eingegangen werden soll. Laut ihm ist dies der zentrale Punkt bei der Beurteilung der Friedensfähigkeit einer jedweden Post-Konflikt-Gesellschaft (ebd.). Demnach hängt die Chance auf einen stabilen, dauerhaften, *positiven* Frieden nur in Teilen von der Regulierung von Gewalt und der Festigung der öffentlichen Ordnung ab, sondern auch und vor allem „von der (Wieder-)Herstellung sozialer Beziehungen zwischen den verfeindeten Wir-Gruppen“ (ebd., S. 20). Er kann also nur erlangt werden, wenn die Strukturen der *freiwilligen Apartheid* in der jeweiligen Post-Konflikt-Gesellschaft überwunden werden (ebd., S. 74f.).

Um dieses Ziel erreichen zu können, müssen aber der Konflikt und vor allem dessen gesellschaftliche Auswirkungen irgendwie bearbeitet werden. Man spricht in diesem Zusammenhang auch von sog. *Konflikttransformation*. Auf die Theorie der möglichen Ansätze dieser Bearbeitung bzw. darauf, wie sie von verschiedenen Ebenen aus erfolgen kann, soll nun im Folgenden näher eingegangen werden.

Zunächst einmal muss festgehalten werden, dass das Ergebnis von Konflikttransformation kaum eine faktische Lösung des Konfliktes sein wird. Denn die oft weit zurückreichenden Ursachen sind mitunter so gut wie nicht oder nicht mehr lösbar. Ob eine Konfliktbearbeitung dennoch erfolgreich und vor allem nachhaltig wirksam sein kann, wird unterschiedlich bewertet (Baumann 2008, S. 75ff.).

Während Zartman und Rubin (2000) davon ausgehen, dass es bisweilen sogar besser ist, tiefer liegende Ursachen im Friedensprozess beiseitezulassen und sich stattdessen auf einige spezifische und unmittelbar beeinflussbare Punkte zu konzentrieren, ist J.W. Burton (1990) gegenteiliger Meinung. Er geht davon aus, dass jeder Friedensprozess, der die Ursachen des entsprechenden Konflikts ignoriert, kaum erfolgreich sein kann.

Dabei muss hinsichtlich der Ursachen auch unterschieden werden, ob es sich um politische (z.B. territoriale Abspaltung) oder ethnopolitische Motive handelt (Baumann 2008, S. 79). Ropers unterscheidet diesbezüglich außerdem weiter Interessens- und Identitätskonflikte. Während erstere meist noch irgendwie zu regeln sind, stößt man bei dem Versuch, zweitere zu bearbeiten, schnell an seine Grenzen. Konflikte dieser Art sind meist nicht verhandelbar (Ropers 1995, S. 206). Dass die Ursachen nicht beseitigt werden können, bedeutet aber nicht, dass Konflikttransformation erfolglos sein muss. Sie dürfte nur ungleich schwieriger sein. Deshalb sind nachhaltige Maßnahmen der Konflikttransformation in diesen Fällen umso wichtiger. Denn nur so kann das vorrangige Ziel des Friedensprozesses verwirklicht werden, eine Gesellschaftsform zu erreichen, „in der die einst verfeindeten Gemeinschaften gleichberechtigt zusammenleben und [ihre] soziale[n] Interaktionsmuster nicht durch den Zustand freiwilliger Apartheid gekennzeichnet sind“ (Baumann 2008, S. 78). Dazu können nach J.P. Lederach (1997) Maßnahmen bzw. Ansätze auf drei Ebenen der politisch-gesellschaftlichen Führung ergriffen werden. Er unterscheidet dabei die oberste Führungsebene (*top-level leadership*), die mittlere Führungsebene (*middle-range leadership*) und die unterste Führungsebene (*grassroots leadership*). Der obersten Ebene wird dabei der *top-down* Ansatz zugeordnet. Bei diesem handelt es sich um Aktionen auf der makropolitischen Ebene (z.B. Aushandlung eines Friedensvertrages etc.), die natürlich im Zuge des Friedensprozesses zweifelsohne notwendig sind. Der Ansatz geht aber auch davon aus, dass die auf dieser Ebene erreichten Ziele mehr oder weniger automatisch auch bis auf die anderen beiden Ebenen „durchsickern“. Dies kann aber keinesfalls einfach angenommen werden und wird auch nur in den seltensten Fällen so eintreten (Lederach 1997, S. 44ff.).

Die anderen beiden Ansätze *middle-out* (mittlere Führungsebene) und *bottom-up* (unterste Führungsebene) sind zuweilen relativ schwierig voneinander abzugrenzen und überschneiden sich häufig, da Führungsmitglieder der einen Ebene oft ebenso in der anderen tätig sind oder sein können (Baumann 2008, S. 80). Rein formal aber gehören zur mittleren Ebene etwa Funktionseliten in Wirtschaft, Bildung oder Kultur, zudem Kirchen sowie größere NGOs, die beispielsweise mit der Bildung regionaler Friedenskommissionen befasst sein können (Baumann 2008, S. 82; vgl. auch Lederach 1997, S. 39). Während auf der unteren Führungsebene vorwiegend Akteure wie lokale Führungspersönlichkeiten, Priester, Lehrer oder kleinere NGOs aktiv sind, die Projekte wie lokale Kommunikationsräume, Community-Relations-Initiativen oder *Restorative Justice*-Ansätze[11] verfolgen (ebd.).

Im Zuge der Betrachtung des Fallbeispiels Nordirland wird versucht, einen Blick auf alle drei Ebenen zu werfen, um ein möglichst vollständiges Bild der Bemühungen hinsichtlich der Konflikttransformation in diesem konkreten Fall zu erhalten.

## 2.3 Das Konzept der *freiwilligen Apartheid*

Nun soll sich aber zunächst näher mit dem oben bereits erwähnten Begriff der *freiwilligen Apartheid* auseinandergesetzt werden. Dieses maßgeblich von Baumann (2008) geprägte Konzept beschreibt, wie zuvor bereits kurz angedeutet, ein zentrales Problem von Post-Konflikt-Gesellschaften. Nämlich die Tatsache, dass der Konflikt und damit die Waffengewalt bereits offiziell beendet wurden (also bereits *negativer* Friede herrscht), die Individuen der verschiedenen Gemeinschaften aber weiterhin in getrennten Realitäten leben, zwischen denen so gut wie keine soziale Integration stattfindet (und somit kein *positiver* Friede entstehen kann). Das friedliche (selbst wenn friedlich nur im Sinne eines *negativen* Friedens definiert wird) Nebeneinander der verschiedenen Gemeinschaften ist somit stets gefährdet und dementsprechend nicht besonders stabil (Baumann 2008, S. 89ff.).

11 Dabei handelt es sich um eine Art Wiedergutmachungsverfahren, bei dem die direkt Beteiligten („Täter", „Opfer") zusammenkommen, um eine Lösung zu finden, wie materielle und immaterielle Schäden wiedergutgemacht werden können. Vor allem gesellschaftliche Initiativen bedienen sich dieses Ansatzes, aber auch die *IRA* und *Sinn Féin* griffen während der *troubles* innerhalb ihrer Communities in Form der *People's Courts* und der *Sinn Féin Advice Center* teilweise auf dieses Verfahren zurück (Bittner & Knoll 2001, S. 59f., 69).

Wie bereits aus dem Begriff selbst zu folgern ist, handelt es sich bei dieser „Form" der Apartheid nicht um einen aufgezwungenen, sondern einen selbstgewählten Zustand. Dieser lässt sich vor allem dadurch charakterisieren, dass die beiden Gemeinschaften versuchen, eine weitest mögliche Separation (auf räumliche und emotionale Weise) voneinander zu bewirken. Dabei werden einige spezifische, äußerlich leicht erkennbare soziale und/oder physische Merkmale herangezogen, die als Rechtfertigung[12] für den Ausschluss der anderen Gruppe und die Notwendigkeit der Separierung von ebenjener dienen. Dabei geht dieser Zustand weit über räumliche oder sozioökonomische Dimensionen der Trennung hinaus und beinhaltet vor allem eine psychologische Komponente. *Freiwillige Apartheid* lässt sich in fünf Facetten unterteilt betrachten, die jenen Wunsch nach Separation auf verschiedene Weisen widerspiegeln und die im Folgenden, jeweils mit kurzem beispielhaftem Bezug auf die Situation in Nordirland, genauer betrachtet werden sollen (ebd., S. 90).

### 2.3.1 *Sectarianism*

Dieser aus dem Englischen stammende Begriff bildet die erste Facette *freiwilliger Apartheid* ab. Er kann nur sehr unzureichend ins Deutsche übersetzt werden, weswegen hier der englische Begriff beibehalten werden soll. Grundsätzlich handelt es sich bei *sectarianism* um die direkte Folge der Polarisierung der Gesellschaft, die sich laut Moltmann (2002, S. 31) in zweifacher Weise auf diese auswirkt. Zum einen verstärkt sich dadurch die Abgrenzung zwischen den einzelnen Gemeinschaften, zum anderen entsteht eine stärkere Verbundenheit bzw. ein stärkeres Wir-Gefühl innerhalb der unterschiedlichen Gemeinschaften. Dies findet in Form von Diskriminierung, Beschuldigung oder der Rechtfertigung von Gewalt Ausdruck in zahlreichen Situationen des Alltags (ebd.) und ist ein äußerst beständiges Phänomen, das sich vor allem für einen auf Nachhaltigkeit und Verständigung ausgelegten Friedensprozess als sehr problematische Ausgangslage erweist (Baumann 2008, S. 92ff.). Auch in der nordirischen Gesellschaft kann man *sectarianism* intensiv beobachten. Besonders interessant ist aber, dass der Begriff als solcher im Alltag äußerst präsent

12 Jene Rechtfertigung ist hier eher als eine oberflächliche im Sinne eines vereinfachten Zuordnungsverfahrens zu verstehen. Die entsprechenden Merkmale ermöglichen es den Individuen einer Gemeinschaft, anhand festgelegter Kriterien schnell zu entscheiden, ob jemand zur In- oder Outgroup gehört. Die oft sehr komplizierten tatsächlichen Ursachen, die ursprünglich als Rechtfertigung der Separationstendenz galten, werden so quasi auf ein einfach verständliches „alltagstaugliches" Minimum gekürzt.

ist, sei es auf *murals*, Plakaten oder auch im normalen Sprachgebrauch. Dies zeigt, dass man sich dieses Phänomens also durchaus bewusst ist und viel darüber spricht, obwohl man, von einer deutschen Perspektive aus gesehen, vielleicht eher erwarten würde, dem Thema hinter vorgehaltener Hand zu begegnen.

### 2.3.2 Verschwinden der moderaten Mitte

Sind die sozialen Interaktionsstrukturen von Aspekten der *freiwilligen Apartheid* geprägt, setzt dies die Individuen einer Gemeinschaft stark unter Druck. Freund und Feind sind klar definiert und Abstufungen zwischen diesen beiden Polen gibt es kaum mehr. Die Outgroup wird so konsequent wie möglich ausgeschlossen (Waldmann 1998, S. 111). Die moderate Mitte der Gesellschaft verschwindet weitestgehend und verliert dementsprechend stark an Einfluss. Auch Dialog- und Lösungsansätze werden von der Mehrheit der Gesellschaft nicht länger unterstützt. Stattdessen verfestigen sich radikalere Ansichten und es werden häufig verlässliche politische Positionen propagiert, die ausschließlich zu Gunsten der eigenen Gemeinschaft ausfallen und sich an deren Interessen orientieren (Baumann 2008, S. 98). Im Sinne einer verstärkten sozialen bzw. politischen Kontrolle wenden sich solche Gemeinschaften bisweilen auch gegen ihre eigenen Mitglieder (F. Burton 1978, S. 35), von denen in der Regel weitest gehende Konformität erwartet wird. Für die Zeit der eigentlichen *troubles* können die Kriterien dieser Facette *freiwilliger Apartheid* weitestgehend als erfüllt betrachtet werden. Besonders durch die Macht der paramilitärischen Organisationen (z.B. *IRA* oder *UVF*) war der soziale Druck in den Gemeinschaften auf beiden Seiten oft hoch. Wie sich die Lage heutzutage darstellt, ist sehr schwer zu bewerten und dürfte je nach sozialem Milieu etc. stark variieren.

### 2.3.3 Bedürfnis nach räumlicher Separation

Bei diesem Phänomen handelt es sich im Prinzip um die räumliche Reproduktion von *sectarianism* (Baumann 2008, S. 100). Im Zuge dessen entstehen homogene Wohnviertel, die entweder nahezu nur von Mitgliedern der einen oder der anderen Gemeinschaft bewohnt werden (ebd., S. 101). Auch das alltägliche gesellschaftliche Leben findet ausschließlich in den jeweiligen, von der eigenen Community dominierten Gebieten statt. Dies ist bis heute ein äußerst präsenter Faktor in Nordirland. Zwar gibt es auch durchaus Wohngegenden,

Dörfer oder Viertel, in denen sich beide Gemeinschaften vermischen oder nicht sofort unmittelbar erkennbar ist, welche der beiden *Communities* dort lebt, doch meist muss man nicht lange nach Hinweisen suchen. Vor allem in West-Belfast, in den nationalistisch bzw. unionistisch geprägten Hochburgen *Falls Road* und *Shankill Road*, ist dies sehr deutlich an gehissten Flaggen und bemalten Bordsteinen oder Straßenlaternen zu erkennen und wird (wie an vielen anderen Orten in Nordirland ebenfalls) nahezu zelebriert. Die dort entstandenen *Peace lines* verstärken diesen Effekt noch zusätzlich.

### 2.3.4 Politik der Symbole

Bestimmte Symbole haben oft eine große Bedeutung innerhalb von Gemein- bzw. Gesellschaften. Dementsprechend können sie gerade in Zeiten von Konflikten ein gefährliches Potential entfalten (Baumann 2008, S. 103). So funktionieren sie bisweilen ähnlich wie Ampeln, die klar die Grenzen zwischen den Gemeinschaften, aber auch die Zugehörigkeit zu einer bestimmten Gruppe festlegen (Armstrong 1982, S. 8). Laut MacGinty (2000, zit. n. Baumann 2008, S. 103) operieren Symbole in Gesellschaften auf zwei verschiedenen Ebenen. Zum einen repräsentieren sie bestimmte Ereignisse innerhalb eines größeren politischen, sozialen oder kulturellen Kontextes, in dem einzelne Erfahrungen als „stellvertretender, typischer Fall" (Baumann 2008, S. 103) wahrgenommen werden. Zum anderen können sie bewusst als eine bestimmte politische Technik eingesetzt werden. So besitzt wohl jede Gemeinschaft ein Set an für sie bedeutsamen Farben, historischen Vorkommnissen oder eben tatsächlichen Symbolen, die zu politischen Zwecken ge- bzw. missbraucht und den jeweiligen Absichten entsprechend durchaus auch manipuliert werden können (MacGinty 2000, zit. n. Baumann 2008, S. 103). Im nordirischen Fall sind das etwa die irische Tricolore, die weiße Arum-Lilie und der Sagenheld Cúchulainn auf der nationalistischen Seite; der Union Jack, die Queen und William of Orange (*King Billy*) auf der unionistischen Seite. Eine ausführlichere Aufstellung der Symbole und Ereignisse findet sich unter Punkt 3.1.

MacGinty beschreibt dieses Phänomen zusammenfassend wie folgt:

> „Symbols and symbolism can act as a vehicle for the development of an identity bond between the individual and the group and for group solidarity. They can also help promote a certain world-view and mobilise emotions and people." (MacGinty 2000, zit. n. Baumann 2008, S. 103)

Dieser Beschreibung entsprechend haben Symbole aber auch eine große Bedeutung für den Friedens- und Transformationsprozess, denn auch dort braucht man sie als wichtige Baustoffe für die Konstruktion von Identität. Die große Herausforderung besteht in jenem Fall zweifellos darin, die oft mit Konflikt und Trennung assoziierten Symbole in solche des Friedens und der Zusammengehörigkeit umzudeuten. Möglich ist dies aber grundsätzlich, da sich die Bedeutung von Symbolen und Ritualen naturgemäß häufig über die Zeit hinweg wandelt (Baumann 2008, S. 103f.).

Weiterhin gibt es eine enge Verknüpfung zwischen diesem symbolischen Blickwinkel auf *freiwillige Apartheid* und der fünften Facette ebenjener, die sich mit rituellem Gedenken befasst, worauf im nächsten Unterpunkt genauer eingegangen wird. Allerdings soll hier bereits festgehalten werden, dass sowohl die stetige Politisierung von Symbolen als auch die immer wiederkehrende Vollziehung bestimmter Rituale „so zu den manifesten und expressiven Zeichen der kulturellen Separation der Gemeinschaften“ (ebd., S. 105) werden.

### 2.3.5 Kollektive Traumata und rituelles Gedenken

Diese Facette beschäftigt sich, wie bereits angedeutet, mit etwas, das man als rituelles Gedenken als Teil der Erinnerungskultur bezeichnen könnte. Dabei werden Gewalt-Großereignisse, die eigentlich schon länger zurückliegen, in der Empfindung beziehungsweise der Erinnerung der betroffenen Gemeinschaft so wahrgenommen, als wären sie erst kürzlich passiert. Die Gegenwartisierung von Gewaltereignissen und damit meist auch des Verlustes von Mitgliedern der eigenen Gemeinschaft sind eine bewusste Strategie. Jähren sich diese Ereignisse und wird ihnen öffentlich entsprechend gedacht, so ist es für die betreffende Gemeinschaft, als würden sie jedes Jahr erneut geschehen.[13] Die Empfindungen können nicht zur Ruhe kommen und werden immer wieder aufs Neue aufgewirbelt. Die portraitierten Großereignisse werden so zu einem bedeutenden Teil des gemeinschaftlichen Narrativs bzw. Bewusstseins und prägen für eine ungewisse Zeitspanne, für Jahre, Jahrzehnte oder gar Jahrhunderte das kollektive Gedächtnis der Gemeinschaft. Sie „stehen nicht nur in

---

13 Hier kommen auch wieder die Symbole zum Tragen, denn besonders auf solchen Gedenkveranstaltungen sind sie meist integraler Bestandteil und omnipräsent. So bleibt den Menschen deren Bedeutung besonders bewusst. Entsprechend sind bestimmte Symbole und ritualisierte Gedenkveranstaltungen häufig auf besondere Art und Weise verknüpft.

den Schul-Geschichtsbüchern, sondern prägen gesellschaftliche Grundhaltungen und die Legitimationsmuster der Politik“ (Steinweg 2003, S. 111). In Nordirland wären etwa der *Bloody Sunday*, der *Bloody Friday* oder der *Battle of the Boyne* bzw. die Paraden der protestantischen Orden Beispiele für solche Ereignisse. Was es mit diesen genau auf sich hat, wird später im Fallbeispiel noch detaillierter erläutert. Da in solchen Fällen die Gegenwart so stark von der Vergangenheit geprägt und beeinflusst wird, kann man beinahe von einem Verlust der Zukunft sprechen, denn durch dieses Verharren in der kollektiven Vergangenheit wird der Gemeinschaft in gewisser Weise die Möglichkeit genommen, sich weiterzuentwickeln oder auch wieder richtig zur Normalität zurückzukehren (Baumann 2008, S. 105f.).

## 2.4 Folgerung

Es liegt also nahe, betrachtet man die oben beschriebenen Auswirkungen des Konzeptes der *freiwilligen Apartheid* und ihrer Unterfacetten, dass eine an diesen Mustern festhaltende Gesellschaft kaum Chancen auf einen dauerhaften *positiven* Frieden haben wird, solange jene Strukturen nicht überwunden werden (Baumann 2008, S. 89ff.). Im Hinblick auf das ganze Konzept, vor allem aber auf jene vierte und fünfte Facette der Politik der Symbole, der kollektiven Traumata und des rituellen Gedenkens steht fest, dass, um eine Überwindung der Strukturen *freiwilliger Apartheid* zu ermöglichen oder zu erleichtern, die diese Strukturen auslösende Vergangenheit und die dazugehörigen kollektiven Erinnerungen in irgendeiner Form bearbeitet bzw. transformiert werden müssen. Es muss folglich Erinnerungspolitik betrieben werden.

## 2.5 Die Rolle von Erinnerungspolitik im Friedensprozess

Im Folgenden werde ich mich mit einigen theoretischen Grundlagen zu Erinnerungspolitik, der Bedeutung von Geschichte im Friedensprozess und dem Umgang mit schwieriger Vergangenheit auseinandersetzen. Dazu werden die genannten Konzepte zunächst im Gesamtkontext des Friedensprozesses verortet, bevor anschließend verschiedene Möglichkeiten zum Umgang mit schwieriger Vergangenheit aufgezeigt und anhand entsprechender Beispiele genauer erläutert werden. Zuletzt soll auch noch ein Blick auf den hypothetischen Idealfall bei der Aufarbeitung problematischer Vergangenheit sowie auf mögliche Schwierigkeiten einer solchen geworfen werden.

## 2.5.1 Verortung im Gesamtkontext

Die Bewältigung jener Strukturen der *freiwilligen Apartheid* erfordert aber zunächst, dass man sich über die Ursachen ihrer Entstehung im Klaren ist (auch wenn man diese mit hoher Wahrscheinlichkeit nicht beseitigen kann). Denn häufig sind es die tief im kollektiven Gedächtnis der ehemaligen Konfliktparteien und nicht selten auch die in der Gesellschaft als Ganzes verankerten Erinnerungen an das Geschehene während eines bewaffneten Konfliktes und oftmals auch aus den Jahrzehnten oder bisweilen sogar den Jahrhunderten davor, die die Muster der *freiwilligen Apartheid* selbst dann noch aufrechterhalten, wenn die Waffengewalt bereits beendet ist (Baumann 2008, S. 105ff.). Jene kollektiven Erinnerungen der unterschiedlichen Gemeinschaften stehen einander in der Regel nahezu diametral gegenüber und schließen sich gegenseitig aus, denn was für die eine Seite als Sieg verbucht oder anderweitig positiv bewertet wurde, wird in logischer Konsequenz von der anderen Partei entsprechend meist eher als Niederlage oder zumindest negative Erfahrung gewertet werden (ebd., S. 108). Zudem ist das historische Gedächtnis von Gemeinschaften in der Regel monologisch organisiert, es wird also vorwiegend die eigene Sicht auf die Dinge erinnert und die der anderen Seite nicht weiter bedacht (Assmann 2011, S. 36). So kommen bisweilen recht unterschiedliche historische Narrative der antagonistischen Gemeinschaften zustande, die die Abgrenzung zwischen den beiden Gruppen verfestigen, das Zusammengehörigkeitsgefühl innerhalb der Gemeinschaften stärken und zusätzlich als starke Marker zur Differenzierung zwischen In- und Outgroup fungieren.[14]

Solche Narrative tragen erheblich zur Schaffung, Stärkung und zum Schutz von Gruppenidentität, aber auch von Identität der Individuen an sich, bei. Diese Narrative entstehen aber nicht einfach aus sich selbst heraus. Sie sind das Produkt diskursiver und materieller Festigung spezifischer Blickwinkel auf bestimmte Ereignisse (vgl. Klymenko 2016, Schrader 2016). Das bedeutet, sie sind nicht objektiv, wie es im Allgemeinen von der Geschichtsschreibung erwartet wird, sondern unterliegen Verzerrungen, einseitigen Darstellungen, Beschönigungen, Weglassungen und anderweitigen subjektiven Färbungen. Dabei wird schnell klar, dass dies wohl kaum nur auf die historischen Narrative von Post-Konflikt-Gesellschaften zutrifft, auch wenn es dort oft besonders

14 Zusätzlich manifestieren sich Narrative aber auch in vielen weiteren alltäglichen Gegebenheiten von Feiertagen über Schulunterricht bis hin zu politischen Debatten.

deutlich zu Tage tritt. Vielmehr ist es so, dass wohl kein historisches Narrativ, egal welcher Gemeinschaft oder Nation, je vollkommen objektiv sein wird. Denn einerseits unterliegen Menschen wissentlich wie unwissentlich subjektiven Einflüssen, die in jegliche Handlung und Kommunikation mit einfließen; andererseits haben auch äußere Einflüsse wie Ideologien eine bestimmende Wirkkraft. Während ersteres bei der Schaffung oder eher der Interpretation von historischen Narrativen einen eher marginalen Einfluss hat, ist die oben bereits genannte monologische Prägung der Gedächtnisstrukturen und vor allem die Art und Weise, wie die politischen und gesellschaftlichen Eliten eines Staates oder einer Gemeinschaft diese Narrative formen und so eine Art offizielle Version der (nationalen) Geschichte kreieren, wesentlich entscheidender (Klymenko 2016). Bestimmend ist dementsprechend vor allem die Darstellung jener Narrative bzw. wie diese von den Menschen wahrgenommen und verstanden werden. So erfüllen sie den Zweck, der Bevölkerung oder einzelnen Bevölkerungsgruppen Symbole, ideologische Orientierung sowie Identität zu vermitteln und gleichzeitig die politische Herrschaft oder auch entsprechende „Revolutionsziele“ zu legitimieren (ebd.).

Dies ist an sich eigentlich ein natürlicher und überall stattfindender Prozess, der zur Nationsbildung und -erhaltung sowie zur Schaffung nationaler, gruppenbezogener und individueller Identität unverzichtbar erscheint (ebd.). Problematisch wird es erst, wenn Ereignisse Teil dieser Narrative sind, an die sich Gemeinschaften oder Nationen im Nachhinein lieber nicht mehr erinnern würden, etwa weil großes Unrecht[15] erfahren oder angetan wurde, wie es Kriege oder bewaffnete Konflikte eben mit sich bringen (Meier 2010, S. 13). Man spricht dabei auch von kollektiven oder historischen Traumata und entsprechend von traumatischer bzw. schwieriger oder schlimmer Vergangenheit. Das kollektive Gedächtnis von Gemeinschaften neigt analog dazu, nur ruhmreiche oder zumindest annehmbare Ausschnitte der Geschichte zu erinnern. Im Hinblick auf eventuelle traumatische Vergangenheit akzeptiert es in der Regel nur drei mögliche Rollen: (1) Die des Siegers, der über den Feind triumphiert hat;

15 Der Begriff des Unrechts ist hier exemplarisch zu verstehen und soll an dieser Stelle ein möglichst breites Spektrum möglicher Ursachen für schlimme Erinnerungen im nationalen bzw. einzelne Bevölkerungsgruppen betreffenden Kontext abdecken. Natürlich steht außer Frage, dass nicht wenige Beispiele (auf die zum Teil später noch genauer eingegangen wird), wie etwa die Verbrechen der Nationalsozialisten an den europäischen Juden, weit über den Begriff des „Unrechts“ hinausgehen.

(2) die des Widerstandskämpfers bzw. Märtyrers, der sich dem Bösen entgegenstellte; oder (3) den Part des Opfers, dem Schlimmes zugefügt wurde.

Alle Szenarien jenseits der aufgeführten können oft nur schwer als Teil des nationalen oder gemeinschaftsspezifischen Narrativs angenommen werden (Assmann 2011, S. 36). Entsprechende Erinnerungen an Ereignisse dieser Art werden häufig als schlimm oder störend empfunden und die Auseinandersetzung mit der entsprechenden Vergangenheit als schwierig. Solche dunklen Flecken auf dem Mantel des nationalen Gedächtnisses können schwere Folgen für die betroffene Bevölkerung haben, etwa weil derartige Erinnerungen gegebenenfalls ein Bedürfnis nach Rache erzeugen können, was natürlich wiederum zu Ambitionen der Widerrache von der anderen Seite führen kann. Aber auch in Gesellschaften, in denen der vorhandene (*negative*) Friede nicht unmittelbar durch solche Racheproblematiken gefährdet ist, sind schlimme Erinnerungen problematisch, denn sie können die Eindeutigkeit des eigenen Narrativs (ebd., S. 36) und damit die kollektive Ehre beziehungsweise die kollektive Identität angreifen (Meier 2010, S. 13f.).

Aleida Assmann (2011) geht sogar noch einen Schritt weiter und sieht Lebenskraft und Zukunftsfähigkeit der jeweiligen Gesellschaft bedroht (ebd., S. 25). Zusätzlich sollte bedacht werden, dass sich bei der Konfrontation mit derartiger Vergangenheit ähnliche Schwierigkeiten in gewisser Weise auch jedem Einzelnen stellen (Meier 2010, S. 14). Die Frage ist also, auf welche Weise Gesellschaften Vergangenheit dieser Art handhaben können.

Dazu gibt es verschiedene Herangehensweisen, die im folgenden Unterpunkt noch genauer betrachtet werden sollen. Der Umgang oder die Bearbeitung schwieriger Vergangenheit, wie immer dies auch ausfallen mag, ist unverzichtbarer Bestandteil des Friedensprozesses nach Konflikten jeglicher Art. Neben der Beantwortung der Frage, wie mit während der Auseinandersetzung aktiven Gewalttätern zu verfahren ist, wird vor allem der Zweck verfolgt, die Integrität und damit auch wieder die Identität der Gesellschaft bzw. die von Bevölkerungsgruppen zu wahren oder wiederherzustellen (Zupan 2016). Auf welche Weise eine Gesellschaft dabei vorgeht und wie gut es ihr gelingt, ist maßgeblich entscheidend dafür, wie sich ihre Zukunft gestaltet, wie umfassend die Strukturen der *freiwilligen Apartheid* am Ende überwunden werden können und damit auch, wie nachhaltig der Friedensprozess in der Gesellschaft fortwirkt.

Wie verschiedene Möglichkeiten des Umgangs mit schwieriger Vergangenheit aussehen können, soll nun im nächsten Punkt mit Hilfe einiger Beispiele betrachtet werden.

### 2.5.2 Möglichkeiten des Umgangs mit schwieriger Erinnerung

Im Folgenden sollen nun einige Möglichkeiten des Umgangs mit schwieriger Vergangenheit aufgezeigt, erklärt und anhand von Beispielen differenzierter betrachtet werden. Dazu gibt es verschiedene Herangehensweisen, hier soll sich nun aber an der Einteilung von Aleida Assmann orientiert werden, allerdings in leicht angepasster Form. In ihrem Text „Von kollektiver Gewalt zu gemeinsamer Zukunft" entwirft Assmann vier Phasen der Erinnerungspolitik: *Dialogisches Vergessen*; *Erinnern, um niemals zu vergessen*; *Erinnern, um zu überwinden* sowie *Dialogisches Erinnern* (Assmann 2011, S. 27). Damit erweitert sie Margalits Ansatz, der lediglich von zwei Lösungen ausgeht, nämlich Vergessen oder Erinnern bzw. Zukunftsorientierung oder Vergangenheitsbewahrung (Margalit 2003, zit. n. Assmann 2011, S. 26). Dies greift laut Assmann aber zu kurz, sie geht davon aus, dass sich die Formen des Umgangs mit schwieriger Vergangenheit über die Zeit verändert haben und zu verschiedenen Zeiten sehr unterschiedliche Schwerpunkte innerhalb der Erinnerungspolitik gesetzt wurden (Assmann 2011, S. 26f.). Dem wird hier zwar generell zugestimmt, allerdings soll in dieser Arbeit eher der Begrifflichkeit der Modelle der Vorzug vor der der Phasen gegeben werden,[16] da eine klare und eindeutige zeitliche Abgrenzung der einzelnen Abschnitte schwierig erscheint, diese sich teilweise überschneiden oder manche Beispiele mehrere Modelle durchlaufen haben. Zudem gibt es weitere Arten bzw. Möglichkeiten des Umgangs mit schwieriger Vergangenheit, die nicht klar einem (oder mehreren) der Assmannschen Modelle zugeordnet werden können. Auf einige dieser soll zu einem späteren Zeitpunkt nochmals verwiesen werden.

#### 2.5.2.1 *Dialogisches Vergessen*

Das Vergessen ist wohl die bei Weitem verbreitetste Form des Umgangs mit

16 Diesen Begriff verwendet auch Assmann in ihrer Unterüberschrift (*Vier Modelle für den Umgang mit traumatischer Vergangenheit*), weshalb die Verwendung hier durchaus gerechtfertigt erscheint.

schlimmer Vergangenheit. Vor allem, aber nicht nur, in früheren Zeiten. Während man heute nahezu ganz selbstverständlich davon ausgeht, dass traumatische Vergangenheit erinnert und in einer gewissen Form aufgearbeitet werden muss und sollte, das Erinnern also Pflicht und Leistung einer Gesellschaft ist und damit auch eine wichtige soziale und kulturelle Ressource (Assmann 2011, S. 27), lehrt die Geschichte zuweilen eine andere Lektion.

Denn laut dem Althistoriker Christian Meier (2010) ist die Geschichte voll von Beispielen, die zeigen, dass das Vergessen im Lauf der Jahrhunderte in vielen Fällen dem Erinnern vorgezogen wurde und durchaus zu einem erfolgreichen, effektiven Umgang mit Vergangenheit geführt hat. Viele der Fälle, über die Meier spricht, zeigen, dass in Konflikt geratene Gemeinschaften durch eine Art kollektiven Vergessens in der Regel wieder zu einem weitestgehend friedlichen Zusammenleben zurückgefunden haben (ebd., S. 9ff.).[17] Die Begründung für dieses Phänomen folgt laut Meier einer einfachen Argumentation: Entgegen der verbreiteten Ansicht, dass die Erinnerung das Mittel sei, das die Wiederholung von Gewalttaten verhindern könne, scheint es hingegen doch häufig eher so zu sein, dass „gerade die Erinnerung, die destruktive[n] Energien in den Köpfen der Beteiligten wachhält und neue Aggressionen schürt" (Assmann 2011, S. 27; vgl. auch Meier 2010, S. 9ff.). So kann es zu den oben beschriebenen Rachepotentialen oder Identitätsproblematiken kommen, die die jeweiligen Gesellschaften sehr belasten und den entsprechenden Friedensprozess stark gefährden können. Die logische Konsequenz daraus lautet also, wenn Erinnerung Hass und Racheabsichten präsent halten kann, kann Vergessen eventuell die sich gegenüberstehenden Gemeinschaften und somit den Konflikt als solchen zur Ruhe kommen lassen. Damit kann Vergessen helfen, die so unverzichtbaren Schritte der Reintegration[18] vorzubereiten und voranzutreiben (Assmann 2011, S. 27). Stellt sich die Frage, wie bringt man eine ganze Gesellschaft, ja teilweise sogar die Bevölkerung mehrerer Staaten, dazu, einfach zu vergessen? Noch dazu, wenn großes Unrecht erfahren wurde, das ja häufig besonders lebendig erinnert wird (Meier 2010, S.

17 Darauf, wie dieses sich aber konkret gestaltet, ob es sich also mehr um *positiven* oder lediglich *negativen* Frieden handelt, geht Meier nicht weiter ein.

18 Von einem Friedensprozess bzw. Konflikttransformationsprozess kann hier nicht direkt die Rede sein, denn Vergessen schließt jegliche weitere Auseinandersetzung mit der Thematik aus. Zwar wird auch in solchen Fällen die Gesellschaft nicht über Nacht wieder zusammenkommen, aber es findet auch keine weitere Bearbeitung der Vergangenheit statt. Stattdessen wird eher ein Teppich des Schweigens über den Sachverhalt gebreitet, bis dieser ganz von alleine einigermaßen in Vergessenheit geraten ist.

44).[19] Natürlich kann kein Staat seinen Bürgern vorschreiben, wie oder an was sie sich zu erinnern haben. Allerdings ist er durchaus dazu in der Lage, den öffentlichen Diskurs seiner eigenen bevorzugten Linie folgen zu lassen und es beispielsweise unter Strafe zu stellen, öffentlich oder generell an der Vergangenheit zu rühren oder über jene zu sprechen. So soll ein Wiederaufflammen alter negativer Gefühle sowie die Entstehung neuer Vorbehalte und Aggressionspotentiale verhindert werden (Assmann 2011, S. 27).

Wer aber das Vergessen fördern und Racheabsichten verhindern will, der kann auch kaum bestrafen. Denn Strafe, egal in welcher Form, hält die Erinnerung nicht nur im Bestraften selbst lebendig, sondern in vielen Fällen auch in seiner Familie und seinem sonstigen sozialen Umfeld (Meier 2010, S. 44f.). Würde Strafe, wie in vielen Fällen von Krieg und Bürgerkrieg, sehr viele Menschen betreffen, kann dies kaum der richtige Weg sein, die Erinnerung an die unangenehme Vergangenheit aus dem kollektiven Gedächtnis der Bevölkerung zu tilgen. Eher würde sie so künstlich am Leben erhalten. Deswegen fällt in der Regel eine Erinnerungspolitik des Vergessens auch immer mit massenhaften Amnestien für „(Mit-)Täter“[20] und der quasi repräsentativen Bestrafung nur weniger Einzelner[21] zusammen (Meier 2010, S. 21). Und selbst wenn breitere Strafmaßnahmen erlassen werden, so werden diese oftmals doch nicht ganz eingehalten oder durchgeführt, so wie es etwa in Deutschland (ebd., S.

19 Denn gerade dann, wenn man praktisch in der Rolle des „Besiegten“ steckt, ist das Bedürfnis nach Rache häufig besonders hoch. Niederlagen in Auseinandersetzungen, erfahrenes Unrecht und Leid wollen „wieder-gut-gemacht“ werden. Andernfalls könnte dies als Zeichen der Schwäche gedeutet werden. Dem „Sieger“ hingegen bleibt stets der Sieg und die Möglichkeit, Großmut zu zeigen und beispielsweise auf die eigene Rache zu verzichten (Meier 2010, S. 37).

20 Die Begriffe „Täter“ und „Opfer“ werden im Folgenden stets in Anführungszeichen gesetzt. Grund dafür ist, dass diese Rollenverteilung immer vom jeweiligen Blickwinkel des Betrachters abhängt und damit subjektiv ist. In vorliegender Abhandlung soll sich entsprechend nicht die Freiheit genommen werden, eine Wertung über diese Sichtweise abzugeben.

21 Oft sind dies besonders ranghohe „Täter“ oder solche, die an besonders schweren Verbrechen beteiligt waren bzw. jene befahlen. Eine solche Bestrafung Einzelner ist zum Teil auch notwendig, sind doch die Anführer meist als gefährlich einzuschätzen (oft im Gegensatz zum Gros der Bevölkerung). Außerdem muss sich der Zorn der Bevölkerung irgendwo entladen, durch solche Verurteilungen können Wut und Rache quasi in geordnete Bahnen gelenkt werden. Aber entsprechend Verurteilte können bisweilen auch wieder freigesprochen werden, etwa wenn sie Rechenschaft ablegen – eine ähnliche Bestimmung, wie sie später auch in der Südafrikanischen Wahrheitskommission zur Anwendung kommen sollte (Meier 2010, S. 21).

52f., S. 56), Italien, Frankreich und den Niederlanden nach dem Zweiten Weltkrieg der Fall war, als viele Urteile zwar gefällt, teilweise aber nie vollstreckt wurden (ebd., S. 81f.).

Wie erfolgreich sich aber das Modell des Vergessens insgesamt gestaltet, ist nicht so einfach zu bewerten. Eine komplette Tilgung der kritischen Ereignisse bzw. der schwierigen Vergangenheit aus dem kollektiven Gedächtnis wäre zwar sicherlich äußerst effektiv, entspricht aber keinesfalls einer realistischen Vorstellung. Denn während diejenigen, die Unrecht begangen haben, häufig nur allzu gern vergessen, halten jene, die das Unrecht erfahren haben, meist lange daran fest, sie können oder wollen oft nicht oder nur sehr partiell vergessen (vgl. Meier 2010, S. 44)[22]. Wenn aber das Vergessen auch nicht so einfach bzw. so effektiv ist wie es erscheint, wie ist dann zu erklären, dass dieser Ansatz des Umgangs mit unbequemer Vergangenheit so lange der einzige Weg war? Meier stellt sich in seinem Text dieselbe Frage und beantwortet sie anhand einiger Thesen, die neben dem Argument der Weisheit durch Erfahrung beispielsweise auch darauf eingehen, dass in (Bürger-)Kriegen und anderen bewaffneten Konflikten begangenes Unrecht sehr schwierig zu ahnden ist. Es ist mit Parteilichkeit oder dem Gefühl von Siegerjustiz zu rechnen, was den Rechtsstaat schnell an seine Grenzen bringt. Ebenfalls schwierig ist zu bewerten, dass Verbrechen in diesen Kontexten oft auf staatlichen Befehl (oder den einer sonstigen übergeordneten Struktur) hin ausgeführt wurden. Unrecht dieser Art ist von den „Tätern" dann oft besonders schwer einzusehen, handelten sie doch häufig nach bestem Wissen und Gewissen oder nutzen dies zumindest als entlastendes Argument. Hinzu kommt außerdem, gerade in Pattsituationen zwischen Konfliktparteien, die Notwendigkeit einer gewaltfreien Koexistenz, die zumindest nach früheren Ansichten nur so oder am einfachsten auf diese Weise erreicht werden konnte (Meier 2010, S. 44ff.).[23]

---

22 Meier verwendet zur Herleitung dieses Schlusses folgende zwei Zitate von Friedrich Nietzsche, auf deren Basis die obige Aussage formuliert wurde: „Nur was nicht aufhört wehzutun, bleibt im Gedächtnis" (Nietzsche 1887, GM, 2. Abh., Abschnitt 3) und „'Das habe ich getan', sagt mein Gedächtnis. 'Das kann ich nicht getan haben' – sagt mein Stolz und bleibt unerbittlich. Endlich – gibt das Gedächtnis nach." (Nietzsche 1886, JGB, Viertes Hauptstück, 68).

23 Auch wenn sich natürlich die Frage stellt, wie sich dieses Zusammenleben dann gestaltete. Heutzutage ist klar, dass gewaltfreies Nebeneinander noch lange nicht friedliches Miteinander ist, sondern dass neben der schlimmen Erinnerung an sich auch ihre Auswirkungen (z.B. Strukturen der *freiwilligen Apartheid*) bearbeitet werden müssen. Je nachdem, wie effektiv das Vergessen in dem jeweiligen Fall funktionierte, war die erwähnte gewaltfreie Koexistenz in einigen Fällen sicher nicht besonders nachhaltig,

Diese zugegebenermaßen sehr kurze Zusammenfassung der Argumente für diese Art des Umgangs mit schlimmer Vergangenheit zeigt meines Erachtens dennoch hinreichend, dass jener Ansatz durchaus seine Berechtigung hat, auch wenn dies aus der heutigen Perspektive leicht befremdlich erscheinen mag (ebd.). Beispiele, die im Lauf der Geschichte beim Umgang mit schwieriger Vergangenheit der Prämisse des Vergessens folgten, gibt es viele. Einige ausgewählte sollen nun näher betrachtet werden.

Das Paradebeispiel für Vergangenheitsbewältigung durch Vergessen, welches auch Meier ausführlich ins Feld führt, ist das der athenischen Amnestie von 404 v. Chr. (ebd., S. 19ff.; Assmann 2011, S. 27f.). Dabei hatte nach der athenischen Niederlage im Peloponnesischen Krieg eine kleine Gruppe „Tyrannen" (ca. 30 Personen) die Herrschaft in Athen übernommen und unter Verwicklung möglichst vieler Zivilisten eine große Zahl athenischer Bürger und Nicht-Bürger ermordet. Vorwiegend solche, die ihnen hätten unbequem werden können, oder aber solche, an deren Vermögen sie sich hatten bereichern wollen. Zahlreiche Anhänger der alten Demokratie waren aus der Stadt geflohen, sammelten sich unter der Führung von Thrasybul und besiegten schließlich die „Tyrannen". Anschließend entstand ein Vertrag zur Versöhnung, der unter anderem den Demokraten die Rückkehr in die Stadt erlaubte und Anzeigen gegen wenige bestimmte Tatbestände gestattete (Meier 2010, S. 19ff.). Davon aber abgesehen war es „'keinem der Rückkehrer gestattet, gegen keinen das Schlimme zu erinnern außer gegen die Dreißig selbst'"[24] (Aristoteles, Athenaion Politeia, 39,6, zit. n. Meier 2010, S. 21). Dieser Vertrag musste durch mehrere Eide bekräftigt werden, die teilweise jährlich von bestimmten Personenkreisen, wie etwa dem Rat, wiederholt werden mussten. Das Wohl der Stadt wurde also weit über den Wunsch nach Rache Einzelner gestellt (Meier 2010, S. 19ff.). Verstöße gegen dieses Gebot des Nicht-Erinnerns wurden zum Teil schwer geahndet, etwa im Falle einer unrechtmäßigen Anklage mit einer Gegenklage, teilweise sollen sogar Exempel an solchen „Störenfrieden" statuiert worden sein (ebd., S. 25). Interessant ist, dass trotz dieser vehement vertretenen Prämisse des Nicht-Erinnerns die Eide kaum zu hundert Prozent

---

was die Gesellschaftsstrukturen betraf. Auch Meier erwähnt, dass es sich in vielen Fällen lediglich um Waffenstillstände handelte (Meier 2010, S. 19).

24 Hier zeigt sich ebenfalls wieder die oben bereits angesprochene Trennung weniger Schuldiger vom Gros der Beteiligten, die immer wieder die Voraussetzung für Amnestien darstellt (Meier 2010, S. 21).

durchsetzungsfähig waren, so konnte etwa in den sog. Dokimasie-Verfahren[25] eine Verwicklung in das Regime der Dreißig als belastend gelten (ebd., S. 24).

Zudem musste man sich auch in irgendeiner Form an das Ereignis der „Tyrannenherrschaft" an sich erinnern, schon allein um gewisse Lehren daraus zu ziehen, beispielsweise um die Alternativlosigkeit der Demokratie anzuerkennen. Man kann also festhalten, dass, auch wenn das Nicht-Erinnern keinesfalls konsequent durchgehalten werden konnte, es doch eine gewisse öffentliche Tendenz dazu gab. Schließlich macht es durchaus einen Unterschied „ob man die Erinnerung, wo sie über das Nötige hinausgeht, zu fördern oder zu unterdrücken sucht, ob man dem, der sie vorbringt, kritisch – oder gar ablehnend – begegnet oder ihn ungehemmt reden lässt, ihm gar zustimmt" (ebd., S. 26). So lässt sich auch darauf schließen, dass das vorrangige Ziel dieser Art des Umgangs mit der Vergangenheit wohl das Verdrängen der Thematik aus dem öffentlichen Diskurs war. Damit sollte nicht nur ein Beschweigen der Ereignisse erreicht, sondern auch verhindert werden, dass alte Kränkungen und Rachegefühle immer wieder neu geschürt wurden (ebd., S. 25ff.).

Wichtig ist aber vor allem, zu erwähnen, dass diese Strategie, mit schlimmer Vergangenheit umzugehen, erfolgreich war, auch wenn anzunehmen ist, dass weitere Faktoren diese Entwicklung ebenfalls begünstigten. Der innere Friede in Athen wurde nachweislich wiederhergestellt und ein gemeinsamer Neuanfang gestartet (Meier 2010, S. 27ff.). Nicht wenige bewunderten diese Leistung und bezogen sich später darauf, so auch Cicero, der es im Jahre 44 v. Chr. als Musterbeispiel dafür anführte, wie nun mit der Situation nach Cäsars Tod umzugehen sei (ebd., S. 19).

Interessant dabei ist vor allem auch, dass Cicero das Wort *Vergessen* benutzte, das war seine Deutung des griechischen Begriffes *mē mnēsikakeîn*, der für die Vorgänge in Athen gebraucht worden war. Jener bedeutet aber eher Nicht-Erinnern als Vergessen. Zwar setzte sich auch in späteren Zeiten der Begriff des Vergessens durch, ob aber tatsächlich das schon von den Athenern so gemeint war, bleibt unklar, denn ganz deckungsgleich sind die beiden Begriffe nicht (ebd., S. 29f.).

Auch im restlichen Europa taucht vom Mittelalter bis zur Neuzeit die Praktik des Vergessens bzw. Verdrängens von schlimmer Vergangenheit immer wieder auf. Häufig wurde sie, wie im Athener Beispiel, durch einen Erlass oder

25 Verfahren, bei dem vorgesehene Amtsträger etc. auf ihre Eignung geprüft wurden (Meier 2010, S. 24).

Friedensvertrag festgehalten. Bedeutende Beispiele sind etwa der *Westfälische Friede*, das *Edikt von Nantes* und die (weitestgehende) Amnestie für die Königsmörder durch Louis XVIII (ebd., S. 40ff.). Selbst Churchill forderte noch 1946, also nach dem Ende des Zweiten Weltkrieges, einen *blessed act of oblivion* zwischen den ehemaligen Feinden (Churchill 1946, zit. n. Meier 2010, S. 10),[26] um so den Wiederaufbau der westdeutschen Gesellschaft sowie ihre Wiederaufnahme in die europäische Gemeinschaft zu beschleunigen und damit den europäischen Frieden zu stabilisieren (Assmann 2011, S. 28). Zu Beginn hatte diese Strategie auch einigen Erfolg. Ein sog. „kollektives Beschweigen" (Lübbe 2007, zit. n. Assmann 2011, S. 29)[27] ermöglichte jener in den Nürnberger Prozessen und deren frühen Nachfolgeverhandlungen davongekommenen NS-Elite (sowie den bei der Entnazifizierung als *minderbelastet* oder *Mitläufer* Eingestuften) eine schnelle Reintegration in die deutsche Nachkriegsgesellschaft, füllte damit für den Wiederaufbau wichtige und notwendige Positionen und trieb verquererweise auch den Demokratisierungsprozess voran (Lübbe 2007, zit. n. Assmann 2011, S. 29). Auch auf internationaler Ebene, beispielsweise zwischen Deutschland und Frankreich, folgte man der Taktik des kollektiven Beschweigens zunächst erfolgreich. Dieses *Dialogische Vergessen* (Assmann 2011, 2013) ermöglichte die Wiederaufnahme Westdeutschlands in die europäische Staatengemeinschaft[28] und bildete die Ausgangssitu-

---

26 Dass dies dann nicht ganz so einfach gehalten werden konnte, steht außer Frage und wird später noch genauer betrachtet werden. Allgemein ist der Umgang mit der Vergangenheit des Zweiten Weltkrieges vor allem in Deutschland ein Sonderfall, der nacheinander mehrere Modelle des Umgangs mit schlimmer Vergangenheit durchlaufen hat.

27 In einem im Jahre 1983 gehaltenen Vortrag vertrat der Philosoph Hermann Lübbe die These, dass ein „kommunikatives Beschweigen" der allgemeinen Schuld an den nationalsozialistischen Verbrechen notwendig gewesen sei, um die große Mehrheit des deutschen Volkes in den neuen demokratischen Staat zu integrieren. So habe sich die Demokratie in Deutschland erfolgreich etablieren können. Im 2007 erschienenen Sammelband Lübbes „Vom Parteigenossen zum Bundesbürger – über beschwiegene und historisierte Vergangenheiten" wird diese These in der Einführung „Worum es sich handelt" (S. 7ff.), als „vom integrativen Sinn des Beschweigens biographischer Vergangenheitslasten im bundesrepublikanischen Alltag" in Kurzfassung formuliert. Dem folgt der Abdruck seines Vortrages von 1983 unter dem Titel „Der Nationalsozialismus im Bewusstsein der deutschen Gegenwart" (S. 11ff.). Assmann (2011) zitiert Lübbe ohne Quellenangabe. Vgl. auch Zeitschrift für Rechtsgeschichte (ZRG, auch Savigny-Zeitschrift), Germanistische Abteilung (GA) und deren im Internet veröffentlichte Rezension von Lübbe 2007 von Hans-Michael Empell 2010 unter http://www.koeblergerhard.de/ZRG127Internetrezensionen2010/LuebbeHermann-VomParteigenossenzumBundesbuerger.htm (15.08.2019).

28 Innerhalb derer viele weitere Länder (z.B. Italien, Frankreich, Niederlande) ihre Taten

ation für das hartnäckige Betäuben der schlimmen und schuldbehafteten Vergangenheit in den 1950er und 60er Jahren (Assmann 2011, S. 29).

Das Vergessen als Methode, mit schwieriger Vergangenheit umzugehen, hat also eine lange Tradition, die sie viele Jahre lang als die einzige wirklich sinnvolle und praktikable Lösung darstellte. Um mit ihr zu brechen, bedarf bzw. bedurfte es starker Auslöser sowie triftiger Gründe und Motive (Meier 2010, S. 49).

#### 2.5.2.2 *Erinnern, um niemals zu vergessen*

Vergessen kann aber nicht, und in manchen Fällen darf es auch nicht, die richtige Form des Umgangs mit schwieriger Vergangenheit sein. Es bewährt sich vor allem dann, wenn symmetrische Gewaltverhältnisse in einem Konflikt oder an dessen Ende vorliegen bzw. unter bestimmten politischen Bedingungen, etwa wenn neue Allianzen gegründet werden sollen. Wo es aber asymmetrische oder gar einseitige und teilweise extreme Gewalteinwirkungen gab, wird das Vergessen als „Bewältigungsform" der Vergangenheit scheitern. Vor allem dann, wenn etwas geschehen ist, was über alle Gräuel hinausgeht, die die Weltgeschichte bis dahin kannte, so wie es beim Holocaust der Fall ist (Assmann 2011, S. 31). Gerade hier stellte sich heraus, dass ein Neuanfang hinsichtlich der Beziehungen nicht nur zu Überlebenden und Angehörigen direkter Holocaustopfer, sondern zu einer ganzen Religionsgemeinschaft, nicht dadurch gelingen würde, einen Schlussstrich zu ziehen und den Mantel des Vergessens über die Angelegenheit zu breiten, sondern stattdessen nur durch die Bereitschaft zu gemeinsamer und tätiger Erinnerung erreicht werden konnte. Diese gleiche Perspektive auf die Erinnerung fördert die Grundsteinlegung zu einer gemeinsamen Zukunft. So wird die Erinnerung zu einem integralen Bestandteil der Identität und des Selbstbildes beider Gruppen und ihr Gegenstand Teil einer normativen Sicht auf die Vergangenheit (ebd., S. 31f.).

Kennzeichen dieser neu entstehenden Form des Umgangs mit schlimmer Vergangenheit war vor allem seit den 1990er Jahren die feste Verankerung jener evolvierenden Erinnerungskultur im Lehrplan der Schulen, in Gedenkstätten sowie diversen Museen, Ausstellungen und Dokumentationszentren; die Errichtung zahlreicher Denk- und Mahnmäler und das Setzen politischer

nach Ende des Zweiten Weltkrieges zunächst nach der Methode des Vergessens handhabten, inklusive Verurteilungen der Haupttäter und „Freispruch" für das Gros der Bevölkerung. Allerdings ist zu beachten, dass sowohl in Italien als auch in Frankreich teilweise noch während der Besatzungszeit und des Befreiungskampfs gewaltsame, in Selbstjustiz verübte Abrechnungen mit „Tätern" und Kollaborateuren insgesamt je ca. 10.000 Menschen das Leben kosteten (Meier 2010, S. 81).

Symbole (ebd., S. 31). Zudem erhielt der Holocaust einen festen Platz im öffentlichen Diskurs sowie im Bewusstsein der Deutschen, es gründete sich eine Art kollektives Schuldbewusstsein (oder „Bekenntnis zur historischen Schuld“ (ebd., S. 30)) im kollektiven Gedächtnis der Bevölkerung, das zeitlich unbegrenzt zum festen Bestandteil der deutschen Identität wurde und es noch lange sein wird. Doch wie kam es zu dieser Kehrtwende in der Erinnerungspolitik? Wie bereits aufgezeigt, funktionierte nach Kriegsende die bewährte Strategie des Vergessens bzw. Nicht-Erinnerns zunächst recht gut. Dass dies nicht so blieb, wurde durch mehrere Faktoren beeinflusst. In den 60er und 70er Jahren waren dies zunächst der bedeutende Einfluss von Remigranten wie Adorno und Horkheimer sowie verschiedene Gerichtsverfahren gegen ehemalige Nationalsozialisten, vor allem gegen Personal verschiedener Konzentrationslager wie Auschwitz oder Majdanek (ebd.). Zudem fand zu jener Zeit ein Generationswechsel in der deutschen Gesellschaft statt, infolgedessen die NS-Vergangenheit Deutschlands zunehmend Gegenstand „aktiven Fragens, Forschens und Lernens im Zeichen der familialen, juristischen und historischen Aufklärung“ wurde (Assmann 2011, S. 30f.). Der so entstehende neue Diskurs verdrängte die bis dahin unhinterfragte Prämisse des Vergessens und damit auch die Vorstellung, durch Bezahlung von Reparationen nach und nach die Schuld abtragen zu können. Er gab der jüngeren Generation zudem die Werkzeuge zu einer aktiven Auseinandersetzung mit den Älteren an die Hand. Hinzu kam, dass jene neue Generation in einem anderen Welt-Klima aufwuchs, welches auch auf internationaler Ebene zunehmend von aufstrebender Erinnerungskultur, neuem gesellschaftlichen Selbstbewusstsein und Abkehr von Zuständen des kollektiven Beschweigens geprägt war. Mitte der 80er Jahre kam es außerdem zusätzlich noch zum Historikerstreit (ebd., S. 30f.).[29]

Interessant ist, dass das Modell des *Erinnerns, um niemals zu vergessen*, nahezu nicht erklärt werden kann, ohne das Fallbeispiel der deutschen Erinnerungskultur bezüglich des Holocausts heranzuziehen. Das liegt daran, dass nicht nur die damit verbundenen Gräueltaten bis heute beispiellos sind, sondern auch die deutsche Art und Weise, diese zu erinnern (zumindest seit den 1990er Jahren). Eine solch langwierige, ausführliche und Achtsamkeit induzierende Auseinandersetzung mit Geschichte, Erinnerung und Schuld bzw. eine

29 Der Historikerstreit bezeichnet die Kontroverse unter Historikern in der Bundesrepublik Deutschland um die Singularität des Holocaust und die Frage, welche Rolle dieser für ein identitätsstiftendes Geschichtsbild Deutschlands spielen sollte (vgl. z.B. Herbert 2003).

entsprechende Auf- und Bearbeitung dieser Aspekte ist in dieser Form wohl einmalig.[30] So ist auch zu erklären, dass diese Form der Erinnerungskultur mittlerweile eine Art Modellcharakter erreicht hat, anhand dessen andere „Opfergruppen" ihre Ansprüche auf Gestaltung ihrer eigenen ihnen zustehenden Erinnerungskultur definieren und an dessen Vorlage sie sich orientieren (ebd., S. 31).

#### 2.5.2.3 *Erinnern, um zu überwinden*

Doch auch, wenn *Erinnern, um niemals zu vergessen* nach dem Modell des deutschen Umgangs mit der Vergangenheit die von vielen „Opfergruppen" angestrebte Form des Umgangs mit schlimmer Vergangenheit ist, so ist sie doch in diesem Ausmaß unerreicht. Warum, ist angesichts der zahlreichen anderen schweren Verbrechen gegen verschiedene Minderheiten nicht immer ganz nachvollziehbar.[31] In vielen Fällen findet aber natürlich trotzdem eine Auseinandersetzung mit der Vergangenheit statt, die sich allerdings meist dadurch von der in Deutschland praktizierten unterscheidet, dass es sich dabei eher um eine strategisch-therapeutisch orientierte Erinnerungskultur handelt, die nicht normatives Erinnern per se anstrebt, sondern unter Zuhilfenahme der Erinnerungskultur eher auf gesellschaftliche und nationale Reintegration abzielt (Assmann 2011, S. 32). Das Erinnern soll also, kurz gesagt, helfen, Gräben zu überwinden und mit der Zeit verschwinden zu lassen. Anders im Falle von *Erinnern, um niemals zu vergessen*: Dabei handelt es sich um eine ethisch bzw. moralisch begründete Erinnerungskultur, „die eine traumatische Vergangenheit zur dauerhaften normativen Instanz erhebt, an der sich das Handeln in der Gegenwart messen lassen muss und die deshalb das Vergessen nachhaltig verhindern möchte" (ebd., S. 32). Um bei der Grabenmetapher zu bleiben, sollen zwar auch hier Gräben überwunden werden, aber als Mahnmal für das Geschehen zeitlich unbegrenzt sichtbar bleiben.

*Erinnern, um zu überwinden* ist dementsprechend eher als Übergangsritual in einer Situation des gesellschaftlichen, politischen oder wertebezogenen

---

30 Umso dramatischer ist es zu werten, dass sich die deutsche Gesellschaft aktuell und auch über die vergangenen Jahre immer wieder mit Fällen von Antisemitismus konfrontiert sieht.

31 Womit hier keinesfalls die Singularität des Schreckens des Holocausts angezweifelt werden soll, es soll nur lediglich darauf hingewiesen werden, dass viele andere Verbrechen eine ähnlich intensive Aufarbeitung verdienen würden.

Wandels zu verstehen, das dazu beitragen soll, eine in verschiedene Gemeinschaften gespaltene Bevölkerung wieder zusammenzuführen (ebd., S. 35). Dazu bedient es sich grundsätzlich derselben Elemente wie die Katharsis. Durch Erinnern und damit durch die erneute Konfrontation mit der schlimmen Vergangenheit, dem nochmaligen Durchleben der solchen kann diese überwunden werden, so dass das Individuum (oder die Gruppe) schließlich gereinigt und gestärkt wieder daraus hervorgehen kann. Im öffentlich-politischen Kontext ist die Funktionsweise im Wesentlichen äußerst ähnlich. Die traumatische Vergangenheit muss noch einmal ans Licht geholt und in den Mittelpunkt des öffentlichen Diskurses rücken. Die „Täter", vor allem aber die „Opfer", müssen ihre Geschichte erzählen dürfen und diese müssen mit Respekt angehört und anerkannt werden. Nur so kann der Weg zur weitestgehenden Tilgung jener schlimmen Vergangenheit aus dem gesellschaftlichen und politischen Gedächtnis bereitet werden (ebd., S. 32f.). Während eine entsprechende kathartische Handlung im individuellen Bereich noch recht einfach zu vollziehen ist (zumindest von technischer Seite her), sieht es für eine solche in Bezug auf eine gesamte Gesellschaft komplexer aus. Um das zu ermöglichen, bedarf es in der Regel besonderer Maßnahmen. Vor allem die Einsetzung sogenannter Wahrheitskommissionen spielt in diesem Zusammenhang eine sehr wichtige Rolle. Das vorrangige Ziel dieser Kommissionen ist in der Regel, Verbrechen, die während eines Konfliktes begangen wurden, öffentlich aufzudecken und aufzuklären. Denn nach langen Jahren des gewaltsamen Konfliktes ist die historische Wahrheit (oder das, was ihr am nächsten kommt) häufig das Einzige, was wiederhergestellt werden kann und auch das Erste, das wiederhergestellt werden muss. Nur so ist es möglich, „Täter" und „Opfer" in Dialog zu bringen und beiden Seiten eine Stimme zu geben. Dies soll die Grundlage zur Überwindung der gesellschaftlichen Teilung schaffen und zudem eine „Rehumanisierung" (Gobodo-Madikizela 2006) der jeweils anderen Gemeinschaft erreichen (Assmann 2011, S. 33).

Der Grundgedanke dahinter beruht auf der Idee, dass der Weg zu gesellschaftlicher Integration auf der Aufarbeitung stattgefundener Verbrechen basiert. Eine Spaltung der Gesellschaft in unterschiedliche ideologische Lager mit individuellen Wahrheiten bzw. Narrativen soll verhindert werden, indem vorher eine gemeinsame Wahrheit geschaffen wird, die möglichst viele Ungewissheiten beendet, von allen anerkannt wird und Raum für einen Neubeginn der

Gesellschaft bietet. Dabei haben vor allem auch symbolische Gesten (z.B. öffentliche Reue) eine große Bedeutung. Eine empathische Teilnahme der Gesellschaft an den Leiden der „Opfer" hilft dabei, das erlittene Trauma und die Last der schlimmen Vergangenheit zu erleichtern (ebd., S. 33f.). Zusätzlich sind Aussagen bzw. das Ablegen von Rechenschaft vor entsprechenden Kommissionen mit der Möglichkeit von Entschädigungszahlungen oder der Gewährung von Amnestie verbunden (March 2011).

Laut Bukley-Zistel waren bis zum Jahre 2013 weltweit etwa 40 solcher Kommissionen aktiv (Bukley-Zistel 2013), ein Patentrezept für deren Vorgehen gibt es allerdings nicht. Wie die entsprechenden Verfahren gestaltet werden, muss daher von Fall zu Fall individuell entschieden und der jeweiligen Situation angepasst werden (Assmann 2011, S. 33). Auch der Erfolg solcher Kommissionen fällt stets unterschiedlich aus. Und während die südafrikanische *Truth and Reconciliation Commission* weithin als das Paradebeispiel und Vorbild für erfolgreiche Vergangenheitsbewältigung gilt (vgl. z.B. Zupan 2016), ist von vielen der anderen Kommissionen nur wenig zu erfahren.

Im Folgenden soll nun anhand des südafrikanischen Beispiels[32] genauer betrachtet werden, wie eine solche Wahrheitskommission funktionieren kann und wie erfolgreich sich diese Art des Umgangs mit schwieriger Vergangenheit längerfristig gestaltet.

Als das von 1948[33] bis 1994 in Südafrika herrschende Regime der Apartheid[34] abgeschafft wurde (bpb 2016), erkannte man ziemlich schnell, dass Handlungsbedarf bestand, um eine Reintegration der Gesellschaft und ein nachhaltiges friedliches Zusammenleben der unterschiedlichen Bevölkerungs-

---

32 Gerne hätte ich hier auf ein europäisches Beispiel zurückgegriffen. Leider waren über ein solches keine ausreichend ausführlichen bzw. reliablen Informationen zu bekommen. Deswegen wurde nun das Beispiel Südafrika ausgewählt, was aufgrund seiner Prominenz seine Berechtigung hat.

33 Dies ist das Jahr, in dem erste Apartheidsgesetze erlassen wurden, daher kann es als offizieller Beginn der Politik der Apartheid gewertet werden. Freilich kündigte sich diese Entwicklung aber schon länger an und kann grob auf den Beginn des 20. Jhdt. datiert werden (bpb 2016).

34 In der Regel ist dieser Begriff bekannt, der Vollständigkeit halber soll er hier trotzdem kurz erklärt werden: Bei Apartheid handelt es sich um eine staatlich organisierte und festgesetzte Trennung der Bevölkerung nach „Rassen" (diese wurden in Südafrika anhand der Hautfarbe festgelegt). Kennzeichnend ist dabei die selbsterklärte und oftmals äußerst autoritär ausgeübte „Überlegenheit" bzw. „Vormachtstellung" der weißen (zumeist europäischstämmigen) Bevölkerung, welche die anderen Bevölkerungsgruppen als ihnen unterlegen erachtet und unterdrückt.

gruppen zu erreichen sowie einen sanften, gewaltlosen Übergang zur Demokratie zu gewährleisten. Denn während die Seite der ehemaligen Machthaber eine Generalamnestie für sich einforderte, verfochten viele der ehemaligen Freiheitskämpfer den Wunsch nach Gerichtsverfahren entsprechend dem Vorbild der Nürnberger Prozesse (March 2011). Nach langen Verhandlungen einigte man sich schließlich auf eine Wahrheitskommission (ebd.), die sich in ihren Grundzügen an den zuvor bereits in Chile (frühe 1990er) und in Argentinien (1970er/1980er) eingesetzten Kommissionen orientierte (Buckley-Zistel 2013). So sollten die Verbrechen zur Zeit der Apartheid möglichst ganzheitlich aufgeklärt sowie die oben bereits genannten Ziele wie Rehumanisierung, Finden einer gemeinsamen Wahrheit etc. erreicht werden. Anfang des Jahres 1996 schließlich wurde die Wahrheits- und Versöhnungskommission unter dem Vorsitz des Erzbischofs Desmond Tutu vom damaligen Präsidenten Nelson Mandela eingesetzt (von Soest & Dickow 2018). Jene bestand aus zwei Ausschüssen[35] (Gobodo-Madikizela 2006) und war auf knapp zwei Jahre angesetzt[36] (Buckley-Zistel 2013). Die Kommission befasste sich mit Verbrechen aller Bevölkerungsgruppen, unabhängig von der Hautfarbe der jeweiligen „Täter", und bemühte sich so um Gleichbehandlung und darum, ein Bias in der Charakteristik und Statistik der verhandelten Fälle zu vermeiden. Insgesamt wurden 22.000 Zeugenaussagen von „Opfern" politischer Gewalt eingereicht (March 2011). Auch viele Medien berichteten über die Verhandlungen, was nach Jahren der staatlichen Zensur als echtes Aufbruchssignal verstanden wurde (ebd.). Letztendlich war die Kommission recht erfolgreich. Zahlreiche Morde und Terroranschläge, die während des rassistischen Regimes begangen worden waren, konnten aufgeklärt werden. In vielen Fällen erfuhren auch Angehörige zum ersten Mal, was mit vermissten bzw. verschwundenen Personen geschehen war. Die Bevölkerung wurde insgesamt mit der geballten Wahrheit über sämtliche Verbrechen während der Apartheid konfrontiert. Viele „Opfer" wurden finanziell entschädigt (auch wenn diese Summe oft geringer ausfiel als eventuell angemessen gewesen wäre) und einigen „Tätern" wurde Amnestie gewährt. Da diese allerdings an verschiedene Bedingungen geknüpft war,

35 Menschenrechtsausschuss (zuständig für die öffentlichen Anhörungen und die Petitionen der „Opfer") und Amnestieausschuss (Gobodo-Madikizela 2006).

36 Dieser relativ kurze Zeitraum war von Beginn an umstritten, allerdings galt es, die Auswirkungen des Apartheidregimes relativ schnell öffentlich zu machen, zum einen um zügig Entschädigungen zahlen zu können, zum anderen, um den für viele sehr schmerzlichen Prozess der Aufarbeitung nicht unnötig zu verlängern (March 2011).

fiel die Zahl der Amnestien sehr viel geringer aus als zunächst hätte vermutet werden können, zumal Amnestiegewährung auch als ein Mittel verwendet wurde, „Täter" zu einer Aussage zu motivieren. Von Seiten der farbigen Bevölkerung wurde hingegen kritisiert, dass viele „Täter", nachdem sie vor der Kommission schwerste Verbrechen gestanden hatten, den Saal unbehelligt verlassen konnten, während die „Opfer" oder deren Angehörige traumatisiert zurückblieben, ohne in ihrem Sinne Gerechtigkeit erfahren zu haben.[37] Zudem wurden die hochrangigen „Täter", z.B. Politiker sowie die Obersten von Militär und Polizei, nie belangt (ebd.).

Dies waren nicht die einzigen Kritikpunkte, mit denen sich die Wahrheits- und Versöhnungskommission nach ihrem Abschluss konfrontiert sah. Viele bemängelten erneut die zu kurze Dauer der Kommissionstätigkeit, so konnte schließlich nur ein Bruchteil aller Fälle tatsächlich verhandelt werden, viele Verbrechen blieben weiterhin unaufgeklärt und viele „Opfer" wurden nicht entschädigt (Ndlovu, zit. n. March 2011). Trotzdem gilt die südafrikanische Wahrheits- und Versöhnungskommission bis heute weithin als eines der Vorzeigebeispiele zur Vergangenheitsaufarbeitung und dem öffentlichen Umgang mit schlimmer Vergangenheit. Auf den ersten Blick mag dies auch durchaus so erscheinen, wie nachhaltig sich diese Maßnahme allerdings auf den Friedensprozess im Land ausgewirkt hat, ist nicht einfach zu beantworten. Zunächst soll festgehalten werden, dass den Verantwortlichen durchaus klar war, dass die Wahrheits- und Versöhnungskommission nur der Beginn eines langen Heilungsprozesses für das Land und seine Gesellschaft sein konnte (Tutu, zit. n. March 2011). Doch auch heute, fast 25 Jahre nach der Transformation, sind viele Probleme noch allgegenwärtig. Zwar sind die gesellschaftlichen Schichten durchlässiger geworden, Grundversorgung und Bildungsniveau haben sich verbessert und viele farbige Südafrikaner haben den gesellschaftlichen Aufstieg geschafft. Trotzdem haben große Teile der farbigen Bevölkerung noch immer mit wirtschaftlicher Marginalisierung und vor allem Armut zu

---

37 Dies berührt einen heiklen Kritikpunkt, da sich beide Seiten auf jeweilig andere Weise übervorteilt fühlten. Obwohl die verzweifelten Gefühle der „Opfer" und ihrer Angehörigen natürlich nachvollziehbar sind, hätte ein genereller Verzicht auf Amnestien in vielerlei Hinsicht den Zweck der Wahrheitskommission an sich untergraben. Vergessen wird an dieser Stelle auch oft, dass Amnestien ebenfalls „Tätern" farbiger Bevölkerungsgruppen (z.B. Mitgliedern des *African National Congress*, *ANC*) gewährt wurden, deren Taten sicher auch viel Leid – meist auf Seiten der weißen Bevölkerung – brachten.

kämpfen. Südafrika ist laut Gini-Index[38] eines der ungleichesten Länder der Welt. So gehören hohe Arbeitslosigkeit genau wie ein mangelhaftes Bildungs- und Gesundheitssystem weiterhin zu den drängendsten Problemen. Die Kriminalitätsrate ist enorm hoch und macht Südafrika zu einem der gefährlichsten Länder der Welt. Hinzu kommt immer wieder große Unzufriedenheit mit der politischen Elite, zuletzt unter dem 2018 zurückgetretenen Präsidenten Zuma, als diese zunehmend unter Korruptionsverdacht geriet und beispielsweise daran arbeitete, die Pressefreiheit wieder einzuschränken. Dies ist unter anderem auch der Grund für die vielen, nicht immer gewaltfreien Streiks und Proteste, die von Polizei und Sicherheitskräften teilweise ebenfalls gewaltsam niedergeschlagen werden (von Soest & Dickow 2018).

Ganz abgesehen davon ist vor allem das Fortbestehen von Strukturen einer *freiwilligen Apartheid* ein großes Problem, das den Friedensprozess nicht weiter fortschreiten lässt, ihn stattdessen zum Stillstand bringt, oder gar ein paar Schritte zurückwirft. Die Gründe für das Bestehen dieser Strukturen liegt sicherlich in der immer noch herrschenden sozialen Ungleichheit sowie weiteren der genannten Probleme begründet. Zusätzlich ist aber auch anzunehmen, dass trotz leuchtenden Beispiels für den Rest der Welt die Wahrheits- und Versöhnungskommission vielen Südafrikanern das Gefühl der Ungerechtigkeit und der ungleichen Behandlung vor Staat und Gesetz nicht ganz nehmen konnte und somit bereits der Start in den Friedens- und Versöhnungsprozess zum Teil nicht ganz geglückt ist.

#### 2.5.2.4 *Dialogisches Erinnern*

Ihr viertes Modell nennt Aleida Assmann *Dialogisches Erinnern*. Im Unterschied zum Modell des *Erinnerns, um zu überwinden*, welches sich fast ausschließlich auf Staaten mit innerstaatlichen Konflikten bezieht, geht das Modell des *Dialogischen Erinnerns* über diesen nationalen Rahmen hinaus und beschäftigt sich hauptsächlich mit der Erinnerungspolitik zwischen zwei oder mehreren Staaten, die durch eine gemeinsame (Gewalt-)Geschichte miteinander verbunden sind (Assmann 2011, S. 35). Dabei entwickeln zwei Staaten „ein dialogisches Erinnerungsmodell, wenn sie einseitig oder gegenseitig ihren eigenen Anteil an der traumatisierten Geschichte des anderen anerkennen und

38 Bei dem sog. Gini-Index oder Gini-Koeffizient handelt es sich um ein von Corrado Gini entwickeltes statistisches Maß zur Darstellung von Ungleichverteilung.

empathisch das selbst verursachte und zu verantwortende Leiden der anderen Nation ins eigene Gedächtnis mit einschließen" (ebd., S. 35f.). Das Besondere daran ist, dass nationale Gedächtnisstrukturen, wie bereits kurz erwähnt, in der Regel monologisch organisiert sind, um die nationale Identität zu fördern und zu stützen. Weshalb nationale Narrative entsprechend auch dazu neigen, die Geschichte auf sieg- und ruhmreiche oder zumindest annehmbare Ausschnitte zu beschränken oder abzuändern. In Bezug auf *Dialogisches Erinnern* bleiben aber auch die unangenehmen Erinnerungen im nationalen Gedächtnis verankert und überschreiten gleichzeitig die nationalen Grenzen hin zu einer transnationalen Perspektive. Der Begriff steht hier auch „für die wechselseitige Verknüpfung und Aufrasterung allzu einheitlicher Gedächtniskonstruktionen anhand nationaler Grenzen" (ebd., S. 37). Erst durch dialogische bzw. eben wechselseitige Anerkennung des gegenseitigen „Täter"/„Opfer"-Status kann sich ein Weg in eine gemeinsame Zukunft ergeben. Assmann sieht dieses Erinnerungs-Konzept vor allem auf europäischer Ebene bzw. im Hinblick auf den europäischen Gedanken als äußerst bedeutend an und hält es für eine große politische und kulturelle Chance innerhalb des Gesamtprojekts Europa. Zugleich merkt sie aber an, dass Erinnerungskultur in dieser Form so bisher nicht oder nur in Ansätzen praktiziert wird und wohl eher noch als utopische Zukunftsmusik verstanden werden muss (Assmann 2011, 35ff.).

Beispiele, zumindest partieller Umsetzung dieser speziellen Form der Erinnerungspolitik, finden sich aber durchaus, etwa im Verhältnis zwischen Deutschland und Frankreich. Diese beiden Länder verbindet heute, trotz ihrer sehr bewegten und wechselvollen Vergangenheit, eine enge Freundschaft, die 1963 mit dem Élysée-Vertrag begann und bis heute, unterstützt durch politische Prozesse, regelmäßige Zusammenarbeit, aber vor allem durch zivilgesellschaftliche Aspekte und Initiativen weiter voranschreitet (Defrance & Pfeil 2013). Insgesamt kann wohl der Zweite Weltkrieg in seiner Gesamtheit als Anlass für diverse benötigte Akte *Dialogischen Erinnerns* zwischen verschiedenen europäischen Ländern gesehen werden. Bis heute setzen sich aber viele Länder, Deutschland eingeschlossen, mit manchen Aspekten und Taten des Krieges nur unzureichend auseinander. Zwar wird Schuld oft anerkannt, das Leid aber nicht geteilt, die Erinnerung nicht aufgearbeitet.[39] Diese Ereignisse

39 Zum Teil liegt das auch in der übermächtigen Erinnerungskultur des Holocausts begründet, neben der für Erinnerungspolitik bezüglich anderer Ereignisse zuweilen nur wenig Raum bleibt.

werden, zumindest auf der Seite der „Täter“, zwar nicht geleugnet, aber verdrängt und sind deshalb in deren nationalem kollektiven Gedächtnis nicht oder nur am Rande präsent, während sie in jenem der „Opfer“ häufig besonders deutlich erinnert werden. Dies führt wiederum zu den bekannten Problemen gespaltener Gesellschaftsstrukturen, aufgrund des transnationalen Kontextes aber in leicht variierender Form (Assmann 2011, S. 36ff.).

Dies soll als Einblick in das Modell des *Dialogischen Erinnerns* vorerst genügen. Zwar könnte diese Thematik vor allem im europäischen Kontext noch weiter ausgeführt werden, würde an dieser Stelle aber etwas zu weit führen. Für die vorliegende Untersuchung ist es hingegen interessanter, das Modell des *Dialogischen Erinnerns* nicht nur in dem von Assmann vorgegebenen transnationalen Kontext zu sehen, sondern es auch auf der nationalen Ebene im Hinblick auf gespaltene Bevölkerungsverhältnisse und Strukturen der *freiwilligen Apartheid* zu betrachten und entsprechend anzuwenden. Zunächst aber soll ein kritischer Blick auf einige Aspekte der Assmannschen Modelle geworfen werden.

### 2.5.3 Aus dem Rahmen gefallen

Nachdem also Assmanns vier Modelle für den möglichen Umgang mit schwieriger Vergangenheit betrachtet wurden, erscheint ein recht breites Spektrum an eventuellen Be- und Aufarbeitungsvarianten einer solchen abgedeckt. Besieht man sich aber die Vielzahl der Fälle, die mit schwieriger Vergangenheit umzugehen haben, gewinnt man schnell den Eindruck, dass solch komplexe Gegebenheiten, wie sie durch bewaffnete Konflikte und die anschließenden Friedensprozesse entstehen, nur in den wenigsten Fällen klar einem der Modelle spezifisch zugeordnet werden können. Oft werden mehrere Modelle durchlaufen, wie etwa im Falle von Deutschland und anderen Ländern nach dem Zweiten Weltkrieg. Zuweilen entstehen aber auch Mischformen der Modelle oder gänzlich andere Strategien, die keinem Muster wirklich zuordenbar sind. Dies trifft etwa auf den Umgang Deutschlands mit Wiedervereinigung und DDR-Vergangenheit zu,[40] auf die Aufarbeitung des Faschismus in Italien[41]

40 Dieser gilt weithin als erfolgreich und vorbildlich, kann aber nur schwerlich in ein spezifisches Modell eingeordnet werden. Wie gelungen sich der Prozess außerdem heute in der Gesellschaft darstellt, ist wiederum nicht so einfach zu bewerten, da auch zwischen der ehemaligen ost- und westdeutschen Bevölkerung vielerorts noch der *freiwilligen Apartheid* ähnelnde Strukturen herrschen.

41 Am treffendsten kann man den Umgang der Italiener mit Faschismus, zumindest auf

(Kretschmann 2011, S. 169ff.) oder eben auch auf das Vorgehen in Nordirland nach dem Ende des dortigen Konflikts. Zuweilen ist dies auch besonders dann der Fall, wenn es gleich mehrere schwierige Vergangenheiten, die unter Umständen auch zeitlich nahe zusammenliegen, zu bewältigen gibt. Betroffene Staaten nehmen dabei oft sehr unterschiedliche Rollen in den jeweiligen Vergangenheiten und den dazugehörenden Narrativen ein und auch ihr Umgang mit der spezifischen Vergangenheit kann dann zuweilen stark variieren. Ein Beispiel dafür ist etwa die ambivalente und in manchen Bereichen doch totalitäre Vergangenheitsbetrachtung Litauens in Bezug auf den Zweiten Weltkrieg und die eigene Unterdrückungserfahrung durch das Regime der Sowjetunion (Makhotina 2011, S. 195ff.). Und auch das Beispiel Nordirlands, das nachfolgend noch detailliert betrachtet wird, ist keinesfalls eindeutig einem der beschriebenen Modelle zuzuordnen.

Neben diesen Zuordnungs- und Trennschärfeproblematiken liegt der Fokus von Assmanns Modellen zudem hauptsächlich, zumindest erscheint es in ihren Ausführungen so, auf der staatlich initiierten Seite von Friedensprozessen und Umgang mit schlimmer Vergangenheit. Was Aleida Assmann meines Erachtens dementsprechend weitestgehend außer Acht lässt, ist die bereits angesprochene Bedeutung von Akteuren der *middle-range* und *grassroots leadership*-Ebenen. Diese haben nicht nur ebenfalls sehr großen Einfluss auf das Gelingen des Friedensprozesses, innerhalb der Zivilgesellschaft vielleicht oft den größten, sondern zudem auch auf die Marschrichtung der politischen Akteure (Defrance & Pfeil 2013). Um festzustellen wie sich der Friedensprozess innerhalb einer Gesellschaft gestaltet bzw. wie weit dieser fortgeschritten ist, ist es entsprechend unumgänglich, auch die Akteure und Initiativen jener unteren Ebenen mit einzubeziehen. Nur so, bei Betrachtung und Berücksichtigung aller Ebenen, entsteht ein ganzheitliches und aussagekräftiges Bild der Art und Weise, wie mit schwieriger Vergangenheit umgegangen wird und in welchem Zustand sich der Friedensprozess innerhalb der entsprechenden Gesellschaft befindet.

Hinzu kommt, dass die in den verschiedenen Modellen aufgezeigten Formen des Umgangs mit schwieriger Vergangenheit zwar alle auf ihre Art und Weise praktikabel und auch mehr oder weniger erfolgreich sind, zuweilen gar

---

offizieller Ebene, wohl als eine Mélange aus Vergessen, halbherziger Ahndung und bis heute andauernder unterschwelliger Duldung beschreiben (Kretschmann 2011, S. 169ff.).

als Musterbeispiele gelten, trotzdem aber nicht völlig frei von Kritik sind – vor allem vor dem Hintergrund, dass die komplexen Thematiken von Friedensprozess und Erinnerungspolitik in jedem Fall individuell betrachtet und ihre jeweiligen Charakteristika berücksichtigt werden müssen. Eine ideale Form des Umgangs mit traumatischer Vergangenheit ist im Prinzip eine Utopie, die in der Realität wohl in keinem Fall eintritt und an die maximal eine Annäherung möglich ist. Wie eine solche Idealform des Umgangs mit schwieriger Vergangenheit aber aussehen könnte, soll nun im nächsten Punkt aufgezeigt werden.

### 2.5.4 Hypothetischer Idealfall

Die theoretisch ideale Form des Umgangs mit schwieriger Vergangenheit kann relativ nah an Assmanns Modell des *Dialogischen Erinnerns* verortet werden. Mit dem Unterschied allerdings, dass es hier nicht im transnationalen, staatlichen, sondern im sozialen Kontext von Post-Konflikt-Gesellschaften gesehen und angewendet werden soll. Demnach könnten auch zwei antagonistische Gemeinschaften innerhalb einer Post-Konflikt-Gesellschaft ein dialogisches Erinnerungsmodell entwickeln, indem sie ihren jeweiligen Anteil an der schlimmen Vergangenheit des anderen anerkennen und damit das verursachte und zu verantwortende Leid der anderen Gemeinschaft in das eigene Gedächtnis einschließen (vgl. Assmann 2011, S. 35f.) – ganz so wie Assmann es im Hinblick auf zwei Staaten beschreibt (ebd.). Denn genau wie das Gedächtnis auf der nationalen Ebene, wird auch das auf der Gemeinschaftsebene eher monologisch organisiert sein und ebenso wird es dazu tendieren, im entsprechenden Narrativ sieg- bzw. ruhmreiche Ausschnitte der Geschichte in den Vordergrund zu stellen und negative oder nicht dem gewünschten Bild entsprechende Aspekte auszuklammern und zu vergessen, was wiederum zum Zwecke der Identitätsbewahrung, besonders im Hinblick auf die Gruppenzugehörigkeit, geschieht (vgl. ebd., S. 36). Wird das Leid der anderen und der eigene Anteil daran anerkannt und ins gemeinschaftseigene Narrativ aufgenommen, verändert sich dieses. Es schildert nicht länger nur die eigene, zurechtgemachte Sicht auf die Dinge, sondern tritt in Dialog mit dem Narrativ der jeweils anderen Gemeinschaft. Es entsteht eine Art Kontextualisierung, die die Einordnung der entsprechenden Ereignisse in einen größeren, weiteren Rahmen ermöglicht (ebd., S. 38f.). Diese Handlung erfordert durchaus ein gewisses Maß an historischer Bildung und Geschichtsbewusstsein, fördert jenes aber auch (ebd.).

Die auf diese Weise erlangte Einsicht in einen größeren Kontext soll nun keinesfalls die eigene individuelle Sichtweise der entsprechenden Gemeinschaften ersetzen oder gar auslöschen. Sie kann aber eventuell dazu beitragen, dass einzelne Aspekte eines gemeinschaftsspezifischen Narrativs neu reflektiert und in einen weiteren Gesamtzusammenhang eingeordnet werden können. So kann unter Umständen eine Neuinterpretation bestehender Erinnerungen unter einem anderen Gesichtspunkt erfolgen und auf diese Weise mit anderen Erinnerungen (etwa denen der verfeindeten Gemeinschaft) (besser) vereinbar gemacht werden. Dabei findet keine Verzerrung oder gar Verfälschung geschichtlicher Ereignisse, sondern vielmehr eine Erweiterung des Blickwinkels statt (ebd., S. 38ff.). Um die Fakten schwieriger Vergangenheit und historischer Ereignisse generell anzuerkennen, bedarf es nämlich durchaus heterogener oder gar widersprüchlicher Erinnerungen (Senett 1998, S. 14).

*Dialogische Erinnerung* sorgt dafür, dass nicht länger eine Fixierung ausschließlich auf das eigene Leid stattfindet. Stattdessen wird das Leid der anderen und die Tatsache, dass man selbst es (mit-)verursacht hat, in die eigene Erinnerung, in das eigene Narrativ mit aufgenommen. Dabei soll diese Entwicklung nicht als Erinnerungspakt im Sinne des *Erinnerns, um niemals zu vergessen* verstanden werden. Vielmehr soll die Entwicklung bzw. die Erlangung eines historischen Bewusstseins und Wissens um wechselnde „Täter"/„Opfer"-Konstellationen innerhalb einer gemeinsamen Geschichte gefördert werden. Dementsprechend darf das Ergebnis auch kein einheitliches Master-Narrativ sein, das individuelle Unterschiede in den Erinnerungen ausschließen und damit die Identität von Gemeinschaften bedrohen würde (Assmann 2011, S. 39). Vielmehr sollte aus verschiedenen identifikatorisch geprägten Geschichtserzählungen ein gruppenübergreifendes, anschlussfähiges Narrativ destilliert werden, welches nicht nur zur Identitätsstiftung der einzelnen Gemeinschaften, sondern der Gesellschaft als Ganzes beiträgt (ebd.). So kann längerfristig auch die Durchlässigkeit beziehungsweise die Auflösung der innergesellschaftlichen Grenzen gefördert werden. Wichtig ist dabei vor allem, dass so wenige Unsicherheiten und so wenig Unwissen wie möglich bezüglich der schwierigen Vergangenheit zurückbleiben. Eine intensive Auseinandersetzung mit der Vergangenheit nach dem Prinzip einer Wahrheitskommission kann hier also durchaus von Vorteil sein, auch wenn natürlich wiederum die individuellen Charakteristiken eines jeden Falles berücksichtigt werden müssten.

Spinnt man den Erfolg einer solchen Entwicklung noch weiter, so könnte ein so erarbeitetes Narrativ im Idealfall sogar wieder eine Identifikation als ganzheitliche Gesellschaft und Nation erlauben und damit auch ein Zugehörigkeitsgefühl zu diesen beiden Kollektiven stärken. In einer solchen Gesellschaft wären die Strukturen einer *freiwilligen Apartheid* wohl nahezu gänzlich überwunden und die Chancen auf einen langfristigen *positiven* Frieden hoch.

### 2.5.5 Schwierigkeiten beim Umgang mit schwieriger Vergangenheit

Der soeben geschilderte Idealfall mag zwar noch so einfach, einleuchtend und erfolgversprechend erscheinen, in der Realität gestaltet sich seine Umsetzung aber als nahezu unmöglich. Er ist nur eine utopische Idee, die, auf wirkliche Fälle angewandt, schnell an ihre Grenzen geraten wird. Aber nicht nur der Idealfall ist mit Schwierigkeiten bei der Umsetzung konfrontiert, auch die anderen Modelle des Umgangs mit schwieriger Vergangenheit sind weder frei von Kritik noch problemlos in Ausführung und längerfristiger Wirkung. Oft sind die Grundgedanken hinter den verschiedenen Arten, mit schwieriger Vergangenheit umzugehen, nachvollziehbar und durchaus durchdacht. Dass sie sich häufig trotzdem so schwer und oft nur bis zu einem gewissen Grad umsetzen lassen bzw. vom Scheitern bedroht sind, liegt vermutlich in mehreren Schwierigkeiten begründet.

Zunächst einmal ist die Schaffung eines für alle involvierten Parteien akzeptablen Narrativs eine enorme Herausforderung. Dabei gestaltet sich das oben beschriebene anschlussfähige Narrativ eigentlich als einzige praktikable Möglichkeit. Schließlich ist es unmöglich, ein gänzlich neues frei von Konfliktmaterial zu kreieren, ohne die Historie völlig zu verfälschen. Und ein einheitliches, sich über die individuellen Eigenheiten der jeweiligen Gemeinschaften hinwegsetzendes Narrativ wird ebenfalls wenig erfolgversprechend sein. Das begründet sich vor allem dadurch, dass die Identifikation der Gruppen und der einzelnen Individuen mit solch künstlich erschaffenen Narrativen vermutlich nie so hoch sein wird, wie mit den über einen oft Jahrhunderte währenden Zeitraum „natürlich“ entstandenen und gewachsenen, gemeinschaftsspezifischen Narrativen und diese somit auch nicht als gleichwertig ersetzen können. Wie hoch die Identifikation mit den oben erläuterten anschlussfähigen Erzählungen ist, kann hier nur vermutet werden, es ist aber anzunehmen, dass sie durchaus um einiges höher ausfällt, als es bei den anderen Optionen der Fall wäre. Schließlich bleibt so das gewohnte Narrativ weitestgehend erhalten und erfährt vor allem eine Erweiterung, die die Veränderung des Blickwinkels nicht aufzwingt, sondern nahezu von selbst mit sich bringt.

Es scheint allerdings festzustehen, dass eine Annäherung an eine gemeinsamere oder zumindest besser vereinbare Erzählung immer nur bis zu einem gewissen Grad betrieben werden kann. Wird dieser bestimmte Punkt überschritten, müsste wohl ein zu großes Maß der eigenen individuellen und/oder gruppenbezogenen Identität aufgegeben werden, was natürlich zu vermeiden angestrebt wird. Diese Vorgehensweise der Identitätsbewahrung und -abgrenzung erscheint nicht nur im Hinblick auf die Umgestaltung der Narrative, sondern auch für viele andere Bereiche und Aspekte des Friedensprozesses bedeutsam und spiegelt sich auch in den Strukturen der *freiwilligen Apartheid* wider. Ab einem gewissen Punkt, an dem die eigene Identität zu stark berührt oder gar als bedroht empfunden wird, gerät der Prozess ins Stocken. Besonders die Aufgabe oder Umkonnotierung spezifischer Rituale und Symbole, wie es im Friedensprozess häufig notwendig ist, wird schnell als Ein- oder Angriff in bzw. auf die eigene Identität gewertet (Baumann 2008, S. 102ff.). Für einen langfristig erfolgreichen Friedensprozess sind aber eine gewisse Kompromissbereitschaft und Identitätsaufgabe unerlässlich.

Was zudem auch immer wieder zum Tragen kommt, ist die Tatsache, dass Friedensprozesse stets äußerst langwierig, kompliziert und zudem auch sehr krisenanfällig sind. So laufen selbst kleine Erfolge Gefahr, mitunter schnell wieder zunichte gemacht zu werden (ebd., S. 70f.). Nur die konsequente, konstante Bemühung um Friedensprozess und Verständigung auf allen *leadership*-Ebenen können dem entgegenwirken.

Bis jetzt wurde vor allem theoretisch betrachtet, wie Friedensprozess und der Umgang mit schwieriger Vergangenheit zusammenhängen und sich generell sowie auch spezifisch am Beispiel verschiedener Länder entwickeln können bzw. entwickelt haben. Im Folgenden soll nun anhand des Fallbeispiels Nordirland ausführlich betrachtet und aufgezeigt werden, wie sich der Friedensprozess, unter besonderer Berücksichtigung der Erinnerungspolitik, in diesem konkreten Fall darstellt.

# 3 Fallbeispiel Nordirland

In den folgenden Abschnitten will ich mich nun intensiv mit dem Ursprung und Verlauf des Nordirlandkonfliktes, vor allem aber mit den Perspektiven, Maßnahmen und dem aktuellen Stand des dazugehörigen Friedensprozesses auseinandersetzen. Zum besseren Verständnis des vorliegenden Beispiels sollen zunächst einige Hintergrundinformationen gegeben sowie die Gründe, die zur Auswahl dieses speziellen Falles geführt haben, erläutert werden. Im Anschluss soll ein an dieser Stelle unverzichtbarer historischer Rückblick auf die vergangenen Jahrhunderte Aufschluss geben über die weitreichenden Wurzeln der Auseinandersetzung, bevor sich einem Überblick über den eigentlichen Nordirlandkonflikt, den sog. *troubles,* zugewandt wird. Unter der Einbeziehung der während zweier Feldaufenthalte gesammelten Daten und gewonnenen Erkenntnisse will ich mich ausführlich mit dem aktuellen Status des Friedensprozesses, dem Umgang mit schwieriger Vergangenheit sowie mit der derzeitigen Situation in der nordirischen Gesellschaft beschäftigen.

## 3.1 Kurzer Überblick und Begründung der Fallauswahl

Bevor ich mich genauer mit den einzelnen Aspekten der nordirischen *troubles* beschäftigen werde, soll ein kurzer Überblick über ihre Hintergründe und Charakteristika gegeben werden. Zudem will ich kurz auf die Gründe, die zur Auswahl dieses speziellen Falls geführt haben, eingehen.

Zunächst einmal muss unbedingt festgehalten werden, dass es sich bei den nordirischen *troubles* nicht etwa um einen religiösen Konflikt handelt, wie fälschlicherweise oft angenommen wird, sondern um einen ethnopolitisch motivierten (Baumann 2008, S. 53). Dabei stehen sich in der nordirischen Gesellschaft zwei Gemeinschaften bzw. Communities gegenüber, die zwar im gleichen Land leben, in vielen Dingen aber maximal konträre Bestrebungen verfolgen bzw. Ansichten vertreten (ebd.). Sie unterscheiden sich generell in ihren territorialen Ambitionen (ebd.), ihrer Herkunft, ihrer (nationalen) Identität und der Kultur, der sie sich zugehörig fühlen (Wuhrer 2000, S. 9). Da auch die konfessionellen Grenzen in der Regel entlang dieser Linien verlaufen, wird jede der beiden Gemeinschaften entsprechend auch mit einer von beiden Konfessionen (katholisch oder protestantisch) maßgeblich identifiziert. Es ist dabei allerdings wichtig zu verstehen, dass die konfessionelle Trennung nicht Auslöser, sondern lediglich Begleiterscheinung bzw. Facette des ethnopolitischen

Konfliktes ist (Wuhrer 2000, S. 9ff.). Dass die Konfession trotzdem zum vorrangigen Charakterisierungsmerkmal der beiden Gemeinschaften wurde, liegt vermutlich daran, dass sich darunter die anderen Merkmale subsummieren lassen und so eine klare und einfache Unterscheidung der Gruppen getroffen werden kann.[42] Die treffendere und auch korrektere Bezeichnung ist allerdings *Unionisten* bzw. *Loyalisten* für die protestantische Seite sowie *Nationalisten* bzw. *Republikaner* für die katholische Gemeinschaft (ebd., S. 10).[43]

Generell können die beiden Bevölkerungsgruppen wie folgt charakterisiert werden: Die Unionisten befürworten die politische Union mit Großbritannien und begreifen sich überwiegend auch als loyal zur britischen Königin (daher der Begriff Loyalisten). Diese Gruppe wünscht in der Regel kein vereintes Irland,[44] begreift sich selbst als britisch oder zumindest britischstämmig und ist zum größten Teil protestantisch (ebd.).

Die Nationalisten[45] hingegen treten für ein vereintes Gesamtirland (bzw. eine gesamtirische Republik; daher der Name Republikaner) ein, wovon sie sich bessere Lebensverhältnisse und weniger Diskriminierung versprechen, zu dem sie vor allem aber ein starkes kulturelles Zugehörigkeitsgefühl empfinden. Sie verstehen sich selbst entsprechend als irisch und sind überwiegend katholisch (ebd.).[46]

Der Konflikt zwischen den beiden Seiten ist bereits über tausend Jahre alt und gründet darauf, dass die Engländer Irland besetzten, kolonisierten und

---

42 Also eben jenes in Abschnitt 2.3 angesprochene spezifische, leicht erkennbare, soziale Merkmal, das als Rechtfertigung für die gegenseitige Separationstendenz und die Strukturen *freiwilliger Apartheid* dient.

43 Wuhrer (2000, S. 10) gibt dabei an, dass es sich bei den Loyalisten bzw. den Republikanern um die jeweils gewaltbereiten bzw. militanteren Flügel der Gemeinschaften handelt.

44 Vereintes Irland meint in dieser Arbeit also ein Irland, das das gesamte Staatsgebiert der Republik plus das Nordirlands als einen einheitlichen Staat umfassen würde.

45 Es ist wichtig zu verstehen, dass die Begriffe Nationalisten und Republikaner nur wenig mit dem zu tun haben, was man in der Regel als Leser hierzulande gemeinhin darunter versteht (Wuhrer 2000, S. 10). Sie haben nichts mit einer starken Orientierung hin zum rechten Parteienspektrum zu tun. In der Regel ist sogar eher das Gegenteil der Fall. Die meisten Nationalisten/Republikaner vertreten eine stark links gerichtete politische Grundhaltung, während sich die der Unionisten/Loyalisten stärker nach rechts neigt (Anhang C, Interview I, Z. 120-123).

46 Im Folgenden sollen zur Bezeichnung der beiden Gemeinschaften hauptsächlich die Begriffe *Unionisten* und *Nationalisten* verwendet werden, da diese die Gruppen am treffendsten beschreiben und sowohl gemäßigte als auch militantere Positionen mit einschließen. Auf die Begriffe *Loyalisten/Republikaner* bzw. protestantisch/katholisch soll entsprechend nur zurückgegriffen werden, wenn dies z.B. aus Gründen der Differenziertheit notwendig ist.

verwalteten (was schließlich auch zur Teilung des Landes führte) und die ursprüngliche irische Bevölkerung unterdrückt wurde. Das Misstrauen und die negativen Gefühle in Bezug auf die andere Seite sind das Ergebnis diverser, häufig sehr grausam und blutig geführter Auseinandersetzungen. Im Unterkapitel 3.2 wird detailliert auf die entsprechenden historischen Hintergründe und Gegebenheiten eingegangen. Die *troubles* sind also auch keine neue Erscheinung, sondern lediglich die Fortsetzung einer bereits über Jahrhunderte andauernden Auseinandersetzung.

Beiden Seiten lassen sich zudem jeweils sowohl politische Repräsentanten als auch paramilitärische Gruppierungen zuordnen, die während des Nordirlandkonfliktes und teilweise auch bereits davor bzw. danach sehr bedeutsam für die Entwicklung der Ereignisse waren bzw. sind. In der Regel teilen und vertreten sie die entsprechenden Ansichten der jeweiligen Gemeinschaft. Im Falle der Unionisten sind die größten politischen Parteien die *DUP* und die *UUP*, zudem gibt es zahlreiche kleinere Parteien.[47] Insgesamt gilt das unionistische Parteigefüge als sehr zersplittert. Ganz anders das der Nationalisten. Ihre wichtigsten Parteien sind *Sinn Féin* und die *SDLP*. *Sinn Féin* galt dabei lange Jahre als politisches Sprachrohr der *IRA,* der wichtigsten paramilitärischen Gruppierung auf nationalistischer Seite.[48] Es gibt noch weitere, die zumeist aus der *IRA* hervorgingen, etwa die *INLA*, die *RIRA* oder die *CIRA*, diese spielen aber eher eine marginale Rolle (Bittner & Knoll 2001, S. 157ff.; S. 160ff.). Auf Seiten der Unionisten sind als wichtigste Paramilitärische Gruppierungen die *UVF* sowie die *UDA*, die auch unter dem Pseudonym *UFF* auftritt, zu nennen (Baumann 2008, S. 54ff.). All diese paramilitärischen Organisationen (und teilweise trifft dies auch auf die Parteien zu) haben eine äußerst komplexe Entstehungsgeschichte, die oft diverse Stufen der Legalität durchläuft

---

47 Erläuterung der auf dieser und der folgenden Seite aufgeführten Parteien und paramilitärischen Gruppierungen:
DUP (*Democratic Unionist Party*), UUP (*Ulster Unionist Party*), Sinn Féin (gälisch für *Nur wir Selbst*), SDLP (*Social Democratic and Labour Party*), IRA (*Irish Republican Army*), INLA (*Irish National Liberation Army*), RIRA (*Real IRA*), CIRA (*Continuity IRA*), UVF (*Ulster Volunteer Force*), UDA (*Ulster Defence Association*), UFF (*Ulster Freedom Fighters*) (z.B. Otto 2005, S. 152). Siehe auch Abkürzungsverzeichnis.

48 Spricht man von der *IRA* zur Zeit der *troubles,* so handelt es sich dabei grundsätzlich um die sog. *Provisional IRA*. Diese ging aus einer Spaltung der ursprünglichen *IRA* in *Official* und eben *Provisional IRA* hervor. Ihre Mitglieder nennt man auch *Provos*. Die *Official IRA* versank ziemlich schnell in der Bedeutungslosigkeit und erklärte bereits 1972 nach mehreren missglückten Aktionen den Waffenstillstand (Bittner & Knoll 2001, S. 57ff.).

sowie zahlreiche Abspaltungen von Abspaltungen beinhaltet, weswegen auf die Geschichte der einzelnen Gruppierungen nun nicht weiter eingegangen werden soll.

Die *troubles* selbst zogen sich vom Herbst des Jahres 1968 bis zum Jahre 1994 (Waffenstillstand der wichtigsten paramilitärischen Gruppen) bzw. 1998 (Verabschiedung des *Karfreitagsabkommens* und damit offizielles Ende des Konfliktes) hin und kosteten insgesamt ca. 3.300 Menschen das Leben (Otto 2005, S. 7). 42.000 weitere Personen wurden bei verschiedenen Aktionen oder der Selbstjustizausübung der paramilitärischen Gruppen verletzt (ebd.). Trotzdem war dieser Kriegszustand (denn ein Bürgerkrieg war es allemal) ein seltsamer, denn teilweise gab es immer wieder ruhigere Phasen (Wuhrer 2000, S. 12), auch in den Hochburgen des Konfliktes, Belfast und London-/Derry. Denn auch wenn er zuweilen bedroht war, behielt der (britische) Staatsapparat doch stets ein gewisses Maß an Stabilität und in weiten Teilen wurden sämtliche Strukturen eines normalen Alltags aufrecht erhalten.[49] Menschen gingen zur Arbeit und Kinder zur Schule, es wurden größtenteils Steuern gezahlt, es gab ein Gesundheitssystem und normale Möglichkeiten zur Freizeitgestaltung – natürlich alles streng nach Konfession und politischer Gesinnung getrennt (ebd.). Auch die wirklich aktiven Konfliktphasen mit ihren Barrikaden und Straßenschlachten konzentrierten sich meist auf einige wenige Areale (ebd.).

Die *troubles* sind zum großen Teil ein Phänomen der Arbeiterklasse, und als Konsequenz daraus fanden die meisten Auseinandersetzungen auch in deren Wohngebieten bzw. Vierteln statt. Das bedeutet im Umkehrschluss, dass andere Teile der Bevölkerung von den Geschehnissen oft nur gestreift wurden (ebd.), was aber wiederum nicht darauf schließen lässt, dass sie sich nicht von dem Konflikt oder der Situation betroffen gefühlt hätten, wie Mary O'Brien erzählt. [50] Spätestens die zahlreichen Bombenanschläge der verschiedenen paramilitärischen Vereinigungen trugen den Konflikt aber auch aus den Arbeitervierteln hinaus.

---

49 Dies ist zum Teil, laut Michael von der Organisation *Coiste* (Guide auf der politischen Tour; siehe Anhang A, Beobachtungsprotokoll (BPK) VII), auch damit zu begründen, dass es im Nordirland-Konflikt nicht zum Einsatz schwerer Artillerie-Geschütze (von den Bombenanschlägen einmal abgesehen) kam. So wurde weder Infrastruktur noch eine größere Anzahl öffentlicher Gebäude nachhaltig beschädigt.

50 Bei Mary O'Brien handelt es sich um eine *AirBnB*-Vermieterin, die während des Feldaufenthaltes als wichtige Unterstützung und Kontaktperson fungierte. Ihr Name sowie die Namen aller weiteren Kontaktpersonen und Interviewpartner wurden zu deren Schutz anonymisiert.

Die *troubles* als bewaffneter Konflikt weisen zudem weitere Besonderheiten auf. So stehen bzw. standen sich, im Gegensatz zu vielen anderen innerstaatlichen Konflikten, in Nordirland nicht nur zwei, sondern drei Parteien gegenüber: Eben Nationalisten, Unionisten und der britische Staat (Wuhrer 2000, S. 11). Zudem waren auch diverse weitere Kräfte, etwa die US-amerikanische Regierung, die Regierung in Dublin oder auch die Europäische Union zumindest zeitweilig indirekt involviert (ebd.). Die Menge der Beteiligten und ihre zumeist sehr unterschiedlichen Interessenlagen machte und macht aus den nordirischen *troubles* eine der komplexesten Konfliktsituationen, die auch über 20 Jahre nach dem offiziellen Ende in Teilen noch nicht ganz entwirrt werden kann (ebd.). In Bezug darauf ist weiterhin bemerkenswert, dass keine der Seiten aus dem Konflikt als klarer Sieger hervorging. Das abschließende *Agreement* forderte Kompromisse und Abstriche aller Beteiligten. Auch der Ausgang der Kampfhandlungen wird generell als „Waffenstillstand" charakterisiert (siehe z.B. Anhang C, Interview I, Z. 116)[51], was ebenfalls deutlich auf die vorherrschende Patt-Situation hinweist.

Weiterhin ist es die schiere Dauer sowie seine historische Dimension, die den Nordirlandkonflikt von anderen Auseinandersetzungen abheben. Die Ursprünge des Konfliktes liegen über tausend Jahre zurück, und trotzdem hat er bis heute kaum an Intensität eingebüßt. Denn obwohl das *Karfreitagsabkommen* schon 1998 unterzeichnet wurde, lebt der Konflikt auch heute noch fort. Zum einen in den bereits geschilderten Strukturen der *freiwilligen Apartheid*, zum anderen aber auch in den immer noch sehr klaren politischen Positionen der Bevölkerung (Anhang C, Interview I, Z. 118-119). Auch wenn das Ganze mittlerweile zum Teil ebenfalls zu einer Generationenfrage wird (ebd., Z. 143-145), kann man sich des Gefühls nicht erwehren, dass noch immer Bürgerkrieg in Nordirland herrscht und dieser nur nicht mehr mit Waffen ausgetragen wird (ebd., Z. 117-118). Von einer nordirischen Post-Konflikt-Gesellschaft zu sprechen, ist also streng genommen auch nur teilweise korrekt. Bemerkenswert ist zudem, dass die vergangenen historischen Ereignisse, wie etwa die Schlacht am River Boyne, die große Hungersnot oder die grausamen Feldzüge Oliver

51 Im Zuge der Feldaufenthalte entstanden neben zwei Interviews auch mehrere Gesprächs- und Beobachtungsprotokolle, die an dieser Stelle und im Weiteren teilweise als Quellen verwendet werden. Nähere Informationen zur Entstehung dieser Dokumente sind in Kapitel 4 zu finden.

Cromwells,[52] noch heute, also viele hundert Jahre später, einen so großen Einfluss auf und eine so gewaltige Bedeutung für die (nord-)irische Bevölkerung haben.[53]

Vieles des Genannten deckt sich zwar mit der fünften Facette der *freiwilligen Apartheid*, dürfte aber in Menge, Vielfalt und der Varianz der historischen Dimension der geschichtlichen Ereignisse einzigartig sein. Dazu gehört, neben den alljährlichen Umzügen der protestantischen Orden und weiteren diversen Gedenkmärschen, auch die Menge an teilweise historisch begründeten, spezifischen Farben und Symbolen, derer sich die beiden unterschiedlichen Gemeinschaften bedienen. Sie sind auch heute noch äußerst präsent und tauchen beispielsweise als immer wiederkehrende Elemente in den *murals,* aber auch ganz unerwartet im Alltag auf, wo sie entsprechend als eine Art „Erkennungszeichen" und Orientierung für die Gemeinschaften dienen können. Beispiele auf unionistischer Seite sind etwa die Farben Orange, Weiß, Blau und Rot, orange Lilien, roter Klatschmohn, der Union Jack, die ehemalige Flagge Nordirlands, *King Billy* und der *Tower of Ulster.* Symbole der Nationalisten sind weiße Arum-Lilien, die Farbe Grün, die irische Tricolore, die Stary Plough Flagge, gälische Schrift, diverse keltische Sagengestalten vor allem Cúchulainn, sowie die Wappen der vier irischen Provinzen (Ulster, Munster, Leinster und Connaught).[54] Die meisten dieser Symbole werden von einer der beiden Gemeinschaften exklusiv verwendet, manche finden sich aber auch auf beiden Seiten, dann allerdings mit einer unterschiedlichen Konnotation (z.B. Cúchulainn oder das Wappen von Ulster) (Borthwick 2015, S. 10, S. 14).

Ganz ähnlich wie mit den Symbolen verhält es sich auch mit einer Vielzahl an Worten und Begriffen. Je nachdem wie jemand etwas bezeichnet, das offenkundigste Beispiel dürfte dabei wohl die Bezeichnung „Derry" versus „Londonderry" sein, ist die politische Einstellung bzw. meist auch die Zugehörigkeit oder Sympathie zu einer der beiden Gruppen recht klar zu erkennen. Sich in Nordirland neutral auszudrücken, ist durchaus eine Herausforderung (Wuhrer 2000, S. 11ff.).

Die Tatsache, dass der Konflikt noch nicht ausgestanden ist, ist zudem ein

52 Mehr Informationen zu den einzelnen Ereignissen sind im nächsten Punkt (3.2) zu finden.

53 Dies erkennt man daran, dass beispielsweise viele Statuen, *murals*, Mahnmäler, Plaketten etc. auf diese Ereignisse hinweisen. (Mehr dazu in Abschnitt 5.2.5).

54 Es handelt sich hier zum einen um eigene Beobachtungen, vgl. aber auch z.B. Borthwick 2015.

wichtiger Einflussfaktor in Bezug auf die möglichen Perspektiven der Konfliktbearbeitung und -entwicklung. Vor allem mit Blick auf den Brexit und die aktuelle Bevölkerungsentwicklung[55] in Nordirland ist der weitere Fortgang des Friedensprozesses ungewiss. Dies wird vor allem noch dadurch verstärkt, dass nicht wirklich klar ist, wie die Zukunft Nordirlands und seiner Bevölkerung aussehen soll. Natürlich wird ein friedliches Zusammenleben der beiden Bevölkerungsgruppen angestrebt, wie dieses konkret gefördert und vor allem gestaltet werden soll, ist aber weiterhin unklar. Dies beginnt bei der Frage nach dem Inhalt künftiger Geschichtslehrpläne und setzt sich über die Diskussion konfessionell getrennter Schulen bis zur Zukunft der *Peace lines* und der teilweise noch immer streng getrennten Wohnviertel fort. Vor allem aber die Frage nach der normativen Aufarbeitung des Konfliktes und der Begründung eines geteilten Wertekonsenses wird das Land noch vor viele weitere Herausforderungen stellen. Die Schwierigkeit besteht dabei vor allem darin, dass die Gesellschaft quasi aktiv einen bestimmten Weg in die Zukunft einschlagen muss, dieser bzw. dessen Beschaffenheit aber zunächst noch erschlossen werden muss. Im Gegensatz zu Deutschland, dessen Weg nach dem Zweiten Weltkrieg zumindest in den Kernpunkten alternativlos und klar vorgegeben wurde, haben andere Post-Konflikt-Gesellschaften bei dieser Entscheidung mehr Spielraum. Dies kann sich zwar durchaus als Chance für die betreffende Gesellschaft erweisen, allerdings genauso gut eine fast unüberwindbare Hürde darstellen.

All die soeben beschriebenen Besonderheiten machen den Nordirlandkonflikt zu einem mehr als außergewöhnlichen Fall, der auch unter den zahlreichen innerstaatlichen Konflikten der neueren Weltgeschichte seinesgleichen sucht und wohl guten Gewissens als einzigartig bezeichnet werden kann. Auf dieser Basis, speziell bezüglich der historischen Dimension, der außergewöhnlichen Umstände und der sehr komplexen und lebendigen Erinnerungskultur innerhalb der Gesellschaft bzw. der Gemeinschaften, wurde Nordirland als Fallbeispiel für diese Arbeit ausgewählt.

55 Früher hatten die Protestanten in Nordirland klar die Mehrheit, mittlerweile relativiert sich das Zahlenverhältnis aber. Nach Zensuserhebungen des Jahres 2011 sind mittlerweile ca. 41,56% der Bevölkerung Protestanten und ca. 40,76% Katholiken, Tendenz steigend. Die fehlenden 17,68% gaben als Religion „Sonstiges“ an (darunter übrigens 1.462 Jedi-Ritter) (vgl. NINIS 2011).

## 3.2 Ein notwendiger historischer Rückblick

Bevor sich aber dem Nordirlandkonflikt als solchem sowie seinen Aus- und Nachwirkungen zugewandt werden kann, soll und muss ein Rückblick auf die Geschichte der irischen Insel geworfen werden. Wie die Geschichte vieler Länder Europas ist auch die Irlands eine bewegte. Sie ist stark von der geographischen Nähe zu England geprägt (Tieger 1985, S. 15) und erscheint wie eine nahezu endlose Folge von Unterdrückung, Krieg, Widerstand, Rebellion und weiteren Katastrophen (ebd., S. 11). Trotzdem ist ein Rückblick auf diese wechselvolle Geschichte an dieser Stelle notwendig und unverzichtbar, um Einsicht in die Hintergründe der *troubles* zu bekommen und zu verstehen, wie diese entstanden sind und wie es überhaupt erst zu einer Teilung Irlands bzw. der irischen Insel in die Republik Irland und Nordirland als Teil des Vereinigten Königreiches kommen konnte. Gut 1000 Jahre Geschichte sind notwendig, um zu den Wurzeln des Konfliktes vorzudringen, und diese sollen nun in einem, natürlich stark gekürzten, Überblick zusammengefasst werden.

In gewisser Weise stellt Irland sicher eine Art Sonderfall dar, denn dass historische Ereignisse, die derart lange zurückliegen, noch heute so präsent sind, das kollektive Gedächtnis der antagonistischen Gemeinschaften so stark prägen und das Gewicht vieler vergangener Generationen so schwer auf den Schultern der Lebenden lastet (im übertragenen Sinne versteht sich), ist wohl relativ einzigartig in Europa (Wuhrer 2000, S. 15).

Bereits ca. 1170 begann in Irland der erste Vorstoß der Engländer im Zuge der anglo-normannischen Eroberung unter König Henry II. Von diesem Zeitpunkt an versuchten die Engländer immer wieder, ihre Macht in Irland zu etablieren und auszuweiten. Das besondere Interesse an der Insel rührte von der Befürchtung her, dass sie entweder zum Einfallstor für Invasoren vom Festland her werden könnte oder die Iren selbst sich gegen England erheben würden (Otto 2005, S. 11). So wurde bereits unter Henry II. die sog. Lordschaft von Irland eingeführt, vorwiegend, um die eigenen anglo-normannischen Siedler unter Kontrolle zu halten (Tieger 1985, S. 21).[56] In der Folgezeit waren entsprechend interne Querelen zwischen Anglo-Normannen, gälischen Fürsten

56 Diese Siedler hatten recht eigene Ansichten darüber, wie sie ihr Leben in Irland gestalten wollten, sie bauten beispielsweise Festungen, bekriegten oder verbündeten sich mit gälischen Stammesfürsten und adaptierten gälische Lebensgewohnheiten. Sowohl der Machtausbau als auch die Kulturadaption missfielen den Engländern (Tieger 1985, S. 21ff.).

und Engländern häufig (ebd., S. 21f.), was dazu beitrug, dass bis zu Henry VIII. nur ein sehr kleiner Teil Irlands rund um Dublin (genannt *The Pale*) unter englischer Kontrolle stand. Doch auch dagegen wurde bereits kräftig rebelliert (Otto 2005, S. 11). Um seine Macht zu festigen und eine Befriedung voranzutreiben, ließ sich Henry VIII. 1541 auch zum König von Irland ausrufen und verfügte unter anderem, dass aller Landbesitz an die englische Krone übergeben werden musste und anschließend nur als Lehen zurückgegeben wurde. Doch auch diese Maßnahme zwang das Land nicht zur Ruhe (Tieger 1985, S. 24). Erst Elisabeth I. griff mit den sog. *Elizabethan Wars* hart in Irland durch und erlangte durch ihre äußerst brutale Kriegsführung zum ersten Mal wirkliche Kontrolle über das Land, säte gleichzeitig aber die Grundlage für den fortwährenden Hass auf die regierenden Engländer (ebd., S. 24f.). Vor allem im Norden Irlands, in der Provinz Ulster,[57] wurde entsprechend weiter gegen die Besatzer rebelliert. Mit Hilfe der Spanier gelang Hugh O'Neill, dem Earl of Tyrone, und Rory O'Donell, dem Earl of Tyrconnell, beinahe ein Sieg über die Engländer (Tieger 1985, S. 25f.; Otto 2005, S. 12). Als der Aufstand 1607 aber schließlich doch niedergeschlagen wurde, flohen die beiden Earls nach Frankreich. Ihre riesigen Ländereien fielen damit der englischen Krone zu (Tieger 1985, S. 25f.).

Dieses Ereignis, bekannt als *The Flight of the Earls* markierte das Ende des gälischen Irlands und gab den Weg in den Norden frei (ebd.). Um in diesem besonders rebellischen Landstrich endlich für Ruhe zu sorgen, wurde ca. 1610 unter König James I. die sog. *Plantation of Ulster* verfügt (ebd., S. 13). Dabei handelte es sich um ein relativ komplexes Vorgehen, das wiederum mit vielerlei Aufständen und deren brutaler Niederschlagung verknüpft war (ebd., S. 13ff.). Im Kern erfolgte aber eine Ansiedlung als loyal erachteter Siedler aus England, Schottland und Wales in Ulster, denen dort entsprechend fruchtbares Land zugesprochen wurde,[58] während die ehemaligen irischen Landbesitzer in kargere Gegenden umgesiedelt wurden (ebd., S. 26).[59] Trotzdem besaßen diese nach

57 Insgesamt gibt es vier Provinzen in Irland. Ulster im Norden, Leinster im Osten, Munster im Süden und Connaught im Westen.

58 England entledigte sich auf diese Weise ebenfalls eines Teils seiner überzähligen Bevölkerung, die beispielsweise der Landerschließung oder den sog. *Highland-Clearances* in Schottland zum Opfer gefallen war (Wuhrer 2000, S. 17).

59 So entstand beispielsweise auch das bis heute nahezu rein katholische South Armagh (Wuhrer 2000, S. 18), das später zur Zeit der *troubles* auch als das *Heartland* der *IRA* oder *Bandit Country* bezeichnet wurde (Bittner & Knoll 2001, S. 146).

englischer Meinung noch immer zu viel Land und auch die neuen protestantischen Siedler fühlten sich von katholischen Iren umzingelt (Tieger 1985, S. 26). Die irischen Siedler hingegen waren mit den neuen Pachtregelungen unzufrieden und sahen sich außerdem mit Anfeindungen von Seiten der protestantischen Siedler konfrontiert (Otto 2005, S. 16).

Bedingt durch diese unkomfortable Situation und die zusätzliche Gefahr durch viele Gesetzlose in der Gegend ging die Kolonisierung nur langsam voran (ebd., S. 14ff.). Daran änderte auch die Schenkung der Grafschaft Coleraine zu Besiedlungszwecken an London nur wenig. Außer den Namen der Grafschaft, die seitdem, genau wie ihr Hauptort Derry, offiziell Londonderry heißt (ebd., S. 14f.).[60] Nach einigen weiteren komplizierten Verwicklungen unter Charles I (ebd., S. 16ff.) brach 1641 der nächste Aufstand der Katholiken, wiederum in der Provinz Ulster, aus (ebd., S. 18ff.). Dabei kamen wohl ca. 12.000 Protestanten ums Leben, deren enorme Zahl aber zusätzlich noch aus propagandistischen Zwecken dramatisch überhöht wurde (ebd., S. 19). Besonders ein Ereignis in Portadown, bei dem Katholiken ca. 100 protestantische Männer, Frauen und Kinder erschlugen und in den örtlichen Fluss warfen, prägte das kollektive Gedächtnis der Protestanten stark (Tieger 1985, S. 26f.). Bis heute werden bei Umzügen protestantischer Orden zum Teil noch Banner mit *Portadown 1641* (ebd., S. 27) oder *Remember Portadown* (Otto 2005, S. 19) mitgeführt.

Jene Ereignisse führten zu einer großen Befangenheit der Protestanten gegenüber den Katholiken (Tieger 1885, S. 27) und ließen sie die eigene Sicherheit als völlig abhängig von der politischen Entmachtung und dem gesellschaftlichen Ausschluss der Katholiken empfinden (Otto 2005, S. 19). Nach

60 Dies führt noch heute zu Kontroversen und einem regelrechten (Schilder-)Kleinkrieg (Anhang A, BPK IV, Z. 43-47) zwischen den Gemeinschaften. Denn während die Unionisten die Stadt Londonderry nennen, erkennen die Nationalisten die Umbenennung bis heute nicht an und bezeichnen die Stadt weiterhin als Derry (z.B. Wuhrer 2000, S. 12). Um keine der beiden Gemeinschaften zu brüskieren, wird auf Busanzeigen etc. die weitestgehend neutrale Schreibweise „London-/Derry" verwendet, was auch (außer naheliegenderweise in diesem historischen Rückblick) für diese Arbeit übernommen werden soll. Wie bereits erwähnt, ist die Bezeichnung der Stadt London-/Derry einer der vielen Indikatoren, der recht einfach auf die Gemeinschaftszugehörigkeit eines Individuums schließen lässt. Andere Namen für London-/Derry sind außerdem *The Maiden City* (hauptsächlich von den Unionisten als Anspielung darauf verwendet, dass London-/Derry nie erobert wurde), *The Walled City* (offiziell von der Stadt selbst verwendet und auf die noch sehr gut erhaltene Stadtmauer hinweisend) oder *Stroke City* (eine Anspielung auf die komplizierte, neutrale Schreibweise).

weiteren diversen Verwicklungen, die unter anderem die Gründung der, wohlgemerkt, katholischen *Konföderation von Kilkenny* durch die Anglo-Normannen zur Folge hatte, kam nach Ende des englischen Bürgerkrieges und nach dem Tod Charles I. 1649 Oliver Cromwell nach Irland, um zum einen Vergeltung für die Aufmüpfigkeit der Katholiken und die vielen getöteten Protestanten zu üben, zum anderen aber auch, um den Sieg der puritanischen Sache ebenfalls in Irland durchzusetzen (ebd., S. 19f.).

Cromwells blutiger und grausamer Feldzug durch Irland beschädigte die Beziehung zwischen Iren und Engländern nachhaltig und führte zu einer Vertiefung der ohnehin schon bestehenden Kluft zwischen den beiden Bevölkerungsgruppen (Tieger 1985, S. 27). Cromwells Truppen zerstörten im ganzen Land Klöster und Kirchen, töteten Priester und Mönche und belagerten sämtliche Städte. Sie vertrieben die katholischen Landbesitzer in die arme westliche Provinz Connaught[61] und teilten das eroberte Land unter sich auf. So entstand eine dünne anglo-irische Oberschicht, die sich in Sprache, Religion und Kultur von den verbliebenen Iren unterschied. Nach dieser Landnahme gehörten 1688 nur noch 22% des Landes Katholiken (ebd.). Als Cromwell schließlich abzog, hatten seine Kriege, die damit einhergehende Hungersnot und die gleichzeitig ebenfalls ausgebrochene Beulenpest Irland nahezu verwüstet (Otto 2005, S. 20).

Als 1685 der katholische James II. König von England wurde, erhofften sich viele katholische Iren eine Besserung der Verhältnisse, aber aufgrund hier nicht weiter bedeutsamer Umstände wurde nur drei Jahre später der protestantische William of Orange (Wilhelm von Oranien) neuer König. James floh und fand in Irland Hilfe und Unterstützung bei seinem Plan, den Königsthron zurückzuerobern. Schließlich spitzten sich die Ereignisse in diesem *Krieg der zwei Könige* (ebd., S. 23) in Ulster zu. König James Truppen belagerten für etwa ein halbes Jahr die Stadt Londonderry. Dass sie nicht einfach erobert wurde, verdankt sie lediglich dem Umstand, dass 13 Lehrlinge (sog. *Apprentice Boys*[62]) sich der Schlüssel für die Stadttore bemächtigt hatten und eben jene

61 Aus dieser Zeit stammt auch der Ausdruck *To Hell or to Connaught* (Tieger 1985, S. 27), der heute noch in ganz Irland präsent ist. Ohnehin treten die Spuren Cromwells in Irland recht deutlich zu Tage, so gibt es kaum ein Dorf, in dem sich nicht irgendwo eine Gedenktafel mit einem Verweis auf Cromwell befindet. Und seine Taten sind nicht nur im kollektiven Gedächtnis (beider Seiten!) tief verwurzelt, sondern auch in der irischen Kultur. So wird ungezogenen irischen Kindern gerne eine Entführung durch Cromwell angedroht – das entsprechende Kostüm ist an Halloween sehr beliebt.

62 Auch heute noch ist dies der Name eines der protestantischen Orden Nordirlands. Auch

rechtzeitig vor den anrückenden Truppen schlossen. Erst im Juli 1689 gelang es englischen Schiffen, die Blockade zu durchbrechen. Ein Jahr später wurden James II. und seine Truppen im sog. *Battle of the Boyne* vernichtend geschlagen (Tieger 1985, S. 28f.).

Dieser Sieg – wie auch die Belagerung von Londonderry – ist für das Selbstverständnis der unionistisch geprägten Gemeinschaft in Nordirland ein sehr bedeutendes Ereignis. Es symbolisiert den Sieg über die Katholiken und machte *King Billy*, wie William of Orange liebevoll genannt wird, damit zum Helden. Bis heute stellt er dementsprechend eine zentrale Figur für die Unionisten dar und ist beispielsweise auch als Bildelement in vielen *murals* enthalten. Auch die Tatsache, dass Orange als Farbe des Protestantismus gilt, liegt in den genannten Ereignissen bzw. in der Person *King Billy's* mitbegründet.

Zu Beginn des 18. Jahrhunderts konnte Irland als komplett erobert gelten (Otto 2005, S. 24). Das lag vor allem auch an den 1695 eingeführten *Penal Laws*, die die irischen Katholiken durch weitere Entrechtung noch stärker unterdrücken sollten. Diese Gesetze beinhalteten zum Beispiel den Entzug des Wahlrechts, sehr harte Pachtregelungen und diverse Eigentumsbeschränkungen, wie beispielsweise das Verbot, Pferde halten zu dürfen, die mehr als fünf Pfund wert waren. Zudem wurde die katholische Kirche stark eingeschränkt, was ihren Einfluss in der Bevölkerung aber nur marginal minderte (Tieger 1985, S. 31).

Im Anschluss daran entstand der erste Anspruch auf nationale Unabhängigkeit, der in den folgenden Jahrhunderten immer wieder auftauchen wird. Jener erste kam allerdings von protestantischer Seite und mündete im sog. *Grattans Paliament*. Faktisch blieb die Macht allerdings in den Händen der Engländer (Tieger 1985, S. 31ff.).

Der nächste Versuch, ein nicht nur unabhängiges, sondern auch liberales, beide Glaubensgemeinschaften einendes Irland zu erreichen, erfolgte von Seiten des Geheimbundes der *United Irishmen,* die sich 1791 im Gebiet des heutigen Nordirland gründeten (Otto 2005, S. 153; Tieger 1985, S. 33). Die Gründungsmitglieder der Vereinigung waren, genau wie ihr Anführer Wolfe Tone, Protestanten und vertraten die Ideale der französischen Revolution (Tieger 1985, S. 33). Aus diesem Grund war Frankreich auch bereit, den geplanten

---

weitere Begriffe wie etwa das in unionistischen Ansprachen oder *murals* noch immer häufig verwendete *No Surrender* (siehe Abb. 1) rühren von diesem Ereignis her (Tieger 1985, S. 29).

Aufstand zu unterstützen, allerdings konnten die französischen Schiffe aufgrund der schlechten Wetterverhältnisse nicht anlegen (ebd.). Doch auch ohne deren Unterstützung fand der Aufstand im Jahre 1789 dennoch statt. Obwohl dieser zunächst von beiden Konfessionen getragen wurde, liefen die Dinge teilweise erheblich aus dem Ruder. So gab es beispielsweise unter anderem seitens der Katholiken erneut brutale Angriffe auf Protestanten (ebd., S. 34; Otto 2005, S. 34). Die Engländer schlugen den Aufstand blutig nieder und nahmen Wolfe Tone gefangen, dieser beging aber nur wenig später Selbstmord und wird seitdem, vor allem von Seiten der Nationalisten, als Märtyrer verehrt (Tieger 1985, S. 34). Als Folge des Aufstandes verschärften die Engländer ihre Haltung gegenüber den Katholiken abermals. In der Bevölkerung führte dies zu einer Ernüchterung hinsichtlich der Idee der Unabhängigkeit und einer liberalen Nation, denn die letzten Ereignisse hatten nur erneut gezeigt, dass ein Miteinander beider Gruppen kaum möglich war. Später sollte die Idee des Nationalismus in erster Linie eine katholische Maxime werden, die zwar immer wieder von Protestanten unterstützt, nie aber von deren Mehrheit getragen wurde (ebd., S. 34f.).

Im Jahr 1800 bzw. 1801 wurde schließlich der *Act of Union* verabschiedet, der die beiden Königreiche England und Irland vereinigte, das irische Parlament auflöste und Irland damit vollkommen unter englische Verwaltung stellte (ebd., S. 35). Bereits ab der ersten Hälfte des 19. Jahrhunderts ließ sich eine nahezu totale freiwillige gesellschaftliche Separation der beiden Konfessionen beobachten (Otto 2005, S. 34). Aber auch nach der Durchsetzung des *Act of Union* kehrte in Irland keine Ruhe ein. Bereits 1803 gab es unter Robert Emmet die nächste Rebellion, die wieder einmal blutig niedergeschlagen wurde und auch Emmet zu einem bis heute verehrten Helden des irischen Widerstandes machte. Erst als Daniel O'Connell, der „König der Bettler", 1823 die *Catholic Association* gründete, kam in die festgefahrene Situation wieder etwas Bewegung (Tieger 1985, S. 36). Das lag vor allem darin begründet, dass es damit zum ersten Mal einen geeinten irischen Widerstand gab, der zudem das Ziel der nationalen Unabhängigkeit mit dem der Befreiung der Katholiken vereinte. 1828 gewann O'Connell mit großer Mehrheit eine Nachwahl zum Parlament (Tieger 1985, S. 36). Bereits 1829 wurden auch Katholiken wieder zum Parlament zugelassen und bekamen unter monetären Auflagen das Wahlrecht zurück. Diese waren allerdings so hoch, dass sich für die kleinen Pächter nur sehr wenig änderte. Auch das große Ziel der Reinstallation eines irischen Parlaments und der nationalen Unabhängigkeit konnte O'Connell vor seinem Tod 1842 nicht mehr umsetzen (ebd., S. 36f.).

Zu diesem Zeitpunkt war die irische Bevölkerung bereits stark angewachsen und umfasste ca. 8 Millionen Menschen, von denen die meisten in Pachtabhängigkeit lebten.[63] Ihre Ernährung war nahezu ausschließlich vom Kartoffelanbau abhängig, da die übrige Ernte zu Pachtzwecken abgegeben werden musste (ebd., S. 37). Dies wurde in der nächsten Phase der Geschichte zu einem erheblichen Problem, denn von 1845 bis 1849 brach die große Kartoffelfäule aus, von der das ganze Land und insbesondere die arme Provinz Connaught schwer getroffen wurden (ebd.). Daraufhin ergriff England zwar Hilfsmaßnahmen, die aber völlig unzureichend waren (Otto 2005, S. 41) und zudem auch viel zu früh wieder eingestellt wurden (Tieger 1985, S. 38). Außerdem wurden trotz der Hungersnot weiterhin Agrarprodukte aus Irland exportiert (ebd., S. 37). Auf diese Ereignisse folgte eine große Auswanderungswelle, vorwiegend in die USA (ebd., S. 38).

Einer Schätzung zufolge starben etwa eine Million Menschen während der großen Hungernot und ca. 1,5 Millionen Menschen emigrierten (ebd.). Die Iren brachten in die neue Welt aber nicht nur ihre Kultur, sondern auch ihre tiefe Abneigung gegen die Engländer mit, was viele der im Ausland lebenden Iren später zu wichtigen Unterstützern des Befreiungskampfes der *IRA* werden ließ (ebd., S. 39ff.). Das Verhalten der Engländer während der Hungersnot ist wiederum eines der tief im kollektiven Gedächtnis der Iren eingegrabenen Geschehnisse, das noch heute großen Schmerz auslöst, denn kaum eine Familie blieb während jener Zeit von Hunger, Tod oder Emigration verschont (ebd., S. 42).

In den Jahren 1858/59 erfolgte dann mehr oder weniger simultan die Gründung der *Irish Republican Brotherhood* (*IRB*) in Irland und der *Fenian Brotherhood* in New York, die unter der Androhung militärischer Gewalt den Abzug Englands aus Irland forderten. Da viele der emigrierten Iren im amerikanischen Bürgerkrieg gedient hatten und mittlerweile remigriert waren, steckte hinter dieser Bewegung tatsächlich ein gewisses Potential. Die *IRB* verfolgte die Strate-

63 Was von einem deutschen Standpunkt aus gesehen eher wenig erscheint, ist in der Tat für irische Verhältnisse enorm viel. Zum Vergleich: Heute zählen die Republik Irland und Nordirland zusammen etwa 6,5 Mio. Einwohner.

gie, als Geheimbund durch die gezielte Unterwanderung von Massenorganisationen möglichst großen Einfluss zu gewinnen. Ein Aufstandsversuch im Jahre 1866 wurde allerdings verraten. Auch beim Aufstand von 1867, der wiederum scheiterte, war die *IRB* federführend (McGee 2005, S. 66ff.). Abermals ging England mit unnötiger und übermäßiger Härte gegen die Aufständischen und ihre Anführer vor, was den Hass der Iren wiederum vergrößerte (Otto 2005, S. 42f.).

Die nächste Rebellion fand in Form des *Land War* von 1879-1882 statt. Dieser wurde von einer Kooperation der *Land League* (unter Führung des Feniers Michael Davitt) und der *Home-Rule-Bewegung* mit ihrem protestantischen Anführer Charles Stuart Parnell geführt und bestand in erster Linie aus Aktionen des passiven Widerstands der Pächter gegen die Landlords (Tieger 1985, S. 43f.). Dabei wurde etwa die Zahlung des Pachtzinses oder die Arbeit verweigert. Allerdings blieben die Aktionen auf beiden Seiten nicht immer gewaltfrei (ebd.). Den ersten größeren politischen Erfolg erzielte die Bewegung erst mit der 1881 vom britischen Premier Gladstone durchgesetzten Landreform, die deutliche Besserungen für die Katholiken hinsichtlich Pacht- und Eigentumsberechtigungen enthielt (ebd., S. 44). Parnell's *Home-Rule* Bestrebungen führten schließlich dazu, dass Premier Gladstone bereit war, Irland unter Auflagen (Otto 2005, S. 46) die Selbstverwaltung zu gestatten (Tieger 1985, S. 44). Der 1886 entsprechend eingebrachte Gesetzesvorschlag wurde aber vom Parlament abgelehnt. Ein zweiter Versuch, die *Home-Rule* zu etablieren, scheitert 1893 ebenfalls (ebd., S. 44f.).

Im Jahr 1903 sorgt der sog. *Land Purchase Act* erstmalig für einige Entspannung in Irland. Im Zuge dieses Erlasses wurden erhebliche Flächen an Land den Landbesitzern abgekauft und zu günstigen Konditionen wieder an die Pächter zurückgegeben, die so wieder zu Eigentümern wurden. Damit verschwand die *Home-Rule* Idee zunächst wieder von der Tagesordnung und tauchte erst ca. 1910 erneut auf, als die liberale britische Regierung die Unterstützung der irischen Abgeordneten benötigte (Otto 2005, S. 47).

Ab diesem Zeitpunkt wurde die Situation zunehmend verfahrener, denn aufgrund der politischen Lage war die *Home-Rule* nun relativ wahrscheinlich. Ulster, in Gestalt seiner größtenteils protestantisch bzw. unionistisch/loyalistisch geprägten Bevölkerung, lehnte diese Entwicklung ab und machte dagegen zunächst politisch, mit der Unterstützung namhafter konservativer Politiker, mobil (Otto 2005, S. 52ff.). Allerdings blieb es nicht dabei, und nur wenig später im Jahr 1913 wurde der paramilitärische Verband *Ulster Volunteer Force* gegründet. Die Nationalisten zogen mit ihrem Pendant, den *Irish Volunteers,* kurz darauf nach. Bereits 1914 waren beiden Verbände dank deutscher Waffenlieferungen stark aufgerüstet (ebd., S. 55).

Die ersten schweren Ausschreitungen in Form mehrtägiger Straßenschlachten in Londonderry fanden ebenfalls bereits 1913 statt. Im selben Jahr begannen Unionisten bzw. Loyalisten damit, ihre katholischen Kollegen teilweise von ihren Arbeitsstätten auszusperren (ebd., S. 56). Dies alles war weiterhin als Protest gegen die *Home-Rule* zu werten.[64] Die britische Armee trat teilweise in Meuterei und weigerte sich, im Falle der tatsächlichen Einführung der *Home-Rule* gegen Ulster-Unionisten vorzugehen und diese dort gewaltsam durchzusetzen (ebd., S. 56f.). Danach gab es immer wieder Vorschläge, Ulster bzw. einige seiner Grafschaften eventuell aus der *Home-Rule* auszunehmen, doch diese Vorschläge scheiterten stets und wurden teilweise vehement abgelehnt (ebd., S. 57). Diese stetig andauernde Suche nach einem Kompromiss und die damit verbundene Unsicherheit führte zu einer Polarisierung der öffentlichen Meinung in Irland, die infolge dessen zwischen starker Hoffnung seitens der nationalistisch geprägten Bevölkerungsgruppe und übertriebener Furcht auf Seiten der unionistisch geprägten Gruppe schwankte (ebd., S. 57f.). Ein Bürgerkrieg zwischen den beiden bewaffneten paramilitärischen Verbänden wurde aufgrund der festgefahrenen Situation immer wahrscheinlicher (ebd., S. 58). 1914 wurde die *Home-Rule* schließlich endgültig beschlossen, doch der Ausbruch des Ersten Weltkrieges verhindert vorerst deren Einführung und damit auch den Ausbruch eines bewaffneten Konfliktes in Nordirland (ebd., S. 59).

Beide paramilitärischen Verbände kämpften zu großen Teilen unter den Briten im Ersten Weltkrieg. Die *UVF* erhielt sogar eine eigene Division, *36$^{th}$ (Ulster) Division*, die in der Schlacht an der Somme besonders schwere Verluste erlitt (Otto 2005, S. 59). Auch dieses Ereignis ist heute noch häufig wiederkehrendes Motiv vieler unionistischer *murals*. Teile der *Irish Volunteers* lehnten es allerdings ab, für England in den Krieg zu ziehen, und spalteten sich daher von der Gruppierung ab. Sie bildeten dann den Grundstein der späteren *IRA* (ebd.).

64 Noch heute finden sich in unionistischen Hochburgen wie der Shankill Road *murals*, die die Ablehnung der *Home-Rule* thematisieren, obwohl dieses Thema ja schon lange nicht mehr wirklich aktuell ist.

Zu dieser Zeit fand auch ein fundamentaler Wandel im irisch-nationalistischen Bewusstsein statt, dessen Auswirkungen sich im Osteraufstand 1916 zeigten (ebd., S. 59f.). Dabei besetzte eine Gruppe von ca. 900 Personen[65] unter Führung von Patrick Pearse viele wichtige Gebäude in der Dubliner Innenstadt, unter anderem auch das Hauptpostamt. Pearse verlas anschließend die Proklamation der irischen Republik und rief die Gemeinschaft der Iren zum Aufstand auf (ebd., S. 60). Allerdings war die Organisation der Rebellion nicht besonders sorgfältig, wie es für viele der bisherigen irischen Aufstände galt, und auch in diesem Fall wurde es den Rebellen wieder zum Verhängnis (Tieger 1985, S. 47, S. 58). Zudem war die Bevölkerung zunächst eher etwas irritiert anstatt involviert, und so wurden auch die anrückenden britischen Soldaten, die den Aufstand niederschlagen sollten, zunächst freundlich empfangen (ebd., S. 47f.). Nach ca. fünf Tagen musste Pearse schließlich aufgeben, sowohl auf Seiten der Polizei bzw. der Armee als auch auf Seiten der Aufständischen gab es viele Tote und Verletzte und die Innenstadt Dublins war ebenfalls stark beschädigt worden (Otto 2005, S. 60). Doch vor allem die Nachwirkungen des Osteraufstandes waren folgenschwer. Der zuständige britische General deklarierte die Rebellion als Hochverrat, dementsprechend sprach ein Gericht ca. 90 Todesurteile aus (ebd.), die aber nicht alle vollstreckt wurden (Tieger 1985, S. 48). Pearse allerdings wurde als erster, viele weitere Verurteilte in den folgenden Tagen erschossen (Otto 2005, S. 60). Jenes harte Durchgreifen führte wiederum zu heftigem Unmut bei der irischen Bevölkerung (ebd.).

Als das Kriegsende langsam in Sicht kam, rückte auch das Problem der bereits 1914 beschlossenen, dann aber aufgeschobenen *Home-Rule* wieder ins Bewusstsein der Engländer. Es musste nun möglichst schnell eine Lösung gefunden werden. Wiederum war klar, dass eine Art Teilung der Insel unumgänglich sein würde, da Ulster sich unter keinen Umständen unter ein Dubliner Parlament zwingen lassen würde. Klar war aber auch, dass die restliche irische Bevölkerung dies nicht ohne weiteres hinnehmen würde. Es folgten zähe Verhandlungen in Form der *Irish Convention* in den Jahren 1917/18, die abermals eine Exklusion der sechs überwiegend protestantischen Grafschaften[66] ins Gespräch brachten. Aber auch die *Irish Convention* scheiterte, da *Sinn Féin* nicht

65 Die meisten davon waren Mitglieder der *Irish Republican Brotherhood*, aber auch die *IRA* (Otto 2005, S. 60) war bereits beteiligt, wenn auch schlecht instruiert (Tieger 1985, S. 47).

66 Bei diesen handelt es sich um die Counties Down, Armagh, Tyrone, Londonderry, Fermanagh und Antrim.

zur Teilnahme und die Unionisten nicht zu Kompromissen bereit waren (Otto 2005, S. 61f.).

Um ihre Entschlossenheit zu demonstrieren, nahmen die *Sinn Féin* Abgeordneten im folgenden Jahr ihre in den Parlamentswahlen gewonnenen Sitze in Westminster nicht ein, sondern beriefen stattdessen ihr eigenes Parlament, das erste sog. *Dáil Eireann*[67] ein, wählten im Anschluss Eamon de Valera zum Präsidenten und stellten unter der Führung von Michael Collins die *IRA* als bewaffnete Einheit auf (ebd., S. 63). Dieses *Dáil* wurde von der britischen Regierung natürlich als illegal, aber auch als nicht ganz ernstzunehmend betrachtet und konnte deshalb zunächst bestehen bleiben (Tieger 1985, S. 57). Es folgte nun der unausweichliche irische Unabhängigkeitskrieg, der größtenteils als eine Art Guerillakrieg zwischen der *IRA* und britischen Truppen bzw. Polizeieinheiten geführt wurde und insgesamt von 1919 bis 1921 anhielt (ebd., S. 57).

Im Jahr 1920 trat schließlich das endgültige *Home-Rule* Gesetz als sog. *Government of Ireland Act* in Kraft (Otto 2005, S. 63f.). Dieser legte im Prinzip fest, dass es in Irland fortan zwei Staaten geben würde, nämlich Südirland (90% Katholikenanteil) und Nordirland (ca. 30% Katholikenanteil). Weiterhin sollten beide Staaten je ein Parlament mit zwei Kammern[68] bekommen (ebd., S. 64). Für beide Länder galt der englische König weiterhin als Staatsoberhaupt und ebenso sollten beide weiterhin Abgeordnete nach Westminster entsenden, wenn auch in geringerer Zahl als bisher. Zudem sollten einige bestimmte Kompetenzen wie etwa Außen- und Verteidigungspolitik weiterhin bei Westminster verbleiben. Es wurde aber auch ein *Council of Ireland* mit je 20 Abgeordneten aus Nord- und Südirland ins Leben gerufen, das als eine Art Vorstufe eines gemeinsamen Parlamentes fungieren sollte (Otto 2005, S. 64). Erwartungsgemäß lehnte das *Dáil* diese Vereinbarung ab, der Norden hingegen akzeptierte sie, auch wenn er ebenfalls nicht ganz zufrieden war, denn neben einigen anderen Punkten waren ja auch nur sechs und nicht alle neun Grafschaften Ulsters in Nordirland enthalten (ebd., S. 64).

Ein Jahr später, 1921, schließlich unterzeichneten dann auch Vertreter des *Dáil* (namentlich Michael Collins und Arthur Griffith) den sog. *Anglo-Irischen Vertrag* und nahmen damit die bereits im *Government of Ireland Act* festgelegte

67 Bis heute trägt das Parlament der Republik Irland diese Bezeichnung.
68 Wobei die zweite Kammer theoretisch zum Schutz der jeweiligen Minderheit fungieren sollte, was allerdings in der Realität nicht praktikabel war (Otto 2005, S. 64).

Teilung der irischen Insel an. So entstanden der irische Freistaat im Süden der Insel, während sechs der neun Grafschaften Ulsters zu Nordirland wurden (Tieger 1985, S. 58f.) Präsident jenes neuen irischen Freistaates wurde Arthur Griffith. Im Zuge dieser kontroversen Ereignisse lief ein tiefer Riss durch das *Dáil*, *Sinn Féin* und auch die *IRA*, und es kam zu einigen Abspaltungen militanterer Gruppierungen. In dem nun aufgrund des Vertragsstreites erneut folgenden Bürgerkrieg agierte wiederum Eamon de Valera als Führer der Rebellen. Erst der kurz aufeinander folgende Tod Collins und Griffiths führte schließlich zu einer Wende im Bürgerkrieg. Unter dem neuen Präsidenten Cosgrave ergaben sich 1923 die Republikaner und der Bürgerkrieg fand sein Ende (ebd., S. 59f., S. 62).

1926 verließen de Valera und seine Anhänger schließlich *Sinn Féin* und gründeten die neue Partei *Fianna Fáil*, mit der sie prompt die Wahlen im Jahr 1932 gewannen (ebd., S. 62). Daraufhin wurde de Valera Premierminister und wandelte 1937 den Freistaat Irland durch die Annahme einer neuen Verfassung semioffiziell in eine Republik um, die Anspruch auf ganz Irland erhob (ebd., S. 63). 1949 schließlich wurde unter John Costello auch offiziell die Republik Irland ausgerufen, zudem verließ das Land im selben Jahr das Commonwealth und durchtrennte damit die letzte bedeutende Verbindung zu Großbritannien (ebd., S. 65).[69]

Nordirland erhielt sein eigenes Parlament bereits 1921, wo es feierlich vom damaligen König George V. eröffnet wurde. Erster Premierminister von Nordirland wurde James Craig (ebd., S. 58). Im nordirischen Staat hatte die katholisch-nationalistische Minderheit von Anfang an einen schweren Stand und maximal den Status einer Duldung (Otto 2005, S. 71). Zudem war eine institutionalisierte Diskriminierung der Katholiken, beispielsweise bei der Vergabe von Arbeitsstellen, Sozialwohnungen oder den Wahlen[70], von vorn herein ein wichtiger Bestandteil der Stabilisierungspolitik des nordirischen Staates nach innen

69 Seit ihrer Unabhängigkeit sieht sich die Republik Irland übrigens als neutral an, auch wenn sie diese Philosophie nicht ganz so vehement verficht wie etwa die Schweiz. So ist Irland etwa Mitglied des Europarates (Council of Europe 2018), der UN (Tieger 1985, S. 65) und ein Mitgliedsstaat der EU (Europäische Union 2018), aber weder vollwertiges Mitglied des Schengen-Raumes (ebd.), noch ein Mitgliedsstaat der NATO (NATO 2018).

70 Hier kam vor allem das sog. *Gerrymandering* zum Einsatz. Dabei handelt es sich um eine Manipulation von Wahlkreisen, die entweder so festgelegt oder verändert werden, dass die dortige Bevölkerungsstruktur ein bestimmtes Wahlergebnis erwarten lässt. Im Falle Nordirlands bedeutet dies, dass durch die entsprechende Manipulation der Wahlkreise auch in Gebieten mit eindeutiger katholischer Bevölkerungsmehrheit häufig kein

(ebd., S. 71f.). Hinzu kamen Absicherungsbemühungen nach außen. Zum Beispiel gegen die Wiedervereinigungsbestrebungen der Republik oder gegen die Einmischung aus London (Otto 2005, S. 71).

Für ein umfassendes Verständnis der Situation sowie der im nächsten Unterkapitel geschilderten Ereignisse ist es unerlässlich zu bedenken, dass die Zwei-Staaten-Lösung lediglich ein Kompromiss, um nicht zu sagen eine Notlösung darstellte, um einen größeren Gewaltausbruch zu vermeiden. Keiner der beiden Staaten war mit der entstandenen Situation letzlich zufrieden. Die Republik fühlte sich um sechs ihrer Counties betrogen und erhob weiterhin Anspruch auf diese, während Nordirland sich stets vor der Einflussnahme und Umsturz- bzw. „Eroberungsbestrebungen" von außen und auch von innen fürchtete. Hinzu kommt auf beiden Seiten eine Akkumulation der traumatischen Ereignisse der letzten Jahrhunderte.

Gemessen an dieser Situation und den irischen Standards der letzten Jahrhunderte verliefen die nächsten Jahre bis zur zweiten Hälfte der 1950er relativ ruhig. Ab diesem Zeitpunkt begann die nächste Eskalation, diesmal wiederum in Nordirland, die im Oktober des Jahres 1968 den Beginn der nordirischen *troubles* markierte, welche bis 1994 bzw. 1998 andauern sollten. Deren Entstehung, Verlauf und Perspektiven sollen nun im Anschluss genauer betrachtet werden.

## 3.3 *Troubled times* – ein kurzer Abriss des Nordirlandkonfliktes

Der folgende Überblick umfasst die als *troubles* bezeichnete Zeitspanne und gibt die entsprechenden Geschehnisse wieder. Auf einzelne besonders bedeutsame Ereignisse wird dabei auch genauer eingegangen werden. Der offizielle Beginn der *troubles* wird auf Oktober 1968 datiert (Otto 2005, S. 89), allerdings ist es für einen umfassenden Überblick unerlässlich, zunächst auch einen kurzen Blick auf einige Vorkommnisse zu werfen, die dem Konflikt unmittelbar vorausgingen.

### 3.3.1 Grenzkampagne und Bürgerrechtsbewegung

Zu Beginn der 1940er Jahre hatte die *IRA* nahezu aufgehört zu existieren. Ihr

Sieg nationalistischer oder republikanischer Kandidaten erfolgen konnte (Otto 2005, S. 72).

erneuter Aufstieg zu einer der wichtigsten Gruppierungen des Nordirlandkonflikts begann im Jahre 1956 mit der sog. *Border Campaign*. Die auf republikanischer Seite auch als *Operation Harvest* bezeichnete Maßnahme bestand vor allem aus Anschlägen auf Polizisten der *Royal Ulster Constabulary* (*RUC*) und Angehörige der britischen Armee in grenznahen Gebieten Nordirlands. Trotz erheblicher Bemühungen sowohl der Republik (in der die *IRA* noch immer ihre Operationsbasis hatte) als auch Nordirlands, die *IRA* durch harte Strafmaßnahmen wie Internierungen, Einsetzung von Militärtribunalen und sogar Androhung der Todesstrafe aufzuhalten, konnte die Kampagne erst Anfang 1962 gestoppt werden. Der massive Druck aus beiden Staaten, kombiniert mit einer Spitzelproblematik und andere Schwierigkeiten in Nordirland, zwangen die *IRA* schließlich zum Einstellen ihrer Aktionen. Insgesamt wurden im Verlauf der *Border Campaign* sechs Mitglieder der *RUC* und zwölf *IRA*-Kämpfer bzw. republikanische Unterstützer getötet und viele weitere verletzt. Hunderte Republikaner und *IRA*-Mitglieder wurden interniert (Otto 2005, S. 81f.).

In der Folgezeit wurde es um die *IRA* zunächst wieder etwas ruhiger, allerdings begann in Nordirland bereits der nächste Konfliktherd zu schwelen. Im März 1963 wurde Basil Brooke, der damalige Premierminister Nordirlands, von seinem Kabinett zum Rücktritt gezwungen. Grund dafür war die desolate wirtschaftliche Lage Nordirlands sowie eine stark ansteigende Arbeitslosenquote, der die Regierung offensichtlich nichts entgegenzusetzen hatte. Sein Nachfolger wurde Terence O'Neill, der bis dahin den Posten des Finanzministers innehatte (ebd., S. 83f.). Im Gegensatz zu seinem Vorgänger verstand dieser, dass die schlechte wirtschaftliche Lage des Landes in Teilen auch auf die gespaltene Gesellschaft und die Ein-Parteien-Herrschaft der letzten Jahrzehnte zurückzuführen war. Neben der Umsetzung eines sehr ambitionierten Programms zur Förderung von Wirtschaft und Infrastruktur setzte O'Neill auch auf eine Verbesserung der Beziehungen zu der katholischen bzw. nationalistischen Minderheit und der Republik Irland. Dafür nutze er vor allem Gesten mit hoher Symbolfunktion, wie etwa den Besuch katholischer Schulen oder auch die Einladung des irischen *Taoiseach*.[71] Allerdings missfiel gerade diese Vorgehensweise vielen Unionisten und Loyalisten. Der daraus resultierende Widerstand wurde vom presbyterianischen Pfarrer Ian Paisley geführt.[72] Da

71 Dies ist der offizielle Titel des Premierministers der Republik Irland. *An Taoiseach* ist gälisch und bedeutet etwa „der Anführer“ oder „der Häuptling“.

72 Dieser wird von diesem Zeitpunkt an bis zu seinem Tod 2014 (Spiegel Online 2014)

Paisley den Status von Ulster aufgrund des Handelns O'Neills gefährdet sah, gründete er 1966 das *Ulster Constitution Defence Committee*, dem unter anderem die – allerdings relativ unbedeutende – paramilitärische Organisation *UPV* (*Ulster Protestant Volunteers*) entsprang. Im selben Jahr erfolgte auch die Neugründung der *UVF*, die als nahezu erste Amtshandlung der *IRA* den Krieg erklärte (Otto 2005, S. 84f.).

Trotz O'Neills Bemühungen und der von der neuen britischen Labour-Regierung während des Wahlkampfes gemachten Versprechungen, änderte sich an der Lage der Katholiken in Nordirland allerdings so gut wie nichts. Vor allem die Diskriminierung in den Arbeitsstätten sowie bei der Vergabe von Arbeitsplätzen und Wohnungen war weiterhin ein großes Problem. Vor dem Hintergrund dieser Problematiken formierten sich ab Mitte der 60er Jahre mehrere Bürgerrechtsbewegungen in Nordirland, die sich ähnliche Gruppierungen in den USA und Europa zum Vorbild nahmen. 1967 schließlich vereinigten sich diese diversen Bewegungen unter der Dachorganisation der *NICRA* (Northern Ireland Civil Rights Association), in der Katholiken ganz klar die Mehrheit bildeten. Im Sommer 1968 organisierte die *NICRA* einen ersten größeren Protestmarsch, bei dem es bereits zu einem Aufeinandertreffen von Demonstranten, loyalistischen Gruppen und der Polizei kam, allerdings konnte ein Ausbruch von Gewalt diesmal noch verhindert werden. Erst im Herbst des gleichen Jahres bei einer ähnlichen Demonstration in London-/Derry am 5. Oktober eskalierte die Situation (ebd., S. 85ff.).

### 3.3.2 Die *troubles*

Jener 5. Oktober 1968 gilt weithin als erster Tag der *troubles* (Otto 2005, S. 89). An diesem kam es bei einer Demonstration der Bürgerrechtsbewegung in London-/Derry wiederum zu einer Konfrontation zwischen nationalistischen Demonstranten und der Polizei. Bereits im Vorfeld hatte es einige Komplikationen gegeben, da ein Oranier-Orden aus Protest eine eigene Veranstaltung für den gleichen Zeitraum und auf derselben Route angemeldet hatte. Daraufhin war die Demonstration der *NICRA* offiziell verboten worden, fand aber trotzdem statt. Zunächst eskalierte die Situation an einer der Polizeiblockaden, an der die Polizisten ohne erkennbaren Auslöser sofort und äußerst brutal gegen die

immer wieder eine wichtige Rolle auf Seiten der Unionisten als Führungsfigur und Aufrührer einnehmen.

Demonstranten vorgingen. Diese flüchteten daraufhin in die Bogside,[73] wurden aber von der Polizei, die inzwischen auch unbeteiligte Passanten angriff, weiter verfolgt. Erst eine brennende Barrikade konnte den Vormarsch der Polizisten stoppen. An dieser entbrannte daraufhin eine brutale Straßenschlacht. Ein irisches Kamerateam, das aufgrund der Demonstration anwesend war, filmte das Geschehen und trug so dazu bei, dass erstmals auch außerhalb Nordirlands wahrgenommen wurde, wie die Regierung dort elementare Freiheitsrechte einschränkte. Als der damalige nordirische Premierminister O'Neill die Demonstranten dann noch als Republikaner und von der *IRA* gelenkt bezeichnete, war der Skandal perfekt (Otto 2005, S. 88f.).

Von diesem Zeitpunkt an geriet die Situation immer weiter außer Kontrolle. Die *NICRA* erhielt zunächst immer mehr Unterstützung und erreichte durch diverse weitere Protestmärsche durchaus eine Reformwilligkeit von Seiten der britischen und nordirischen Regierung, allerdings war es dafür bereits zu spät. Anfang des Jahres 1969 wurde ein Protestmarsch der nationalistischen *People's Democracy* von Belfast nach London-/Derry mehrfach von Loyalisten angegriffen und geriet am Ende in einen brutalen Hinterhalt. Obwohl die Polizei die Demonstration eigentlich hätte schützen müssen, tat sie dies nur äußerst widerwillig und entfernte sich schließlich ganz. Am selben Abend stürmten zudem größere Einheiten der sog. *B-Specials,*[74] die zum Teil auch schon bei den Angriffen am Nachmittag dabei gewesen waren, die Bogside und randalierten dort. Aus Verbitterung über das eindeutig parteiische und brutale Verhalten der Sicherheitskräfte errichteten die Bewohner der Bogside die ersten Barrikaden, die den Behörden den Zugang zum Viertel verwehren sollten. Nur wenige Tage später geriet eine weitere Demonstration, diesmal in Newry, außer Kontrolle. Nach einer Serie von Bombenanschlägen, die von Loyalisten verübt, aber für republikanische ausgegeben worden waren, musste Premierminister O'Neill schließlich zurücktreten (Otto 2005, S. 90ff.).

Auch unter seinem Nachfolger James Chichester-Clark wurde die Situation

---

73 Die Bogside ist ein rein nationalistisch/katholisch geprägtes Viertel London-/Derrys. Es ist eine der bekanntesten nationalistischen Hochburgen Nordirlands und spielte während der Zeit der *troubles* eine bedeutende Rolle.

74 Bei den *B-Specials* handelt es sich um eine in den 1920er Jahren während des irischen Unabhängigkeitskrieges ins Leben gerufene Einheit von Hilfspolizisten. Während die ebenfalls existenten *A-* und *C-Specials* später aufgelöst wurden, wurde die Einheit der *B-Specials* aufrechterhalten und kam vor allem während der *troubles* vermehrt zum Einsatz. Sie waren bei der nationalistischen Bevölkerung besonders verhasst und gefürchtet (Melaugh 2018a).

nicht besser. Besonders der Höhepunkt der Marschsaison am 12. Juli 1969 wurde zum Schauplatz heftiger Straßenkämpfe, die bis in den nächsten Tag andauerten. Nahezu täglich kam es zu weiteren Vorfällen. Den *point of no return* erreichte der Konflikt aber erst am 12. August 1969, als es zum über mehrere Tage anhaltenden *Battle of the Bogside* kam. An diesem Tag wurde die an der Bogside vorbeiführende Parade eines der lokalen protestantischen Orden (*Apprentice Boys of Derry*) von katholischen Jugendlichen mit Steinen angegriffen, woraufhin eine wilde Straßenschlacht entbrannte, die sich durch das Eingreifen der Polizei nur noch verschlimmerte. Die Bewohner der Bogside hatten ihr Viertel mit Hilfe von Barrikaden nahezu vollständig abgeriegelt und wehrten sich unter anderem mit Brandbomben gegen jegliche Vorstoßversuche. Schnell wurde klar, dass der nordirische Staat die Lage nicht länger unter Kontrolle hatte. Während der Premierminister der Republik nach einer Einsatztruppe der UNO verlangte, schickte England schließlich seine Armee, um die Lage zu beruhigen, was in London-/Derry zunächst auch gelang. Dafür flammte die Gewalt daraufhin an anderen Orten in Nordirland auf, so wurden beispielsweise auch in der *Falls* in Belfast Barrikaden errichtet und Straßenschlachten ausgefochten. Auch hier konnte erst der Einsatz der Armee die Situation etwas entspannen (ebd., S. 93ff.).

Das Ergebnis dieser Phase der Gewalt waren ganze Bezirke, vor allem in London-/Derry und Belfast, die komplett durch Barrikaden abgeriegelt und von den Bewohnern zu sog. *no-go-areas* erklärt worden waren.[75] Sowohl Polizei als auch Armee waren dort unerwünscht. Vor allem die *IRA* stand nach den Krawallen in den nationalistischen Vierteln in der Kritik, da sie nicht in den Kampf eingegriffen und versucht hatte, die katholischen Bürger zu schützen. Besonders verärgerte Nationalisten legten daraufhin das Akronym *IRA* als „I Ran Away" aus (Otto 2005, S. 95).

Dass die *IRA* zunächst nicht eingriff, lag vor allem daran, dass sie nach der missglückten Grenzkampagne in einen längeren internen Umstrukturierungsprozess verwickelt war, an dessen Ende die bereits zuvor erwähnte Spaltung der Organisation in die *Official IRA* (*OIRA*) und die *Provisional IRA* (*PIRA* oder

75 Diese abgeriegelten und somit relativ autonomen Viertel wurden *Free Belfast* und *Free Derry* getauft. Letzteres erlangte besondere Bekanntheit aufgrund der bis heute erhaltenen *Free Derry Wall* an der *Free Derry Corner*, in der Nähe der Bogside. Die Wand (ursprünglich die Giebelwand einer später abgerissenen Häuserzeile) trägt die Aufschrift „You are now entering Free Derry" und wird bis heute regelmäßig renoviert bzw. umgestaltet.

*Provos* genannt) stattfand (ebd., S. 95ff.).[76] Während die *OIRA* sich zunächst zurückzog und später lediglich durch einige Bombenanschläge in Großbritannien auf sich aufmerksam machte (ebd., S. 102), wurde die *PIRA* zur bedeutendsten paramilitärischen Gruppierung auf Seiten der Nationalisten. Sie folgte einer Strategie, die zunächst den Schutz der katholischen Wohngebiete zum Ziel hatte, sich aber nach und nach auch auf Vergeltungsmaßnahmen sowie Bekämpfung der britischen Ordnungsmächte bzw. des britischen Besatzungssystems ausweiten sollte (ebd., S. 98).

Im März 1970 kam es zu weiteren teilweise mehrtägigen Krawallen auf den Straßen, vor allem in London-/Derry, die die britische Armee dazu zwangen, hart durchzugreifen. Der Einsatz von Panzerfahrzeugen und Reizgas sowie die Verhaftung diverser jugendlicher Randalierer waren die Folge (ebd., S. 98). Dieser Vorfall beschädigte das Bild der Armee in der nationalistischen Gemeinschaft bereits nachhaltig, völlig zerstört wurde es aber erst durch die als *Raping of the Falls* bekannte Aktion im Juli des gleichen Jahres (ebd., S. 98f.). Dabei verhängte die Armee auf Basis begründeter Hinweise eine 35-stündige Ausgangssperre über den Belfaster Stadtbezirk und durchsuchte jedes einzelne Haus rigoros.[77] Obwohl diverse Waffen gefunden wurden und die Aktion damit eine gewisse Rechtfertigung besaß, war der Protest der Anwohner und der gesamten nationalistischen Gemeinschaft groß. Das Image der Armee war schwer beschädigt und in den Augen der meisten Nationalisten stellte sie sich ab diesem Zeitpunkt als ein Mitglied des unionistischen Unterdrückungsapparates dar (Otto 2005, S. 98f.). Im Nachhinein wird zuweilen vermutet, dass die *IRA* dieses überharte Vorgehen der Armee absichtlich provozierte, um die Menschen gegen diese aufzuwiegeln (ebd., S. 98). Beweise dafür gibt es allerdings nicht.

Ab 1971 begann die *IRA* damit, Soldaten und Polizisten zu erschießen (ebd., S. 99). Diese wurden als Akteure der „britischen Besatzungsmacht" als sog. *legitimate targets* bezeichnet. Auch kam es immer häufiger zu Detonationen in den Innenstädten (ebd.). Weil England nicht härter durchgreifen wollte, trat Chichester-Clark schließlich aus Protest als Premierminister zurück. Sein

76 Durch den politischen Arm der *IRA*, die *Sinn Féin* Partei, lief dieselbe Spaltung (Otto 2005, S. 97).

77 Dabei handelt es sich um eine Praktik, die während der *troubles* immer wieder angewandt wurde. Die *IRA, Sinn Féin* und die *SDLP* gaben irgendwann sogar Flugblätter und Checklisten mit Anweisungen heraus, wie man sich im Falle einer Hausdurchsuchung richtig verhalten sollte.

Nachfolger wurde der sehr stark unionistisch geprägte Brian Faulkner, was die Nationalisten nur zu einer weiteren Steigerung der Gewalt provozierte. Als es im August erneut zu schweren Unruhen in West-Belfast kam, willigte die britische Regierung schließlich ein, weitreichende Internierungsmaßnahmen vornehmen zu lassen. Daraufhin wurden in ganz Nordirland über 340 Personen, nahezu alle katholisch, verhaftet. Die wichtigsten Führer der *IRA* konnten dieser Maßnahme entgehen. Die nationalistische Bevölkerung reagierte auf diese Masseninternierungen mit einer weiteren, mehrere Wochen anhaltenden Welle der Gewalt, die von unionistischer Seite nicht unbeantwortet blieb (ebd., S. 99f.).

Generell wurden Internierungsmaßnahmen während des Nordirlandkonfliktes immer wieder eingesetzt, standen und stehen aus mehreren Gründen aber sehr stark in der Kritik. Zunächst einmal wurde den Gefangenen keinerlei Gerichtsverhandlung gewährt (ebd., S. 99) (*internment without trial*), außerdem wurden sie vor allem zu Beginn in diverse verschiedene Internierungslager, teilweise sogar in Gefängnisse außerhalb Irlands verbracht, was eigentlich nicht gestattet ist, da eine Inhaftierung immer möglichst nah am Bezugsort des Gefangenen erfolgen sollte (Niebel 2017).[78] Vor allem aber wurden sie einer äußerst brutalen Behandlung unterzogen, die in weiten Teilen durchaus als Folter bezeichnet werden kann (Otto 2005, S. 99f.). Vor allen in *Long Kesh* bzw. dem späteren, an derselben Stelle erbauten *Maze Prison* (auch *H-Block* genannt) kam es immer wieder zu brutalen Zwischenfällen, was unter anderem im weiteren Verlauf des Konfliktes auch zum Hungerstreik bzw. Schmutzprotest republikanischer Gefangener führen sollte (dazu mehr im weiteren Verlauf des Kapitels).

1972 verschärfte die *IRA* im Rahmen ihrer sog. *Victory 72* Kampagne noch einmal ihr Vorgehen. Vor allem durch den vermehrten Einsatz von Heckenschützen und Sprengsätzen eskalierte die Situation immer weiter (Otto 2005, S. 100). Ein neuer Höhepunkt der Gewalt von Seiten der staatlichen Sicherheitsorgane wurde aber am 30. Januar 1972, dem sog. *Bloody Sunday* erreicht. An diesem Tag setzte sich vom nationalistisch geprägten Stadtteil Creggan in London-/Derry aus ein 15.000 Personen starker Anti-Internment Marsch der

---

78 Auch im Baskenland beispielsweise ist dies immer wieder Thema. Dort sind es Mitglieder der *ETA*, die teilweise in völlig anderen Landesteilen inhaftiert wurden. Die meisten Versuche, diese in ein heimatnäheres Gefängnis zu verlegen, blieben erfolglos (Niebel 2017).

*NICRA* in Richtung der Innenstadt in Bewegung. Bereits zu diesem Zeitpunkt kursierten Berichte, dass die Armee den Zugang in die Innenstadt sowie sämtliche Ausgänge der Bogside blockierte und dass sich britische Fallschirmjäger unter den Soldaten befanden. Da aber beide *IRA's* (also *OIRA* und *PIRA*) im Vorhinein versichert hatten, nicht einzugreifen, wurde trotzdem eine für nordirische Verhältnisse eher friedliche Veranstaltung erwartet. In der William Street teilte sich der Marsch. Während eine Gruppe die geplante Marschroute verließ und Richtung *Free Derry Wall* weiterzog, um dort unter anderem einer Kundgebung der Aktivistin und Politikerin Bernadette Devlin McAliskey beizuwohnen, marschierte der andere Teil weiter in Richtung der britischen Barrikaden, wo es zu einer kleineren Straßenschlacht kam (Museum of Free Derry 2018a). Bis dahin eine nahezu alltägliche Situation in *Free Derry*, doch die Situation änderte sich schlagartig, als die Armee bzw. die bereits erwähnten Fallschirmjägereinheiten ohne direkten Auslöser das Feuer auf die Demonstranten eröffneten.

Insgesamt starben an diesem Tag 13 Personen, eine vierzehnte erlag einige Monate später ihren Verletzungen. 17 weitere Demonstranten wurden teils schwer verletzt (Museum of Free Derry 2018b). Während des ganzen Angriffs der Armee feuerte die völlig überrumpelte *IRA* gerade mal drei Schüsse in Richtung der Soldaten, die allesamt wirkungslos blieben (Museum of Free Derry 2018c). Die britische Armee behauptete später, die Opfer seien bewaffnet gewesen und die ersten Schüsse auch von Seiten der Demonstranten gefallen. Einem der Opfer wurde sogar nachträglich eine Nagelbombe untergeschoben, um diese Behauptung zu stützen. Diese offizielle Version der Ereignisse wurde nicht nur medial verbreitet, sondern auch später in der ersten öffentlichen Untersuchung der Vorgänge durch das *Widgery-Tribunal* bestätigt. Erst 38 Jahre später, nachdem die Angehörigen der Opfer mit großer Unterstützung die Aufnahme einer zweiten Untersuchungskommission erreicht hatten, wurde diese Version revidiert und die Opfer für unschuldig erklärt (Museum of Free Derry 2018d). Die Folgen des *Bloody Sunday* waren wiederum dramatisch. Laut der zweiten Untersuchungskommission aus dem Jahr 2010 verstärkten die Ereignisse dieses Tages „nationalist resentment and hostility towards the Army and exacerbated the violent conflict of the years that followed" (Bericht der zweiten Untersuchungskommission 2010, zit. n. Museum of Free Derry 2018d). Außerdem trugen sie zu einer regelrechten Radikalisierungswelle bei, die zahlreiche junge Nationalisten in die Ränge der *IRA* brachte

(Otto 2005, S. 101). Zudem kam es zu diversen Vergeltungsmaßnahmen der Republikaner in Form von Bombenanschlägen, die in Nordirland durch die *Provisional*, in England durch die *Official IRA* verübt wurden. Dies hatte zur Folge, dass wiederum nun die Unionisten das Vertrauen in den nordirischen Staat verloren und nicht mehr davon überzeugt waren, dass dieser in der Lage sei, sie zu schützen. Als Konsequenz daraus schlossen sich mehrere loyalistische Verteidigungskomitees zur *UDA* (*Ulster Defence Association*) zusammen (ebd., S. 102f.).[79]

Als eine direkte Reaktion auf das beschädigte Image innerhalb der Weltöffentlichkeit aufgrund des *Bloody Sunday* und der andauernden Internierungen, übernahm Großbritannien schließlich noch im selben Jahr wieder die Direktherrschaft über Nordirland. Die nordirische Regierung trat geschlossen zurück und das Parlament in Stormont wurde zunächst für ein Jahr ausgesetzt (ebd., 103f.). Aber auch dieser Schritt brachte keine Entspannung in die Provinz. Während Nationalisten, Republikaner und *IRA* die Suspendierung Stormonts als erste Etappe auf dem Weg zu einem vereinten Irland sahen und deshalb ihre Gewaltkampagnen erneut intensivierten, fühlten sich die Unionisten und Loyalisten von London hintergangen, kehrten sich folglich ebenfalls von staatlicher Autorität ab und begannen, ganz wie die Nationalisten, ihre Viertel zu verbarrikadieren und zu *no-go-areas* zu erklären (ebd., S. 104). Zudem starteten Loyalisten noch im April 1972 eine Art Vergeltungskampagne gegen Katholiken, in deren Verlauf mehr oder weniger völlig wahllos Menschen erschossen wurden, die in den meisten Fällen nichts mit der *IRA* zu tun hatten. Die *IRA* reagierte darauf mit exakt derselben Taktik. Allein bis zum Ende des Jahres 1972 kamen auf diese Weise 81 Katholiken und ca. 40 Protestanten ums Leben (Otto 2005, S. 104f.).

Die hohe Zahl ziviler Opfer brachte vor allem die *PIRA* und die *OIRA* immer wieder auch von Seiten der katholischen Bevölkerung in die Kritik. Nach zwei besonders missglückten Aktionen beugte sich die *OIRA* schließlich dem Druck von außen und verkündete einen Waffenstillstand (ebd., S. 105). Auch die *PIRA* erklärte kurz darauf, unter bestimmten Bedingungen zu Verhandlungen mit der britischen Regierung und zu einem Waffenstillstand bereit zu sein. Aufgrund etlicher Schwierigkeiten scheiterten die Gespräche allerdings (ebd., S.

79 Bereits in Jahr zuvor, also 1971, hatte Ian Paisley die *DUP* geschaffen und damit der unionistischen Einheit einen schweren Schlag versetzt (Otto 2005, S. 103).

105f.). Die Gewalt von Seiten der *IRA* erreichte daraufhin einen neuen Höhepunkt. Innerhalb weniger Tage kam es im gesamten Territorium Nordirlands zu ca. 2.800 Schießereien und 200 Explosionen. Das Ganze gipfelte schließlich am 21. Juli 1972 im sog. *Bloody Friday*, an dem 39 über ganz Nordirland verteilte Bomben explodierten. Neun Menschen wurden getötet und etwa 130 teils schwer verletzt. Insgesamt kostete diese kurze Hochphase der Gewalt 104 Menschen das Leben (ebd., S. 106).

Großbritannien reagierte auf diese Kampagne nur wenige Tage später, am 31. Juli 1972, mit der sog. *Operation Motorman* (ebd., S. 106). Ziel dieser Maßnahme, an der mehr als 12.000 britische Soldaten sowie zahlreiche Panzer und Bulldozer beteiligt waren, war es, die *no-go-areas* in den nationalistischen Vierteln zurückzuerobern (Melaugh 2018b). Am Ende dieser Aktion, die die größte britische Militärmaßnahme seit der Suez-Krise darstellte, waren alle Barrikaden beseitigt und der Weg in die nationalistischen Viertel wieder frei (ebd.). *Free Derry* und *Free Belfast* gab es nicht mehr (Wuhrer 2000, S. 67). Auch die Republik Irland begann nun, schärfer gegen die *IRA* vorzugehen, schloss bekannte Treffpunkte und verhaftete wichtige Führer der Organisation (Otto 2005, S. 106). Zugleich versuchte der britische Nordirlandminister Whitelaw,[80] auch auf politischer Ebene eine Lösung zu finden. Mit dem sog. *Sunningdale-Abkommen* zeigte Großbritannien seine Bereitschaft Nordirland unter gewissen Auflagen (geteilt-konfessionelle Regierung, Gründung eines *Council of Ireland*) seine Selbstverwaltung zurückzugeben, allerdings endeten nicht nur die schwierigen Vorgespräche mit diversen Parteien in sehr unterschiedlichen Ergebnissen, sondern auch die Durchsetzung der Beschlüsse versank im Chaos, da vor allem die Unionisten aus Protest gegen das Abkommen massenweise in Streik traten und ganze Regionen von der Außenwelt und der Grundversorgung mit Strom, Wasser etc. abschnitten. Damit war das *Sunningdale-Abkommen* gescheitert (Otto 2005, S. 108f.).

In den Folgejahren kam es zu einigen Bombenattentaten der *IRA* in England mit zahlreichen zivilen Toten und Verletzten.[81] Dies schmälerte die Zustim-

80 Der britische Nordirlandminister ist einer der höchsten Entscheidungsträger innerhalb der britischen Regierung in Bezug auf Nordirlandfragen.

81 In diesem Zusammenhang kam es 1974 zur Inhaftierung der sog. *Birmingham Six*, sechs mehr oder weniger zufällig ausgewählte Iren, die für das von der *IRA* verübte *Birmingham pub bombing* verantwortlich gemacht und zu lebenslangen Freiheitsstrafen verurteilt wurden. Beweise für eine Beteiligung oder auch nur Nähe zur *IRA* gab es

mung der nationalistischen Bevölkerung gegenüber dem Vorgehen der *IRA* erheblich. Durch die repressiven Maßnahmen Großbritanniens und der Republik Irland zusätzlich geschwächt, gab die *PIRA* schließlich 1974 einen Waffenstillstand bekannt, der faktisch allerdings nur ein Jahr anhielt. Zusätzlich bezog er sich auch nur auf Angehörige der Sicherheitsorgane, so dass weiterhin auf (meist protestantische) Zivilisten geschossen wurde, was natürlich wiederum die loyalistischen Paramilitärs zu Vergeltungsaktionen provozierte (ebd., S. 109f.).

Im selben Zeitraum spaltete sich auch die *INLA* von der *OIRA* ab und geriet zunächst mit dieser, später auch mit der *PIRA* in eine äußerst blutige Fehde. Als die britische Regierung 1976 dann zwar das offizielle Ende der Internierungen bekanntgab, im gleichen Atemzug aber verkündete, den Inhaftierten den Status als politische Gefangene abzuerkennen, kündigte die *PIRA* schließlich auch offiziell den Waffenstillstand wieder auf (ebd., S. 110).

Erst Ende 1976 bzw. 1977 ließ das Ausmaß der Gewalt aufgrund verschärften Vorgehens der Sicherheitsorgane, nun auch gegen loyalistische paramilitärische Gruppen, etwas nach (ebd., S. 111f.). Um einer zu massiven Schwächung durch die Sicherheitskräfte zu entgehen, begann die *IRA* 1976 damit, sich selbst umzustrukturieren. Ältere Führungskräfte wurden ersetzt, man sagte sich vom Dubliner Hauptquartier los, gründete stattdessen das *Northern Command* und ersetzte zusätzlich die alte, sehr hierarchische Organisationsstruktur durch eine flachere, die sehr viel schlechter von außen zu infiltrieren war. Im Zuge dieser Strukturveränderungen gelangten auch Martin McGuiness und Gerry Adams in die Führungsriege der *IRA* (ebd., S. 112).

Ab 1979 begann die *IRA* dann erneut eine Kampagne. Sie tötete einen britischen Botschafter sowie ein Mitglied des englischen Königshauses und verübte erneut zahlreiche Bombenanschläge. Doch die neue britische Regierung unter Margaret Thatcher wollte sich möglichst nicht weiter in den Konflikt verwickeln lassen und kam deshalb den Forderungen der in Nordirland stationierten britischen Armee nach ausgeweiteten Kompetenzen und Wiedereinführung der Internierungsmaßnahmen nicht nach. Stattdessen wurden Truppen abgezogen und an ihrer Stelle die regionalen Polizeikräfte massiv verstärkt (Otto 2005, S. 113).

---

keine (Otto 2005, S. 109f.). Erst 1991 wurde das Urteil revidiert und die Gefangenen freigelassen (ebd., S. 110). Dies war allerdings nicht der einzige Vorfall, bei dem die britische Justiz ihre rechtsstaatlichen Prinzipien aus den Augen verlor. Auch die Fälle der *Guildford Four* und der *Maguire Seven* verliefen ähnlich und wurden ebenfalls erst 1991 wieder aufgenommen (z.B. Victory 2002).

Ab 1980 eskalierte dann auch die Situation im *Maze* Gefängnis.[82] Dort hatten bereits mit Beginn der Aberkennung des Sonderstatus für politische Gefangene 1976 republikanische Insassen begonnen, für den Rückerhalt ihrer Privilegien zu demonstrieren. Die erste Protestform, der sog. Deckenprotest,[83] wurde aufgrund ausbleibenden Erfolgs und weiterer Verschlechterung der Situation vom bereits erwähnten Schmutzprotest[84] abgelöst (ebd., S. 114). 1980 gipfelte der Protest dann in zwei Hungerstreiks, die große internationale Aufmerksamkeit auf die Geschehnisse in Nordirland lenkten und das Image Großbritanniens und vor allem der Regierung Thatcher in der Welt stark beschädigten. Besonders Bobby Sands erlangte in diesem Zusammenhang traurige Berühmtheit. Er wurde, während er sich im Gefängnis und im Hungerstreik befand, in einer Nachwahl mit großer Mehrheit zum Parlamentsabgeordneten gewählt, konnte seinen Posten aber aufgrund seiner Inhaftierung natürlich nicht antreten. Nur kurze Zeit später starb er als erster von insgesamt zehn Männern im Hungerstreik. Auf jeden Tod folgten, vor allem in Nordirland, aber auch im Rest Europas, immer wieder heftige Proteste und Ausschreitungen (ebd., S. 114ff.).

Erst im September 1981 konnte der Hungerstreik unter dem neuen britischen Nordirlandminister James Prior beendet werden. Die Forderungen der Häftlinge wurden größtenteils erfüllt und sie bekamen den Status als politische Gefangene und die damit verbundenen Privilegien zurück (Otto 2005, S. 116). In Folge des Hungerstreiks erhielt die *IRA* erneut großen Zulauf an Rekruten und Sympathisanten. Dies kam der Organisation sehr gelegen, die nun vor allem auch ihre politischen Aktivitäten als bzw. mit *Sinn Féin* ausweiten wollte (ebd., S. 117). Aus dieser Zeit stammt auch eines der inoffiziellen *IRA* Mottos, das laut BBC Danny Morrison auf der *Sinn Féin* Konferenz im Oktober 1981

82 Bzw. *H-Block* oder *Long Kesh*, wie es vor allem von der nationalistisch geprägten Gemeinschaft genannt wird.

83 Beim Deckenprotest ging es, laut Michael von der Organisation *Coiste* vornehmlich um das Recht der Insassen, ihre Zivilkleidung tragen zu dürfen. Als ihnen das untersagt wurde, weigerten sie sich, die Gefängniskleidung anzulegen und hüllten sich stattdessen in Decken.

84 Der Schmutzprotest war, laut Michael von der Organisation *Coiste,* neben den oben genannten Gründen, auch eine Reaktion auf die zunehmenden Übergriffe der Wärter, sobald die Insassen ihre Zellen verließen, um sich zu waschen oder ihre Latrinen zu leeren. Also begannen die Insassen sich zu weigern ihre Zellen zu verlassen. Sie wuschen sich nicht mehr und leerten auch die Latrinen nicht mehr. Als die Wärter so weit gingen, die Exkremente in ihre Schikanen mit einzubeziehen, schmierten die Insassen diese an die Wände ihrer Zellen.

geprägt hat: „Mit dem Stimmzettel in der einen und der Armalite in der anderen Hand".[85]

Um zu verhindern, dass *Sinn Féin* zu viel Unterstützung gewann, beschloss die britische Regierung, ein neues Regionalparlament in Nordirland einzusetzen, das zumindest nach und nach unter bestimmten Voraussetzungen einige Kompetenzen erhalten sollte. Aufgrund mangelnder Unterstützung der Parteien und des Sitzungsboykotts der Nationalisten wurde es aber bereits nach einer Legislaturperiode wieder aufgelöst (ebd., S. 117f.).

Trotzdem folgten weitere Annäherungsversuche. Der nächste kam aus der Republik Irland in Form eines All-Parteien Treffens, dem *New Ireland Forum* 1983, auf dem über die Zukunft Nord-/Irlands beraten werden sollte. Die Unionisten blieben allerdings fern und *Sinn Féin* durfte nicht teilnehmen, da nur Parteien zugelassen wurden, die Gewalt ablehnten. Die auf dem Forum erarbeiteten Lösungswege überzeugten Thatcher jedoch nicht und auch die unionistischen Parteien lehnten diese strikt ab (ebd., S. 118f.).

1984 verübte die *IRA* einen Mordanschlag auf Thatcher, der allerdings misslang. Trotzdem trieb die Premierministerin die Verständigungsversuche weiter voran. Dem andauernden Widerstand der Unionisten gegen jegliches *power sharing* mit den Nationalisten zunehmend überdrüssig, unterzeichneten Thatcher und Garret FitzGerald (damaliger *Taoiseach* der Republik Irland) 1985 schließlich nahezu eigenmächtig das *Anglo-Irish-Agreement* in Hillsborough (ebd., S. 119).

Diese Übereinkunft beinhaltete in erster Linie die Einsetzung einer ständigen Konferenz beider Regierungen, also der britischen und der der Republik Irland, die die grenzüberschreitende Zusammenarbeit fördern und gemeinsam über sicherheits- und rechtspolitische Fragen beraten sollte. Zusätzlich wurde festgehalten, dass beide Regierungen ausdrücklich die Übergabe der politischen Verantwortung an nordirische Organe befürworteten, allerdings nur unter der Bedingung eines nationalistisch/unionistischen *power sharings*. Doch der Inhalt dieses Agreements wurde als eher zweitrangig eingeschätzt, bedeutsamer war vielmehr die Tatsache, dass die Regierung der irischen Republik offiziell miteinbezogen und ihr ein Mitspracherecht in der nordirischen Frage eingeräumt wurde (Otto 2005, S. 119f.).

---

85 Wörtlich soll gesagt worden sein „Who here really believes that we can win the war through the ballot box? But will anyone here object if, with a ballot paper in one hand and the Armalite in the other, we take power in Ireland?" [http://news.bbc.co.uk/hi/english/static/in_depth/northern_ireland/2001/provisional_ira/1981.stm]. Die Armalite (offizieller Name „ArmaLite AR-18") ist ein von der *IRA* benutzte Schnellfeuergewehr aus den USA.

Während die Öffentlichkeit in Großbritannien und dem übrigen Europa das Abkommen als Erfolg ansah, lehnten Teile der Nationalisten, vor allem aber nahezu alle Unionisten dieses vehement ab. Die Unionisten fühlten sich erneut von Großbritannien hintergangen. Doch auch, wenn die beiden wichtigsten unionistischen Parteien, die *DUP* und die *UUP*, sich in dieser Sache unter dem Motto „Ulster Says No" zusammenschlossen, waren die Erfolgsaussichten des Widerstandes aufgrund veränderter externer Faktoren diesmal deutlich geringer als etwa beim *Sunningdale-Abkommen*. Ende 1985 bzw. Anfang 1986 gab es mehrere Zusammenstöße zwischen unionistischen Demonstranten und der *RUC*, da diese aber ebenfalls größtenteils protestantisch war, wurden die Polizisten zunächst nicht besonders hart angegriffen. Erst als die absichtlich provozierten Nachwahlen in 15 nordirischen Wahlkreisen nicht das gewünschte Ergebnis brachten, kam es auch zu Angriffen auf *RUC*-Einheiten oder einzelne Polizisten, sowie mehrere Brandanschläge auf deren Häuser (ebd., S. 120f.).

Auch die *Sinn Féin* wurde durch das Abkommen in erhebliche Schwierigkeiten gebracht und so beschloss die Partei 1986, dass ihre Abgeordneten in Zukunft ihre Sitze im irischen Parlament einnehmen sollten.[86] Ihre nächsten Wahlergebnisse waren trotzdem eher mäßig, der Einfluss der moderateren *SDLP* hingegen wuchs nun an. Vor allem die anhaltende Gewalt der *IRA*, insbesondere gegen die eigene Community gerichtet,[87] sorgte für eine verstärkte Abwendung der nationalistischen Gemeinschaft. Besonders nach einem Attentat in Enniskillen, das elf Tote und zahlreiche Verletzte forderte, sank die Unterstützung der nationalistischen Bevölkerung für die *IRA* auf ein historisches Tief. Trotzdem führte die *IRA* den bewaffneten Kampf weiter fort. Das Aufgreifen einer für Nordirland bestimmten Waffenlieferung aus Libyen sowie eine darauf basierende Hochrechnung des Inhalts der Waffenarsenale der *IRA* machte allen Akteuren klar, dass die *IRA* militärisch gesehen wohl kaum zu besiegen war (Otto 2005, S. 122f.).

---

86 Das Parlament war bis jetzt stets boykottiert worden, da sowohl das nordirische als auch das der Republik als nicht legitimiert betrachtet wurden. Nur ein Parlament, das alle 32 Grafschaften der irischen Insel einheitlich vertritt, wäre von *Sinn Féin* und der *IRA* anerkannt worden, so stellt es zumindest ein ehemaliges *IRA*-Mitglied dar.

87 Damit sind vor allem Bombenanschläge mit einer hohen Zahl ziviler Opfer gemeint, unter denen in aller Regel auch Nationalisten/Katholiken waren. Zum anderen bezieht sich diese Aussage auch auf die Bestrafungsaktionen (wie etwa *kneecappings* (nähere Infos siehe auch Anhang A, BPK II, Z. 42-55) oder *punishment-beatings*), mit denen die *IRA* zur Zeit des Konfliktes versuchte, die Ordnung in den nationalistischen Vierteln aufrechtzuerhalten (siehe z.B. Bittner & Knoll 2001).

### 3.3.3 Der Auftakt zum Friedensprozess

Der Beginn der nordirischen Friedensverhandlungen lässt sich unmöglich auf ein bestimmtes Datum festlegen, allerdings kann man die Reihe von Gesprächen, die John Hume (Vorsitzender der *SDLP*) und Gerry Adams (Vorsitzender von *Sinn Féin*) im Verlauf des Jahres 1988 führten, durchaus als den Auftaktpunkt der kommenden Entwicklungen bezeichnen. Diese verliefen zwar relativ ergebnislos, etablierten aber ein Vertrauensverhältnis zwischen *SDLP* und *Sinn Féin* respektive den beiden Vorsitzenden. Vor allem aber durchbrachen sie die politische Isolation von *Sinn Féin* und machten damit den Weg für weitere Gespräche unter deren Einbeziehung frei (Otto 2005, S. 124).

Die späten 80er und frühen 90er waren allerdings weiterhin von erheblicher Gewalt geprägt. Neben heftigen Gefechten zwischen *IRA* und loyalistischen Paramilitärs in Nordirland selbst, kam es auch immer wieder zu Attentaten, wie dem Bombenanschlag auf den Sitz der englischen Premierministerin in der Downing Street No. 10 (ebd., 124f.).

1990 folgte John Major Margaret Thatcher als Premierminister nach; Brooke, Nordirlandminister unter Thatcher, blieb im Amt und versuchte weiter, eine Verständigung voranzutreiben. Dabei erklärte er in einer Rede, Großbritannien habe kein strategisches oder ökonomisches Interesse an Nordirland und sei bereit, eine Wiedervereinigung Irlands zu akzeptieren, wenn die nordirische Bevölkerung dies wolle (ebd., S. 125). Es folgte eine Reihe von Gesprächen zwischen Brooke (bzw. seinem späteren Nachfolger Patrick Mayhew) und den vier wichtigsten Parteien Nordirlands[88] (*Sinn Féin* blieb weiterhin ausgeschlossen), um über die drei sog. *Strands* zu beraten: (1) Beziehung der konfessionellen Gruppen untereinander in Nordirland; (2) die Beziehung Nordirland zur Republik Irland; und (3) die Beziehung der britischen zur irischen Regierung. Doch die Gespräche fuhren sich immer wieder fest und wurden 1992 schließlich eingestellt. Während dieser ganzen Zeit verübte die *IRA* zahlreiche weitere Bombenanschläge und diverse loyalistische paramilitärische Gruppen[89] antworteten darauf mit Vergeltungsattacken (Otto 2005, 125f.). Auch wenn Teile der republikanischen Bewegung aufgrund der hohen Zahlen ziviler Opfer begannen, die eigenen ideologischen Positionen zu reflektieren[90] und

88 Bei diesen handelt es sich um *UUP*, *DUP*, *SDLP* und *APNI* (Otto 2005, S. 125).

89 Diese waren in der Zwischenzeit mit Waffenlieferungen aus Südafrika aufgerüstet worden (Otto 2005, S. 126).

90 Dieses Hinterfragen der eigenen Ideologie und Handlungsweise setzte vornehmlich

*Sinn Féin* in seinem 1992 veröffentlichten Grundsatzdokument „Towards a lasting Peace in Ireland" versöhnliche Töne anschlug, stellte die *IRA* ihre Gewalt keineswegs ein (ebd., S. 126f.). Trotzdem versuchte Hume mit Unterstützung des neuen irischen *Taoiseach* Albert Reynolds weiterhin, Gerry Adams davon zu überzeugen, die Gewalt einzustellen. Auch die britische Regierung öffnete wieder geheime Kommunikationskanäle zu *Sinn Féin*. Im September 1993 gaben Hume und Adams eine Erklärung ab, in der sie ihre Bereitwilligkeit zu einem Friedensprozess bekanntgaben. Daraufhin gaben im Dezember des gleichen Jahres die britische und irische Regierung die sog. *Downing-Street-Declaration* heraus, in der Großbritannien erneut bestätigte, kein Interesse an Nordirland zu haben, und angab, dass alle Parteien, die gewaltfrei handelten, am politischen Geschehen in Nordirland beteiligt werden sollten. Zudem sei es alleine Sache der Iren (also auch der Nordiren) zu entscheiden, ob es eine Wiedervereinigung geben solle oder nicht (ebd., S. 128).

Ab 1994 schalteten sich dann auch die USA respektive deren damaliger Präsident Bill Clinton in den Friedensprozess ein. Zusätzlich traf sich Nordirlandminister Mayhew heimlich mit Adams und McGuiness und handelte einen Waffenstillstand der *IRA* aus. Nur zwei Wochen später verkündete auch der *CLMC* (*Combined Loyalist Military Command*) als Sprecher aller loyalistischen paramilitärischen Gruppen einen Waffenstillstand. Daraufhin traf sich im Dezember 1994 die britische Regierung zum ersten Mal offiziell mit *Sinn Féin* (Otto 2005, S. 128f.).

Zu Beginn des Jahres 1995 stellten John Major und John Bruton (der neue irische *Taoiseach*) die sog. *Framework Documents* vor, die die Konditionen für gemeinsame Verhandlung über die Zukunft Nordirland beinhalteten und auch explizit die von Brooke festgelegten *Strands* aufgriffen (ebd., S. 129).

Obwohl alle Zeichen offiziell auf Verständigung standen, eskalierte in diesem Jahr zum ersten Mal der Konflikt in Portadown/Drumcree um einen Umzug des örtlichen Oranier-Ordens (ebd., S. 129f.). Diese Auseinandersetzung sollte sich von da an viele Jahre lang immer in ähnlicher Weise wiederholen (Wuhrer 2000, S. 152ff.). Bis heute sorgen nicht nur in Drumcree, sondern an vielen Orten Nordirlands die Märsche der protestantischen Orden immer wieder für

---

und zuerst bei republikanischen Häftlingen ein. Diese verbrachten im Gefängnis aus Ermangelung anderer Tätigkeiten sehr viel Zeit damit zu lesen und sich über geschichtliche Hintergründe, politische Ideologien etc. zu informieren. Im Volksmund sprach man von Inhaftierungen deswegen auch oft als „Going to University". (Auch diese Information stammt von einem ehem. *IRA*-Mitglied).

Konflikte (ebd., S. 140ff.).

Und auch der Friedensprozess geriet nach anfänglichen Fortschritten wieder schnell ins Stocken. Nachdem man sich zunächst erfolgreich mit Hilfe der US-amerikanischen Regierung auf die Einsetzung einer internationalen unabhängigen Kommission[91] geeinigt hatte, die die Prinzipien für die Abrüstung der paramilitärischen Verbände, die sog. *Mitchell-Prinzipien* festlegen sollte, kam es an andere Stelle schon wieder zu einem Konflikt mit *Sinn Féin* und der *SDLP*. Die Antwort der *IRA* darauf war das Aufkündigen der Waffenruhe. Deswegen begannen die Verhandlungen 1996 zunächst ohne *Sinn Féin*. Daraufhin reagierte die *IRA* mit dem heftigsten Bombenanschlag ihrer Geschichte und zündete in Manchester während der gerade dort stattfindenden Fußball-Europameisterschaft die bis dahin größte Bombe des gesamten Nordirlandkonfliktes. Die IRA hatte den Anschlag angekündigt und rund 80.000 Menschen war evakuiert worden. Konfrontiert mit dieser neuen Welle der Gewalt, dem Konflikt in Drumcree und der politischen Schieflage der britischen Regierung, die, um handlungsfähig zu bleiben, auf die Stimmen der Unionisten im Unterhaus angewiesen war, drohten die Verhandlungen erneut zu scheitern (Otto 2005, S. 131f.).

### 3.3.4 Das *Good-Friday-Agreement*

Erst mit dem Wahlsieg Tony Blairs im Jahre 1997 kam wieder Bewegung in die Verhandlungen. Blair versprach die sofortige Zulassung *Sinn Féins* zu den Gesprächen sobald die *IRA* einen erneuten Waffenstillstand ausrief, was dann auch nahezu umgehend passierte. Am 9. September trat *Sinn Féin* den Gesprächen schließlich bei, nachdem die neue Nordirlandministerin Marjorie Mowland die Waffenruhe der *IRA* als ausreichend beurteilt hatte. Dafür boykottierte nun die *DUP* die Gespräche, weil *Sinn Féin* teilnahm. Wiederum kamen die Verhandlungen auch nur sehr schleppend voran. Das lag vor allem auch am stetigen Brechen des Waffenstillstands, denn immer noch lieferten sich *IRA* und diverse loyalistische Gruppierungen blutige Kämpfe. Konsequenterweise hätten *Sinn Féin* und die *UDP* daraufhin wieder von den Gesprächen ausgeschlossen werden müssen, um aber den fortlaufenden Prozess nicht zu ge-

91 Dabei handelte es sich um die sog. *Mitchell-Kommission*, benannt nach ihrem Vorsitzenden, dem ehemaligen US-Senator George Mitchell (Otto 2005, S. 131).

fährden, wurden beide jeweils nur kurz suspendiert. Um die anwesenden Parteien schließlich zu einer Lösung zu zwingen und ihre Kompromissbereitschaft zu erhöhen, stellte Mitchell am 26. März 1998 ein Ultimatum, welches besagte, dass bis zum 09. April ein Dokument vorliegen müsse. Von da an wurde Tag und Nacht verhandelt. Als Mitchell am Morgen des 10. April (Karfreitag) schließlich den endgültigen Vorschlag für das Abkommen vorlegte, drohten die Verhandlungen im letzten Moment doch noch zu scheitern, da der Vorsitzende der *UUP*, Trimble, sich zunächst aufgrund einer Ungenauigkeit in der Formulierung eines der Punkte weigerte zu unterschreiben. In diesem war zwar die Entwaffnung der paramilitärischen Verbände innerhalb von zwei Jahren enthalten, aber kein genauer Zeitpunkt zu welchem diese Entwaffnungsaktionen beginnen sollten. Erst auf die eindringlichen Bitten Tony Blairs und Bill Clintons, der hier abermals eingriff, wurde das Abkommen schließlich von allen Beteiligten unterzeichnet (Otto 2005, S. 132ff.).

Damit war das *Karfreitagsabkommen* bzw. *Good-Friday-Agreement*, wie es in Nordirland genannt wird, geboren, wenn auch noch nicht in Kraft getreten. Es sah die Freilassung aller Gefangenen (auf Bewährung) der am Abkommen beteiligten Gruppierungen innerhalb von zwei Jahren sowie im gleichen Zeitraum eine Abrüstung bzw. Entwaffnung der entsprechenden paramilitärischen Organisationen vor. Darüber hinaus wurde die Bildung einer Kommission für (konfessionelle) Gleichberechtigung sowie die Neustrukturierung der *RUC* beschlossen. Großbritannien verpflichtete sich zudem, die Armee nach und nach aus Nordirland abzuziehen und die Polizeistärke auf ein normales Niveau zu reduzieren. Zusätzlich wurden einige Übereinkünfte bezüglich der drei *Strands* festgelegt: (1) Nordirland sollte ein Regionalparlament (Assembly) bekommen, dessen Mitglieder nach dem single-transferable-vote System gewählt werden sollten. Entscheidungen dieser Assembly sollten nur auf Basis eines parallelen Konsenses möglich sein. Das bedeutet, dass alle Parteien zu Beginn festlegen müssen, ob sie sich als nationalistisch oder unionistisch beschreiben würden.[92] Bei Entscheidungen muss dann entweder die Mehrheit in beiden Blöcken oder aber 60% aller Abgeordneten zustimmen, wobei dann die Anzahl der Gegenstimmen in keinem der Blöcke 40% überschreiten darf (Otto 2005, S. 133ff.). Eine Wiedervereinigung mit der Republik Irland sollte, einem ähnlichen Prinzip

92 In Einzelfällen ordnen sich Parteien (z.B. *APNI*) auch als neutral ein, das bleibt allerdings eher die Ausnahme (Otto 2005, S. 134).

folgend, dementsprechend auch nur möglich sein, wenn die Mehrheit der nordirischen Bevölkerung dafür stimmen würde. (2) Zusätzlich sollten für sechs Sachgebiete gesamtirische Behörden geschaffen werden, die allerdings den nationalen Parlamenten in Belfast und Dublin nachgeordnet sein sollten. (3) Im Gegenzug sollte ein *British/Irish Council* gebildet werden, in dem Vertreter der verschiedenen Parlamente (auch der Nationalversammlungen von Schottland und Wales) über übergeordnete Themen (z.B. Umwelt) beraten sollten. Außerdem sollte die Republik Irland ihren Anspruch auf das gesamte irische Territorium aus der Verfassung streichen (ebd.).

Über das Inkrafttreten des Abkommens sollte im Mai 1998 ein Referendum sowohl in Nordirland als auch in der Republik (dort allerdings nur über die beschlossene Verfassungsänderung) abgehalten werden. Einzig die *DUP* lehnte das Abkommen zusammen mit einigen kleineren Parteien und protestantischen Orden ab. *Sinn Féin* hingegen beendete sogar den Sitzungsboykott in Nordirland, damit die Abgeordneten ihre Sitze in der Assembly auch einnehmen konnten. Beim Referendum selbst stimmten schließlich 72% der nordirischen Bevölkerung[93] und 94% der Menschen in der Republik für das *Karfreitagsabkommen*, das daraufhin zeitnah in Kraft trat (ebd., S. 135).

Auch wenn mit dem *Good-Friday-Agreement* nun zumindest ein theoretischer und von den meisten Beteiligten gebilligter Fahrplan für den Friedensprozess existierte, gestaltete sich die Implementierung einiger Punkte dennoch äußert schwierig. Vor allem das Abrüstungs- bzw. Entwaffnungstauziehen der paramilitärischen Organisationen, allen voran der *IRA*, brachten den laufenden Friedensprozess mehr als einmal an den Rand des Scheiterns (Otto 2005, S. 137). So musste die Assembly bereits diverse Male suspendiert werden, bevor sie überhaupt alle ihre Kompetenzen erhalten hatte (ebd.).[94] Erst die Einrichtung einer unabhängigen, internationalen Entwaffnungskommission (*IICD*) konnte schließlich einige Fortschritte erzielen (Bittner & Knoll 2001, S. 243ff.). Dennoch dauerte es noch, wiederum mit diversen Unterbrechungen (Otto 2005, 138ff.), bis Juli 2005 bis die Kommissare der *IICD* sowie weitere unabhängige Beobachter vermelden konnten, dass alle Waffen in den Waffenarsenalen der *IRA* vernichtet seien (Tagesspiegel 2005).

93 Dabei stimmten 96% der katholischen, aber nur 55% der protestantischen Bevölkerung für das Abkommen (Otto 2005, S. 135).

94 Gründe dafür waren etwa die Verhinderung von angedrohten Rücktritten (z.B. David Trimble, erster Minister Nordirlands), dem Ablaufen von Fristen oder ähnlichem (Otto 2005, S. 137ff.).

Das ständige Brechen des Waffenstillstandes durch Splittergruppen der *IRA*, wie der *RIRA* und der *CIRA, oder* loyalistischer Gruppierungen stellte ein weiteres großes Problem dar. So kam es auch, dass einer der größten Bombenanschläge der *troubles* erst nach der Unterzeichnung des *Karfreitagsabkommens* verübt wurde. Bei der Detonation der sog. *Omagh-Bombe*, zu der sich die *RIRA* bekannte, kamen 29 Menschen inklusive einer werdenden Mutter ums Leben. Die Reaktionen auf dieses Ereignis waren von allen Seiten heftig. Die *INLA* stellte in der Konsequenz ihre eigenen Kampfhandlungen ein und erklärte ebenfalls den Waffenstillstand, gleiches galt für die *RIRA*, die sich jedoch nicht daran hielt (Otto 2005, S. 136). Doch ungeachtet dieser Vorkommnisse wurde zumindest die vereinbarte Freilassung der inhaftierten Mitglieder von *IRA*, *UDA* und *UVF* vergleichsweise schnell umgesetzt (ebd., S. 137).[95]

Viele weitere Aspekte des *Karfreitagsabkommens* aber sind bis zum heutigen Tag noch nicht vollkommen oder nur unzureichend umgesetzt, so dass es auch über 20 Jahre nach seiner Unterzeichnung noch durchaus als „an ongoing work in progress" (Anhang C, Interview I, Z. 156-157) verstanden werden kann (ebd., Z. 155-157).

95 Auch die Umstrukturierung bzw. Umbenennung der *RUC* in den sog. *Police Service Northern Ireland* (*PSNI*) wurde vor einigen Jahren (2001/2002) erfolgreich beendet (PSNI 2018). Seit 2007 unterstützt auch *Sinn Féin* offiziell die Polizei (Spiegel Online 2007). Trotzdem sind viele Nordiren der Ansicht, dass sich außer dem Namen und dem Aussehen der Uniformen in der Polizeitruppe nicht viel verändert hat, auch wenn jetzt Rekruten aus beiden Bevölkerungsgruppen zu gleichen Teilen aufgenommen werden müssen (ebd.).

## 4. Feldaufenthalte

Um einen detaillierten und authentischen Eindruck über die in Nordirland stattfindende Erinnerungspolitik und den aktuellen Stand des Friedensprozesses zu erlangen, sowie um die gesellschaftliche Situation bzw. Stimmungslage vor Ort besser verstehen zu können, wurden neben klassischer Literaturarbeit und Online-Recherche auch zwei ethnographisch geprägte Feldaufenthalte durchgeführt, auf die im Folgenden genauer eingegangen wird. Die vorliegende Untersuchung erhebt dabei keinerlei Anspruch auf den Status einer ethnographischen Arbeit, deren Kriterien, angefangen bei der zeitlichen Dimension der Feldaufenthalte, sie keinesfalls erfüllen kann. Stattdessen ist sie eher als ethnographisch geprägte Pilotstudie zu verstehen.

Dennoch waren die Feldaufenthalte nicht nur aus dem oben aufgeführten Grund von Bedeutung, sondern in gewisser Weise sogar notwendig. Denn ein Großteil der zur Verfügung stehenden, relevanten, den Nordirlandkonflikt und den anschließenden Friedensprozess behandelnden Literatur erschien bereits vor zehn Jahren oder ist gar noch älter. Sie kann also kaum als valide Grundlage der Analyse der aktuellen Situation dienen, sondern lediglich Orientierung bezüglich wichtiger Themenkomplexe bieten oder Hintergrund- und Vergleichsmaterial darstellen.

Im Folgenden soll nun näher auf den Verlauf und die Beschaffenheit der beiden Feldaufenthalte eingegangen werden. Zudem sollen die mit dem Feldaufenthalt zusammenhängenden Aspekte und Herausforderungen ebenso wie die methodischen Verfahren zu Datenerhebung bzw. Materialsammlung und -auswertung genauer vorgestellt werden.

### 4.1 Feldauswahl, Feldzugang und Samplebildung

„Fieldwork itself is humanly demanding, as a fieldworker will need to give proof of all the good qualities in life: patience, endurance, stamina, perserverance, flexibility, adaptability, empathy, tolerance [...]" – so zumindest beschreiben es Blommaert und Dong Jie (2010, S. 24) in ihrer Einführung zur ethnographischen Feldarbeit und bezüglich meiner hier vorliegenden Untersuchung kann ich ihnen durchaus beipflichten. Wie wohl die meisten Feldaufenthalte, so war auch meiner stellenweise von Chaos geprägt. Von verspäteten Terminabsprachen über eher spontan veranlagte Informanten bis hin zu technischen Schwierigkeiten hatte ich, wie die folgenden Unterkapitel zeigen werden, mit allerhand kleineren Herausforderungen zu kämpfen.

Nachdem mein Feldaufenthalt in Nordirland beschlossen war, musste zunächst entschieden werden, welche Orte bzw. Städte zu diesem Zweck aufgesucht werden sollten. Bei der Auswahl orientierte ich mich an der Maßgabe, Daten verschiedenster Art von unterschiedlichen Lokalitäten zu erhalten, um damit einen differenzierten Einblick in die dem sozialen System als Ganzes zugrundeliegenden Dynamiken zu erhalten.

Da der erste der beiden Feldaufenthalte mit einem Kurzurlaub in Belfast zusammenfiel und dies zudem die Hauptstadt Nordirlands ist, lag eine Entscheidung für Belfast relativ nahe. Dass vor allem die nördlichen und westlichen Viertel dieser Stadt außerdem einige der Hauptschauplätze des Nordirlandkonfliktes darstellten, bestärkte diesen Entschluss zusätzlich. Darüber hinaus wurde schließlich auch London-/Derry, die zweitgrößte Stadt Nordirlands, ausgewählt. Vor allem begründet durch ihre überwiegend katholische Bevölkerungsstruktur, ihre bewegte Geschichte und die städtebaulichen Besonderheiten (*The Walled City*) stellte sie, neben Belfast, wohl einen der bedeutendsten Orte während der *troubles* dar und sollte deshalb keinesfalls außer Acht gelassen werden.

Aus zeitlichen bzw. organisatorischen Gründen entschied ich mich, in beiden Städten nur wenige, nämlich die jeweils für meine Untersuchung relevantesten Viertel auszuwählen, diese dafür aber detailliert und, soweit möglich, in ihrer ganzen Komplexität zu betrachten (vgl. Blommaert & Dong Jie 2010, S. 25, 43). Dabei fiel die Wahl auf diejenigen Gebiete, die am stärksten mit dem Nordirlandkonflikt verbunden waren. Diese wurden aufgrund der Nennungshäufigkeit in einschlägiger Literatur ermittelt. Dementsprechend wurden in Belfast die unionistisch geprägte Sandy Row (Süd-Belfast) sowie das Gebiet rund um die Falls Road (nationalistisch) und die Shankill Road (unionistisch), beide in West-Belfast gelegen, ausgewählt. In London-/Derry fiel die Wahl auf die nationalistische Bogside. Zusätzlich wurden in beiden Orten auch die Innenstädte bzw. Stadtzentren besucht und in die Betrachtungen mit einbezogen, ebenso wie weitere Auffälligkeiten, denen an anderer Stelle oft ganz zufällig begegnet wurde (vgl. ebd., S. 29f.).

Größere Schwierigkeiten als die Auswahl der relevanten Felder bereitete allerdings der Aspekt des Feldzugangs. Zwar sind alle ausgewählten Viertel mittlerweile frei zugänglich und auch einigermaßen sicher, doch um einen über die Literatur hinausgehenden Eindruck und ein detailliertes sowie authentisches Bild der gesellschaftlichen Situation in Bezug auf Erinnerungspolitik und den Friedensprozess zu erhalten, sind, wie in vielen ethnographischen Untersuchungen, auch in diesem speziellen Fall Beobachtungen alleine kaum ausreichend. Neben Fotografien, Feldnotizen und verschiedenem Dokumentmaterial (vgl. Gobo 2008, S. 5), sind vor allem persönliche Meinungen, Ansichten, Eindrücke und Erzählungen der lokalen Bevölkerung, etwa in Form informeller Gespräche oder Interviews von Bedeutung (vgl. ebd.; Blommaert & Dong Jie 2010, S. 31ff., 42ff.). Dazu galt es allerdings, entsprechende Kontakte zu knüpfen, was sich zuweilen aber aufgrund der sehr sensiblen Thematik und den sich stark abgrenzenden Communities recht schwierig darstellte (vgl. Blommaert & Dong Jie 2010, S. 47).

Diesbezüglich war vor allem der erste Feldaufenthalt von größter Bedeutung, konnte ich mir doch während diesem nicht nur bereits einen äußerst hilfreichen Überblick über die relevanten Viertel sowie einen ersten Eindruck der Situation und somit einiges Vorwissen verschaffen, welches im weiteren Verlauf erheblich zum Verständnis des Feldes beitrug, sondern hatte auch das Glück, zwei wichtige Kontakte knüpfen zu können, die mir den Feldzugang mit zahlreichen Informationen und Tipps stark erleichterten.

Zum einen war dies Mary O'Brien, die Vermieterin meiner Unterkunft und selbst eine gemäßigte Nationalistin, mit der ich schon kurz nach meiner Ankunft ins Gespräch kam; zum anderen ein ehemaliger Paramilitär der *IRA,* der heute als Guide arbeitet und den ich bei einer Führung kennenlernte. Beide erklärten sich bereit, mir bei der Suche nach weiteren Ansprechpartnern bzw. auch selbst bei der Beantwortung von Fragen behilflich zu sein.

Parallel kontaktierte ich zudem per E-Mail mehrere Organisationen, die sich für den Friedensprozess engagieren bzw. sich für eine Verständigung zwischen den beiden Communities einsetzen, und versuchte so, einige Interviewpartner mit Expertenwissen zum derzeitigen Stand von Erinnerungspolitik und Friedensprozess bzw. deren Entwicklung zu gewinnen. Bei diesen Organisationen handelte es sich um das *Museum of Free Derry* in London-/Derry, um die *Corrymeela Initiative* mit Sitz in Belfast und Ballycastle sowie um den Tourismusverein der Sandy Row, ebenfalls in Belfast.

Entsprechend meinen bisherigen Erfahrungen mit irischen Gewohnheiten bedurfte es sowohl im Falle der Organisationen als auch meiner anderen Kontaktpersonen einiger Erinnerungsmails und eines stetigen Nachhakens, bevor meine Anfragen beantwortet wurden (vgl. Blommaert & Dong Jie 2010, S. 24). Ich erhielt schließlich eine Interviewzusage des *Museum of Free Derry* sowie die erneute Bestätigung der Vermieterin und des ehemaligen Paramilitärs, mir behilflich zu sein und zu versuchen, mich mit weiteren Gesprächspartnern zusammenzubringen. Allerdings erfuhr ich trotz weiterer Nachfragen die für mich wichtigen Details wie Uhrzeit, Treffpunkt und wer meine Gesprächspartner sein würden erst als ich zum zweiten Mal in Nordirland war. Vom Tourismusverein der Sandy Row erhielt ich zunächst keine weitere Rückmeldung und die *Corrymeala-Initiative* antwortete erst, als ich nach dem zweiten Feldaufenthalt bereits wieder in Deutschland war. Sie verwies mich aber lediglich auf ihre Webseite, da sie zu viele Anfragen hätten, um jeder einzelnen nachkommen zu können.

So muss festgehalten werden, dass sich – frei nach dem Motto von Blommaert und Dong Jie „Chaos is the normal state of things" (ebd., S. 25) – trotz detaillierter Planung und akribischer Vorbereitung bzw. Vorarbeit die meisten Kontakte und Gesprächschancen eher spontan vor Ort ergaben. Das Sampling meiner Gesprächspartner entstand somit am Ende eher zufällig. Auffällig war jedoch, dass sämtliche Personen, mit denen ich letztendlich in Kontakt kam bzw. die auf meine Anfragen eingingen, Nationalisten, Republikaner bzw. Katholiken waren. Wie oder warum dieses Bias im Sample entstand, ist unklar und Gründe dafür sind lediglich zu vermuten. Im weiteren Verlauf der Arbeit soll aber nochmals darauf zurückgekommen werden.

Insgesamt erwiesen sich die Kontakte, die ich bei meinem ersten Aufenthalt geknüpft hatte, durchaus als hilfreich, ebenso wie die Tatsache, dass ich mir bereits einen Überblick über die verschiedenen Örtlichkeiten in Belfast verschafft hatte, die mir bei meinem zweiten Besuch halfen, mich zu orientieren und abzuschätzen, wo ich interessante Beobachtungen machen könnte (vgl. ebd., S. 29f.).

Am Ende gelang es mir, trotz der partiellen Schwierigkeiten, sowohl den Museum Manager (Patrick Murphy) als auch den Education Officer (Thomas Collins) des *Museum of Free Derry* als Interviewpartner zu gewinnen. Zudem konnte ich Gespräche mit diversen Einheimischen führen, darunter mehrere ehemalige *IRA*-Mitglieder, von denen einer Mitarbeiter von *Coiste*[96] ist. Weiter-

96 *Coiste* (ausgeschrieben *Coiste na n-Iarchimí* und etwa zu übersetzen mit „Komitee der

hin waren es vor allem die vielen interessanten Beobachtungen in den ausgewählten Gebieten, die meinen Feldaufenthalt bereicherten.

## 4.2 Wahl der Methoden

Während der Feldaufenthalte wurde ein Methoden-Mix verwendet (vgl. Gobo 2008, S. 5; Blommaert & Dong Jie 2010, S. 29): einerseits Beobachtungen, zu denen ich Notizen anfertigte; andererseits Interviews bzw. kurze Gespräche. Zudem kam auch das Sammeln umfangreichen Bildmaterials zum Einsatz. Bevor ich näher auf die jeweilig konkreten Schritte eingehe, möchte ich kurz die Gründe für die Wahl der entsprechenden Methoden ausführen.

Der aktuelle Status des Friedensprozesses bzw. der praktizierten Erinnerungspolitik zeigt sich in der Regel besonders deutlich in der gesellschaftlichen Situation der Bevölkerung, also vor allem im Umgang der beiden Communities miteinander bzw. in der Abgrenzung voneinander und in der Darstellung und Interpretation der jeweils eigenen Identität. Während diese nicht klar abzugrenzenden Konstrukte in vielen Post-Konflikt-Gesellschaften Europas nur schwer einzuschätzen und allerhöchstens zu erahnen sind, wenn man sie nicht aktiv erfragt, stellt Nordirland hier – wie beschrieben – einen Sonderfall dar. Denn in wie wohl keinem anderen Land in Europa hat sich hier über die Jahrhunderte eine besondere und symbolträchtige Form der öffentlichen Meinungsäußerung herausgebildet, die, hat man sie einmal erkannt und weiß, wo und wonach man Ausschau halten muss, offensichtlich Auskunft über den Status quo innerhalb der Bevölkerung gibt. Flaggen, Farbcodes, Plakate, Graffitis, Denkmäler, *murals* sowie bestimmte Symbole und Hinweise auf Events sind überall in den Wohnvierteln der beiden Communities zu finden und äußerst hilfreich bei der Interpretation des aktuellen Status. Zusätzlich sind auch das Verhalten sowie die Gesten und privaten Gespräche der ansässigen Bevölkerung aufschlussreich. Natürlich darf hier nicht pauschalisiert werden. Es kann nicht davon ausgegangen werden, dass die jeweils dargestellte Meinung stets die aller Nationalisten oder Unionisten widerspiegelt. Allerdings ist anzunehmen, dass sie

ehemaligen Gefangenen") ist eine Organisation, die im Jahr des *Good-Friday-Agreements* gegründet wurde und die sich für die Reintegration ehemaliger republikanischer Häftlinge einsetzt (Coiste 2018). *Coiste* bietet in erster Linie diverse Touren unter der Führung ehemaliger Häftlinge an (ebd.), ist aber auch auf dem Gebiet der Community Work aktiv, was häufig mit dem Standing der Mitglieder (als ehemalige Paramilitärs) in den Communities zusammenhängt (Anhang A, BPK VII, Z. 21-27).

durchaus zumindest die generelle Einstellungstendenz der jeweiligen Gemeinschaft wiedergibt und als solche auch Akzeptanz findet. Dementsprechend wurde zunächst auf die Methoden der Beobachtung sowie der Sammlung von Bildmaterial zurückgegriffen. Dabei besichtigte ich aufmerksam die jeweiligen Stadtviertel, fotografierte entsprechend interessante Darstellungen und Artefakte und machte mir zudem viele Notizen über weitere interessante und auffällige Gegebenheiten.

Eine klare Einordnung der Beobachtungen in teilnehmend oder nicht teilnehmend bzw. offen oder verdeckt zu treffen (vgl. Gobo 2008, S. 5), ist insofern nicht möglich, da diese stets je nach Kontext variierten, den jeweiligen Situationen angepasst wurden und somit diverse Zwischenstufen darstellten (vgl. ebd.). Zumeist versuchte ich, mich wie ein normaler Tourist zu verhalten, um nicht zu viel Aufmerksamkeit auf mich zu ziehen und somit das Verhalten der Menschen womöglich unwillentlich zu beeinflussen (vgl. ebd.), obwohl dies natürlich nie vollkommen ausgeschlossen werden kann (vgl. Blommaert & Dong Jie 2010, S. 27). Auch verwendete ich im Feld selbst für meine Feldnotizen fast ausschließlich die Notizfunktion meines Mobiltelefons und übertrug die Einträge erst später in meiner Unterkunft auf Papier, um nicht durch übermäßig auffälliges Notieren Argwohn zu erwecken. Sobald mich aber jemand darauf ansprach, erklärte ich mein Vorhaben immer ausführlich und offen, nicht nur aus Sicherheitsgründen, sondern auch, um so eventuell potentielle Gesprächspartner zu gewinnen, denn oft war das Interesse an meiner Arbeit groß. Alle Beobachtungen wurden am Ende nach Tagen geordnet aus den Notizen in Beobachtungsprotokolle (BPK) übertragen und sind fortlaufend nummeriert (I - VII). Die einzige Ausnahme bildet das Protokoll der Museumsbesuche (BPK V), das, obwohl am selben Tag wie BPK IV entstanden, aufgrund seines Umfangs und der abweichenden Thematik in ein separates Dokument übertragen wurde.

Für die vereinbarten Interviews im *Museum of Free Derry* (Interview I – II) verwendete ich ein halb-strukturiertes Leitfadeninterview mit offenem Antwortformat, das ich im Vorfeld auf Basis von Informationen der Organisationswebseite und eigenem Hintergrundwissen bzw. Interesse erstellt hatte. Die Interviewfragen waren dabei, bis auf einige Ausnahmen die persönliche Einschätzung der aktuellen Situation betreffend, nicht für beide Interviewees identisch, sondern wurden individuell auf die jeweils bekleidete Position angepasst. Trotz mehrmaliger Prüfung der Aufnahmegeräte vor Beginn des Interviews konnten die jeweiligen Gespräche aufgrund technischer Komplikationen leider nicht aufgezeichnet werden (vgl. Blommaert & Dong Jie, 2010, S. 35). Sie wurden deshalb per Hand mitprotokolliert, in der Transkription aber so wortgetreu wie möglich wiedergegeben, weshalb nicht nur Englisch als Sprache beibehalten wurde, sondern auch die von mir gestellten Fragen weiterhin enthalten sind (vgl. ebd., S. 49), um eventuelle Verfälschungen zu vermeiden. Die weiteren Umstände der Datenerhebung, Ort, Zeit etc. sind ebenfalls in der Transkription beschrieben (vgl. ebd., S. 44).

Andere kürzere Gespräche, die sich während der Erkundungstouren oder mit der Vermieterin ergaben, konnten situationsbedingt nicht in Echtzeit mitprotokolliert werden und wurden stattdessen später aus dem Gedächtnis rekonstruiert. Je nach Thematik und Umfang, flossen diese bei der späteren Aufbereitung entweder in die dazugehörigen Beobachtungsprotokolle ein oder wurden einzeln als Gesprächsprotokolle (GPK I - II) verfasst.[97]

Alle Protokolle sowie die Interview-Transkripte sind im Anhang dieser Arbeit (Anhänge A-C) enthalten. Das dazugehörige Bildmaterial ist aufgrund des nur begrenzten Platzes lediglich in Auswahl dargestellt und findet sich unter dem Punkt Fotografische Abbildungen vor den Anhängen.

Wird sich im Folgenden auf die Interviews bzw. Protokolle bezogen oder aus ihnen zitiert, so setzen sich die Angaben der entsprechenden Textstellen – wie anfangs vermerkt – folgendermaßen zusammen: Anhangtitel, Interview/ GPK/ BPK mit jeweiliger Nummerierung, gefolgt von der Angabe der Zeilenzahl des entsprechenden Dokumentes im Anhang.

### 4.3 Auswertung

Da die Feldaufenthalte in Nordirland in erster Linie zum Informationsgewinn sowie zum besseren Verständnis der komplexen Gegebenheiten durchgeführt wurden, soll in dieser Untersuchung davon abgesehen werden, die so gewon-

97 Es kann an dieser Stelle allerdings nicht garantiert werden, dass sämtliche in dieser Arbeit verwendeten Beobachtungen und Informationen aus dem Feldaufenthalt in den Protokollen enthalten sind. Entweder weil manche Beobachtungen, Erkenntnisse bzw. Aussagen schon zu lange zurückliegen (etwa während meines AuPair-Jahres 2011) und deswegen nicht mehr eindeutig nachempfunden werden können, oder weil manche Aspekte zunächst uninteressant erschienen und deswegen nicht ins Protokoll aufgenommen wurden, sich im Nachhinein aber doch als hilfreich erwiesen. Insgesamt wurde aber immer versucht, den Ursprung der Information so genau wie möglich anzugeben.

nenen Erkenntnisse nach einer bestimmten Methode auszuwerten, stattdessen soll eine direkte Interpretation der Materialsammlung vorgenommen werden. Die so gewonnenen Einsichten bilden entsprechend die Grundlage für die ausführliche Analyse der aktuellen Situation innerhalb der nordirischen Bevölkerung, des Status von Erinnerungspolitik und Friedensprozess sowie des Umgangs mit schwieriger Vergangenheit.

# 5 How the North remembers – Analyse des Fallbeispiels

Seit der Verabschiedung des Karfreitagsabkommens 1998, also vor mehr als 20 Jahren, hat sich eigentlich alles und doch gar nichts in Nordirland verändert. Das klingt widersprüchlich und dennoch beschreibt es den Zustand, in dem dieses Land sich befindet genau. Im folgenden Kapitel soll nun der Versuch unternommen werden, unter Einbeziehung der Erkenntnisse der Feldaufenthalte und der Berücksichtigung von ausgewählter Literatur ein authentisches Bild und eine ausführliche Analyse des aktuellen Standes des Friedensprozesses in Nordirland sowie der derzeitigen Situation in der nordirischen Gesellschaft bzw. den beiden Gemeinschaften zu erstellen. Der Einfluss der Erinnerungspolitik auf den Status und die Entwicklung des Friedensprozesses soll dabei besonders im Fokus stehen. Die verwendete Struktur orientiert sich an den im Theorieteil vorgestellten Konzepten, da anhand derer eine treffende Charakterisierung des aktuellen Status insgesamt vorgenommen werden kann.

## 5.1 Dauerzustand Zwischenwelt

Dass die nordirische Gesellschaft auch nach über 20 Jahren nach dem offiziellen Ende des bewaffneten Konfliktes noch immer in jenem für Friedensprozesse nur allzu typischen und nach Baumann (2008, S. 14) als Zwischenwelt bezeichneten Zustand verharrt, ist kaum zu bestreiten. Daran kann auch das in Europa vorherrschende öffentliche Bild, das den Nordirlandkonflikt so gut wie nicht mehr wahrnimmt und ihn in der Regel als überwunden ansieht, nichts ändern. Denn auch wenn heute viele der ehemaligen Checkpoints in den Stadtzentren verschwunden und die Spuren des Terrors beseitigt sind, die Innenstädte wieder ohne Angst vor Bombenanschlägen betreten werden können und der boomende Tourismus (v.a. befördert durch die Serie *Game of Thrones*) sowie die hippen Szenelokale von der bewegten Vergangenheit und der unschönen Erinnerung an die *troubles* ablenken, so ist die nordirische Gesellschaft dennoch in vielen Bereichen weit von einem Zustand des dauerhaften und *positiven* Friedens entfernt. Immer wieder gilt dies auch für *negativen* Frieden. Befragt man Einheimische nach ihrer Einschätzung zu dieser Situation, so wird meist erklärt, der *Divide* zwischen den beiden Gemeinschaften habe bereits sehr nachgelassen, doch allzu häufig widerlegt der Sprecher oder die Sprecherin die eigene Aussage unbeabsichtigt bereits im nächsten Satz wieder (z.B. Anhang B, GPK II, Z. 32-36; Anhang A, BPK VI, Z. 51-60). Den aktuellen Zustand beschreiben die Nordiren häufig mit dem Begriff „post conflict“ (z.B. Anhang C, Interview I, Z. 114). Doch wenn man berücksichtigt, dass die letzten Schüsse in der Bogside nicht etwa vor 20 Jahren, sondern zum Zeitpunkt des besagten Gesprächs vor gerade einmal zwei Tagen fielen (ebd., Z. 115-116) (Stand 06.07.2018) und man noch immer die Überreste erst kürzlich explodierter Nagelbomben auf den Straßen finden kann (Anhang A, BPK IV, Z. 73-90), erscheint selbst diese Bezeichnung etwas utopisch.

Auch die in beiden Communities weiterhin stark vorherrschenden Strukturen der *freiwilligen Apartheid* sind Ausdruck der sich nur sehr langsam verändernden Situation in der nordirischen Gesellschaft. In Teilen entsteht zuweilen der Eindruck, es herrsche immer noch Krieg in Nordirland, nur zeigen es die Menschen nicht mehr ganz so offen (Anhang C, Interview I, Z. 117-118). Oder zumindest nicht mehr mit anhaltender Waffengewalt. Denn diese ist, ebenso wie die Unterstützung der Bevölkerung für die paramilitärischen Verbände (z.B. ebd., Interview II, Z. 88-93), merklich zurückgegangen – verschwunden ist beides aber nicht. Zudem sind auch die Abneigung und die Abgrenzung der Gruppen gegeneinander noch immer deutlich spürbar und führen entsprechend immer wieder zu Konfliktsituationen. Patrick Murphy bemerkt dazu etwa: „They are still opposed on nearly everything, not only on the future of Ireland” (ebd., Interview I, Z. 118-119).

Insgesamt betrachtet scheint der Friedensprozess in Nordirland nahezu auf der Stelle zu treten. Dabei ist ein nur langsam voranschreitender und langwieriger Friedensprozess, wie in Punkt 2.2 bereits dargestellt, zunächst durchaus die Norm[98] und lediglich die Konsequenz aus dem Prozesscharakter von Frieden und der Tatsache, dass Frieden eben mehr als die bloße Abwesenheit von Waffengewalt bedeutet (Baumann 2008, S. 13f.). Im Falle Nordirlands ist es aber vor allem die ebenfalls bereits beschriebene Krisenanfälligkeit des Friedensprozesses, die eine große Rolle spielt. Denn selbst kleinste Vorkommnisse können den laufenden Friedensprozess ernsthaft gefährden, zurückwerfen oder gar völlig zum Erliegen bringen (ebd., S. 17). Vorfälle solcher Art, entweder in Form tatsächlicher (Waffen-)Gewalt oder aber offen dargestellter Formen *freiwilliger Apartheid*, kommen in Nordirland häufig vor. Diese können sich

98 Insofern man bei Friedensprozessen von einer Norm sprechen kann. Schließlich ist jeder Friedensprozess so individuell wie die Gesellschaft, in der er stattfindet, bzw. wie der Konflikt, den er zu überwinden sucht.

unmittelbar auf die Entwicklung des Friedensprozesses auswirken und diesen am Fortschreiten hindern. Zusätzlich ist es wohl auch der Faktor der Ungewissheit, der zur Verlangsamung und Destabilisierung des Friedensprozesses beiträgt. Einmal in Form einer fehlenden Vorstellung über das eigentliche Ziel der Friedenskonsolidierung, also darüber, wie das Modell einer den Friedensprozess „abgeschlossen" habenden nordirischen Gesellschaft überhaupt aussehen soll. Zum anderen natürlich auch durch den Brexit. Gerade die strittige Frage der zukünftigen Grenze könnte den gesamten nordirischen Friedensprozess elementar gefährden und viele der bis jetzt bereits erreichten Fortschritte wieder zunichtemachen (Anhang C, Interview I, Z. 127-129; Anhang A, BPK, VII, Z. 33-34). Die Umsetzung des Brexits, der Nordirland durch eine tatsächliche physische Grenze von der Republik Irland trennen würde, wäre womöglich das Ende des ohnehin sehr fragilen Friedens im Land und könnte den Weg für eine Neueskalation des Konfliktes bereiten (ebd.). Auf der anderen Seite könnte eine Entscheidung im Sinne der EU unter Umständen aber auch bei der Findung einer konkreten Zukunftsvorstellung hilfreich sein, würde es doch den Handlungs- und Entscheidungsspielraum deutlich einengen und so einige Optionen von vornherein ausschließen. Welche das letztendlich sind, hängt natürlich von den jeweiligen Ergebnissen der Verhandlungen nach dem formalen Brexit-Beschlusses ab.

Diese Ausführungen stellen natürlich lediglich einen kurzen Abriss der derzeitigen Situation in Nordirland dar. Für das angestrebte authentische und detaillierte Bild der Lage dort soll diese nun anhand der im Theorieteil vorgestellten Konzepte genau analysiert werden. Nachfolgend wird nun zunächst betrachtet, wie sich die Strukturen der *freiwilligen Apartheid* aktuell in der nordirischen Gesellschaft gestalten.

## 5.2 *Freiwillige Apartheid* in Nordirland – heute

Die Strukturen der *freiwilligen Apartheid* sind in Nordirland, wie bereits mehrfach angedeutet, auch heute noch sehr verbreitet und verhältnismäßig stark ausgeprägt.[99] Auch über 20 Jahre nach dem offiziellen Ende des Konfliktes findet zwischen den beiden Gemeinschaften, bis auf einige interessante Ausnahmen auf die im Verlauf dieses Abschnittes noch genauer eingegangen wird,

99 Diesbezüglich sind vor allem auch die Beobachtungsprotokolle aufschlussreich (siehe Anhang B).

nur sehr wenig soziale Interaktion statt, was die Entstehung *positiven* Friedens beständig behindert bzw. hemmt (vgl. Baumann 2008, S. 89ff.). Daraus folgt, dass sich auch das friedliche Nebeneinander, von einem friedlichen Miteinander ganz zu schweigen, der beiden Gemeinschaften in diesem Land nicht sonderlich stabil gestaltet (ebd.). Das zeigt sich beispielsweise auch an der immer wieder aufflammenden Gewalt, etwa am 12. Juli (siehe auch Abschnitt 5.2.5.2), auch wenn es sich dabei meist eher um einzelne Vorfälle handelt und nicht um flächendeckende Kampagnen wie während der Zeit der *troubles*. Der Zustand der *freiwilligen Apartheid* äußert sich hier vor allem durch die anhaltende Abneigung der beiden Communities gegeneinander sowie die recht ausgeprägte räumliche und vor allem ideologische Trennung (ebd., S. 90). Sozioökonomische Aspekte hingegen sind im Gegensatz zu früheren Jahrhunderten nahezu nicht mehr von Belang (Otto 2005, S. 141).

In einigen Belangen bzw. Örtlichkeiten aber haben die Strukturen der *freiwilligen Apartheid* seit dem Ende des Konfliktes stark abgenommen. Dies gilt vor allem für die Zentren der Städte, insbesondere der nordirischen „Metropolen" wie Belfast oder London-/Derry. Die ursprünglich meist eher protestantisch bzw. unionistisch geprägten Innenstädte fungieren nun nach dem Ende des Konfliktes als eine Art „neutrale Zonen", „Räume der Vernunft", innerhalb derer die Strukturen der *freiwilligen Apartheid* nicht länger aufrechterhalten werden können und auch nicht aufrechterhalten werden sollen. An dieser Entwicklung sind vor allem zwei Faktoren ganz maßgeblich beteiligt: Zum einen das Auftauchen der großen international agierenden Unternehmen und Warenhäuser (Wuhrer 2000, S. 223). Denn dort ist nicht nur jeder zahlungsfähige Kunde, unabhängig von der Konfession, gleich willkommen (ebd.), auch bei der Auswahl der Mitarbeiter wird von den Arbeitgebern auf entsprechende Befindlichkeiten scheinbar keine Rücksicht genommen. Der einziehende bzw. eingezogene Kapitalismus agiert hier also gewissermaßen als eine Art „Gleichmacher". Zum anderen kam dieser Entwicklung der Fakt zugute, dass jenes spezifische, leicht erkennbare, soziale und/oder physische Merkmal,[100] welches in Nordirland als In- und Out-group Marker fungiert, die Besonderheit hat, dass es anders als beispielsweise im südafrikanischen Apartheidsregime äußerlich nicht sichtbar oder zumindest nicht auf den ersten Blick erkennbar ist (Anhang C,

100 Also in diesem Fall die der Konfession bzw. die Zugehörigkeit zu der entweder nationalistisch oder unionistisch geprägten Community.

Interview I, Z. 146-147).[101] Diese beiden ineinandergreifenden Aspekte machen die Anwendung von Strukturen *freiwilliger Apartheid*, vor allem der Facette des *sectarianism*, in den neutralen Räumen der Stadtzentren nahezu unmöglich.

Wie aber verhält es sich mit den einzelnen Facetten der *freiwilligen Apartheid* außerhalb dieser geschützten Räume? Dieser Frage soll nun im Folgenden genauer nachgegangen werden.[102]

### 5.2.1 *Sectarianism* – heute

Diese direkte Folge der Polarisierung der Gesellschaft wirkt sich auf vielfache Weise auf Situationen des Alltags in Nordirland aus, etwa in Form von Diskriminierung, falschen Beschuldigungen oder der Rechtfertigung von Gewalt (Moltmann 2002, S. 31). In den oben beschriebenen neutralen Räumen der Stadtzentren hat *sectarianism* aus den genannten Gründen zwar deutlich nachgelassen, was neben Kaufhäusern beispielsweise auch für Nachtclubs gilt (z.B. Anhang C, Interview I, Z. 147-148; Anhang B, GBK II, Z. 32-34), dennoch gibt es auch hier einige Ausnahmen. Einige der älteren bzw. traditionellen Pubs sind zwar heutzutage nicht mehr ganz so offenkundig wie zur Zeit der *troubles* als nationalistisch oder unionistisch gekennzeichnet (z.B. Wuhrer 2000, S. 222), trotz allem existiert diese Trennung weiterhin und wird von den meisten Menschen respektiert und eingehalten (z.B. Anhang A, BPK VI, Z. 51-60). Dieser Aspekt spielt natürlich auch bezüglich der Facette der räumlichen Separierung eine Rolle, ist aber auch hier bedeutsam und soll deshalb nicht ungenannt bleiben.

Außerhalb der neutralen Stadtkerne, und besonders in den klar einer der Gemeinschaften zuzuordnenden Vierteln, ist die Wahrscheinlichkeit auf Zeichen von *sectarianism* zu treffen, hingegen um einiges größer. Vor allem in unionistisch geprägten Vierteln finden sich zuweilen regelrechte „Hetzkampagnen“, die sich gegen (einzelne) Nationalisten, *Sinn Féin* oder die *IRA* richten

101 Obwohl natürlich einige spezifische Merkmale, Symbole, Gesten oder der Gebrauch bestimmter Wörter dem geübten Beobachter durchaus erlauben, Rückschlüsse auf die vermutete Community-Zugehörigkeit des Gegenübers zu ziehen.

102 Die einzelnen Facetten *freiwilliger Apartheid* überschneiden sich, wie bereits erläutert, teilweise stark. Im Folgenden wird zwar versucht, jene so gut wie möglich zu trennen, trotzdem werden sich einige Aspekte wiederholen oder überschneiden.

(ebd., BPK III, Z. 80-85) und in welchen diese offen verschiedenster Verbrechen beschuldigt werden.[103]

In den nationalistisch geprägten Vierteln begegnet man dagegen immer wieder der teilweise recht militant anmutenden Forderung nach einem vereinten Irland (siehe Abb. 2), was natürlich ebenfalls unter *sectarianism* fällt. Direkte Schuldzuweisungen und Verleumdungen wie auf unionistischer Seite findet man hier aber eher selten. Diese richten sich dann auch fast ausschließlich gegen den britischen Staat und dessen Exekutivkräfte, kaum aber gegen den unionistischen Teil der Bevölkerung (ebd., Z. 85-92).[104]

Auch einer anderen Ausprägung von *sectarianism* begegnet man häufig, sei es nun in Form der zahlreichen *murals*, die die Symbole und wichtigen Ereignisse der jeweiligen Community aufgreifen, dem Hissen von Flaggen, der Verwendung gälischer Sprache oder der Ausrichtung von Feierlichkeiten, die die andere Seite explizit (wenn auch teilweise nicht offiziell wie etwa beim *Féile an Phobail)* ausschließen (Siehe z.B. Anhang B, GPK II, Z. 22-25 oder Anhang A, BPK IV, Z. 1-13). Wie bereits erwähnt, finden sich natürlich auch hier Überschneidungen zu den Facetten von Symbolpolitik und rituellem Gedenken, die genannten Aspekte spielen aber eben auch in Bezug auf *sectarianism* eine Rolle.

Besonders interessant ist auch der sprachliche Gesichtspunkt von *sectarianism,* also seine Verwendung in der Alltagssprache, und zwar zum einen als Konstrukt, und zum anderen als tatsächlicher Begriff. In der Tat ist es äußerst bemerkenswert, wie häufig der Begriff des *sectarianism* in einer alltäglichen Unterhaltung auftauchen kann. Wie weiter oben schon angesprochen, müssen sich die Menschen des Phänomens des *sectarianism* überaus bewusst sein bzw. diesem (oder seinen Spuren) nach eigenem Empfinden sehr oft begegnen. Verbaler *sectarianism*, also die sprachliche Verkörperung des Prinzips, findet sich ebenfalls in variabler Form, zum einen natürlich in relativ rüden Schmähungen eher radikal ausgerichteter Personen, zum anderen in subtileren kleinen Auffälligkeiten moderaterer Individuen. So spricht Mary O'Brien beispielsweise von den Katholiken als Nationalisten, bezeichnet die Unionisten hingegen aber als Protestanten (Anhang B, GPK II, Z. 6-8), was deren politischem Ansinnen in gewisser Weise die Legitimation abspricht oder zumindest

---

103 Inwiefern solcherlei Anschuldigungen gerechtfertigt sind, kann hier nicht beurteilt werden. Die reißerische Aufmachung jener Kampagnen erinnert allerdings stark an Schlagzeilen der Boulevardpresse und lässt von daher am Wahrheitsgehalt zweifeln.

104 Obwohl diese sich natürlich durch den britischen Staat repräsentiert sieht und Kritik gegen jenen durchaus auch auf sich selbst bezieht.

so wirkt. Zugleich fällt auf, dass gerade der moderatere Personenkreis sich teilweise recht offensichtlich bemüht, nicht schlecht über Unionisten bzw. Protestanten zu sprechen oder diese offen zu kritisieren. Kommt es dennoch zu (noch so harmlosen) kritischen Äußerungen, wird die Stimme meist bis zum Flüsterton gesenkt, selbst wenn man sich gerade in einem geschlossenen Raum aufhält (Anhang B, GPK II, Z. 1-3). Zuweilen werden in einem solchen Fall sogar Fenster und (Terrassen-)Türen geschlossen (ebd., Fußnote 172). Dem Sprecher ist zudem oftmals deutlich anzumerken, wie unangenehm ihm oder ihr diese Situation ist, was in Äußerungen wie „well the ... you know like ... the Protestants" zum Tragen kommt (ebd., Z. 3-6).[105] Beobachtungen wie diese lassen also auch darauf schließen, dass gerade in moderater ausgerichteten Gesellschaftskreisen verbaler *sectarianism* nicht sonderlich anerkannt ist. Es muss hier allerdings nochmals erwähnt werden, dass sich die obigen Schilderungen zu verbalem *sectarianism* ausschließlich auf die Mitglieder der nationalistischen Community beziehen. Wie darüber in der unionistischen Gemeinde gedacht wird und ob bzw. in welcher Form dieser dort ebenfalls stattfindet, bleibt an dieser Stelle ungewiss.

Die hier vorgestellten Aspekte bilden natürlich nur einen kleinen Teil der Facette des *sectarianism* ab, sollen aber an dieser Stelle als Einblick in jenes weitreichende Konzept genügen.

### 5.2.2 Verschwinden der moderaten Mitte – heute

Wie aus den vorangegangenen Erläuterungen zu *sectarianism* bereits hervorgeht, gibt es in Nordirland heute durchaus gemäßigte Personenkreise. In der Tat scheint es sogar so zu sein, dass der größere Part der nationalistisch geprägten nordirischen Gesellschaft heute der moderaten Mitte zugerechnet werden kann. Obwohl es an den Rändern natürlich nach wie vor Extremisten gibt, wünscht doch ein Großteil der Bevölkerung keine Wiederaufnahme der Kampfhandlungen (Anhang C, Interview I, Z. 131-133) bzw. eine nachhaltige und friedliche Bearbeitung des Konfliktes.[106] Wie aber das genaue Ziel einer solchen aussehen soll, bleibt bis jetzt, ebenso wie die Zukunft des Landes, weiter unklar.

105 Auch wenn jene Situationen bzw. Gesprächsthemen meist vom Sprecher selbst herbeigeführt wurden.

106 Natürlich wie immer unter der Voraussetzung, dass die eigene Identität bzw. die der eigenen Gemeinschaft nicht zu stark berührt bzw. eingeschränkt wird.

In der Politik allerdings stellt der Mangel an Moderatheit und das Beharren auf bestimmten, verfestigten Positionen durchaus noch ein Problem dar. Obwohl auch einige Parteien wie die nationalistische *SDLP* dem gemäßigten Spektrum zugerechnet werden können, wird die nordirische Politik doch maßgeblich von den radikaler ausgerichteten Parteien wie *DUP* und *Sinn Féin* bestimmt (vgl. Pieper 2018).[107]

### 5.2.3 Bedürfnis nach räumlicher Separation – heute

Das Bedürfnis nach räumlicher Separation zwischen den Communities bzw. ihre je spezifische Ausprägung hat sich seit dem Ende der *troubles* kaum verändert. Anstatt aufzuweichen hat sie sich im Gegenteil sogar eher noch verhärtet. So wurden viele der heute existierenden *Peace lines* überhaupt erst nach Ende des Konfliktes errichtet und die bereits bestehenden Mauern simultan dazu oftmals noch verstärkt oder erhöht (Melaugh & Lynn 2017).

Das hat beispielsweise auch damit zu tun, dass sich die Grenzen der Viertel durch Bevölkerungswachstum (vor allem der katholischen Gemeinschaft) oder vermehrten Zuzug verschieben und so beispielsweise Enklaven einer Community entstehen, die dann von der sie umgebenen Gemeinschaft getrennt werden müssen (Wuhrer 2000, S. 149f.).

Dass solche, für deutsche Maßstäbe doch recht extrem anmutende Maßnahmen durchaus auch heute noch von Nöten sind, zeigt sich zuweilen in der Bombay-Street, einer kleineren Straße in der Nähe der Falls Road. Einige Häuser in jener Straße grenzen direkt an eine der bekanntesten *Peace lines* von Belfast (Anhang A, BPK I, Z. 33-35; ebd., BPK VII, Z. 35-36).[108] An großen unionistischen Feiertagen wie dem 12. Juli kommt es dort immer wieder zu Angriffen aus dem benachbarten Viertel nahe der Shankill Road auf der anderen Seite der Mauer (ebd., BPK VII, Z. 36-40). Dabei werden meist selbstgebastelte Brandsätze, Benzinbomben oder Molotow-Cocktails über die *Peace line* geworfen (ebd.) und verursachen laut Guide Michael zum Teil große Sachschäden an Häusern und Fahrzeugen. Diese Gefahr ist bis heute so real, dass

---

107 Oder aber die Verwaltung erfolgt, wie es bisher häufig (zuletzt von Januar 2017 bis Januar 2020) der Fall war, über die Zentralregierung in London.

108 Es handelt sich dabei um die *Peace line* am Cupar Way, die die Viertel um die Falls Road von jenen um die Shankill Road trennt (siehe Abb. 3).

sämtliche Backyards jener direkt angrenzenden Häuser mit massiven Gitterkäfigen geschützt werden müssen (Anhang A, BPK VII, Z. 35-40).

Insgesamt aber sind die *Peace lines* trotz ihrer gewachsenen Zahl durchlässiger und der Übergang zwischen den Vierteln und damit auch den Communities theoretisch einfacher geworden. Manche Tore, wie das an der *International Wall* in der Falls Road, sind mittlerweile tagsüber durchgehend geöffnet und unbewacht (siehe Abb. 4). Über Nacht jedoch werden sie alle weiterhin geschlossen (Anhang A, BPK I, Z. 8-13) (in der Regel ca. zwischen 19 und 21 Uhr). An besonders „risikoreichen" Tagen, also etwa während Paraden der Oranier-Orden etc., kann es aber durchaus vorkommen, dass jene auch während des Tages geschlossen bleiben oder aus Sicherheitsgründen im Visier der Sicherheitskräfte sind (ebd., BPK VII, Z. 6-11). Andere Tore entlang der Mauern hingegen sind permanent geschlossen.

Aber auch dort, wo es keine *Peace lines* gibt, in einzelnen Straßenzügen oder auf den Dörfern, leben die Menschen meist nach Communities getrennt und markieren ihr „Territorium" entsprechend, indem sie Straßenlaternen, Stromkästen oder Bürgersteige im Farbcode ihrer jeweiligen Flagge streichen (siehe Abb. 5).[109] Einzig in den Innenstädten, den Vierteln der Mittel- und Oberschicht wie auch in den von Studenten geprägten Arealen ist diese Trennung weniger stark ausgeprägt oder gar nicht vorhanden.

Insgesamt aber sollte dieses Bedürfnis nach räumlicher Trennung, auch wenn es eines der augenfälligsten Symptome der *freiwilligen Apartheid* ist, zunächst nicht überbewertet werden (von den wiederkehrenden Gewaltakten natürlich abgesehen). Schließlich ist es bis zu einem gewissen Grad normal, dass sich der Lebensmittelpunkt eines Individuums auf ein bestimmtes Viertel einer Stadt konzentriert; auch, dass sich spezifische Personenkreise in manchen Vierteln verstärkt niederlassen, ist nicht ungewöhnlich. Man denke dabei nur an Künstler-, Studenten- oder die jeweiligen Szeneviertel einzelner Städte. Hinzu kommt, dass durch das partielle Verschwinden der Separation ein gewisses Maß an Interaktion und Austausch zwischen den beiden Communities unweigerlich ohnehin stattfindet – unabhängig davon, wie man als einzelnes Individuum nun dazu steht.

Problematisch bleibt allerdings, dass die räumliche Separation der beiden Gemeinschaften in vielen Fällen auch heute noch alternativlos erscheint, um,

---

109 Also Blau-Weiß-Rot für die Unionisten und Grün-Orange-Weiß für die Nationalisten.

wie oben beschrieben, eventuellen Gewaltakten vorzubeugen. Bis die *Peace lines* also eines Tages abgebaut werden können, scheint es noch ein weiter Weg zu sein.[110] Viele Menschen wagen sich auch trotz der bestehenden Möglichkeiten kaum hinüber in die anderen Viertel, sei es nun aus (teilweise durchaus berechtigter) Angst (z.B. Anhang A, BPK VII, Z. 39-40), Gewohnheit oder aus purem Unwillen. Es ist dieser Aspekt der Alternativlosigkeit und der subjektiv empfundenen Einschränkung der individuellen Bewegungsfreiheit, die die Segregation nordirischer Städte von der Viertelbildung in anderen Städten unterscheidet. Fatal ist außerdem das ebenfalls aus der räumlichen Separation resultierende Phänomen der konfessionell (und damit auch nach Communities) getrennten Schulen, deren Lehrpläne, vor allem im Bereich des Geschichtsunterrichts, bisweilen stark voneinander abweichen (Otto 2005, S. 142). So werden die Schüler meist schon früh in die Rollenbilder ihrer eigenen Gemeinschaft gezwängt und damit auch das Problem der *freiwilligen Apartheid* immer weitergegeben. Gemischt-konfessionelle Schulen mit einem einheitlichen Lehrplan wären entsprechend ein guter Ansatzpunkt auf dem Weg zur Überwindung der Strukturen *freiwilliger Apartheid* (Anhang C, Interview I, Z. 139-140).

### 5.2.4 So weit, so gut!

Insgesamt wäre mit diesen ersten drei genannten Facetten der *freiwilligen Apartheid* noch irgendwie umzugehen. Die größten Schwierigkeiten auf dem Weg zu einem dauerhaften, *positiven* Frieden bereiten aber vor allem der Umgang mit der vierten (Politik der Symbole) und fünften Facette (kollektive Traumata und rituelles Gedenken) dieses Konstrukts. Denn jene beschäftigen sich mit den Symbolen und historischen Narrativen der beiden Gemeinschaften und sind dementsprechend aufs Engste mit der kollektiven und individuellen Identität der Communities und ihrer Mitglieder verknüpft. Solche Strukturen zu bearbeiten ist, wie bereits bekannt, häufig besonders schwierig. Zunächst soll nun die aktuelle Situation in Nordirland auch in Bezug auf jene beiden Facetten

110 Zumindest das Belfast City Council scheint aber zuversichtlich zu sein, dass es eines Tages dazu kommen wird. Bei der Sanierung der Arbeiterviertel nach dem Ende der *troubles* wurden an vielen Stellen der *Peace lines* Zufahrtswege in das andere Viertel angelegt. Diese enden zwar im Moment an der Grenzmauer, trotzdem zeigt diese Vorgehen doch ein vielversprechendes Maß an Optimismus. (Anhang A, BPK VII, Z. 41-46).

detaillierter analysiert werden. Diese sind nahezu untrennbar miteinander verknüpft, weswegen sie auch hier gemeinsam betrachtet werden sollen.

### 5.2.5 Politik der Symbole, kollektive Traumata und rituelles Gedenken – heute

Auf die verschiedenen Symbole, die von den beiden Communities verwendet werden, wurde zuvor bereits eingegangen. Oftmals finden sich diese nicht nur auf den großen *murals* (näheres dazu in Abschnitt 5.2.5.1) wieder, sondern sind auch im Alltag auf vielfältige Art und Weise vertreten. Sei es als Tattoo (Anhang A, BPK III, Z. 18-24), Gartenbepflanzung (ebd., BPK VI, Z. 1-9), auf Kleidungsstücken, Taschen, Stromkästen, Laternenmasten (siehe Abb. 5) und vielem mehr. Sie dienen nur in den seltensten Fällen einem rein ästhetischen Zweck, sondern fungieren in erster Linie als Marker, die mehr oder weniger eindeutig die Zugehörigkeit zu einer der beiden Communities ausdrücken.[111] Während diese Symbole in den Vierteln der beiden Gemeinschaften stets offen und voller Stolz nahezu im Übermaß präsentiert werden, ist ihre Verwendung in den neutraleren Stadtzentren sehr viel verhaltener.[112] Das gründet zum einen darauf, dass die Symbole in den Vierteln auch eine Art Markierungsfunktion übernehmen, mit der das Territorium der Community gekennzeichnet wird (Wuhrer 2000, S. 149). Dies wäre im Stadtzentrum natürlich nicht nur nicht sinnvoll, sondern auch ziemlich anmaßend und vermessen der anderen Gemeinschaft gegenüber. Der zweite Grund ist also vermutlich, eine offene Provokation der anderen Seite zu vermeiden, denn zu einer solchen kann es in Nordirland gerade in Bezug auf Symbole sehr schnell kommen. Sogar in Reiseführern (z.B. Fieß & Kabel 2016, S. 123) über Nordirland finden sich Hinweise, man solle seine Erscheinung vor dem Aufenthalt in den Vierteln einer der beiden Communities genau prüfen und auf das Tragen auffälliger Symbole, selbst wenn es sich dabei um typische Touristenartikel handelt, besser verzichten. Denn dies könne, je nach Viertel, unter Umständen Konsequenzen, zumindest aber Irritation zur Folge haben.

---

111 In einigen Fällen allerdings ist dies auch nicht ganz so eindeutig. Denn wie bereits erwähnt werden einige der Symbole und Motive (v.a. im Kontext der *murals*) auch von beiden Gemeinschaften, allerdings mit leicht anderer Konnotation, verwendet.

112 Auch hier bilden die Pubs wieder eine Ausnahme, denn zumindest in den Innenräumen geizen diese in der Regel nicht mehr mit der Zurschaustellung von Symbolen der jeweiligen Community.

Zusätzlich zu den unmittelbar mit einer der beiden Communities verbundenen Symbolen begegnet man in Nordirland auch noch einem anderen Phänomen, das man vielleicht als Sekundärsymbole oder Stellvertretersymbole bezeichnen könnte. Dabei werden Symbole, die in ihrem Ursprung nichts oder nur sehr wenig mit einer der beiden Gemeinden zu tun haben, in das jeweilige eigene Symbolrepertoire aufgenommen und wie die anderen Symbole dafür verwendet, die Zugehörigkeit zu der eigenen Community auszudrücken. Dies ist besonders in der nationalistischen Gemeinschaft verbreitet und bezieht sich häufig auf Flaggen anderer Länder, allen voran Palästina, aber auch Katalonien, das Baskenland und Südafrika sind zahlreich vertreten. Damit soll eigentlich Unterstützung und Solidarität für diese Länder gezeigt werden, die einen ähnlichen Kampf für Unabhängigkeit und Freiheit führen bzw. führten wie die nationalistischen Nordiren (Anhang A, BPK I, Z. 42-47). Mittlerweile werden aber auch diese Flaggen als Symbol für Nationalismus verstanden. Ähnlich verhält es sich mit der israelischen Flagge (ebd., BPK IV, Z. 20-21), die wohl eher aus antagonistischen[113] als aus tatsächlich politischen Gründen in das Symbolinventar der Unionisten eingegangen ist.[114]

Viele der verwendeten Symbole sind aber nicht nur Ausdruck der Zugehörigkeit zu einer der beiden Gemeinschaften, sondern auch eng mit bestimmten für diese Gemeinschaft bedeutsamen historischen Ereignissen verknüpft, die wiederum häufig mit kollektiven Traumata verbunden sind bzw. die regelmäßig in ritualisierten Form kollektiv erinnert werden. Ein besonders spezifisches Beispiel für ein solches Symbol ist die rote Mohnblüte der Unionisten. Sie steht in ihrem Ursprung für die während des Ersten Weltkriegs stattgefundene Schlacht an der Somme, bei der die Truppen der Unionisten (*36th Ulster Division*) große Verluste erlitten (Otto 2005, S. 59). Die Blüte ist eng mit dem Satz „Lest we Forget" verbunden, beides wird heute in der unionistischen Community aber längst nicht mehr nur zum Gedenken an diese Schlacht, sondern zum Gedenken an alle Gefallenen oder anderweitig Verstorbenen (etwa durch Anschläge der *IRA*) verwendet.[115]

Bevor nun weiter auf die eng mit den gemeinschaftsspezifischen Symbolen

113 Etwa frei nach dem Motto: Der Feind meines Feindes ist mein Freund. Obwohl es hier ja eher heißen müsste: Der Feind des Freundes meines Feindes ist mein Freund.

114 Eine ziemlich amüsante Erläuterung zu diesem „Flaggenwahn" in Nordirland ist in folgendem Video zu finden: https://www.youtube.com/watch?v=bAvxqGnVO2w.

115 Auch in Großbritannien wird diese Mohnblüte (sog. Remembrance Poppy) im Kontext des rituellen Gedenkens, vor allem an die Gefallenen der beiden Weltkriege verwendet.

verknüpften Praktiken des rituellen Gedenkens eingegangen wird, soll an dieser Stelle ein kurzer Exkurs zu den oben bereits kurz angesprochenen *murals* eingefügt werden. Diese spielen vor allem bezogen auf die Symbolpolitik und einige Aspekte des rituellen Gedenkens eine wichtige Rolle in beiden Gemeinschaften und sollen deshalb hier nun kurz gesondert betrachtet werden.

#### 5.2.5.1 *Murals* – ein kurzer Exkurs

Der Begriff *mural* bezeichnet im englischen Sprachgebrauch zunächst einmal jegliche Form von Wandmalerei und wird auch in einschlägigen Übersetzungsformaten lediglich als „Wandgemälde" bzw. „Wandbild" übersetzt. Spricht man aber in Nordirland von *murals*, bezieht sich dies eigentlich ausschließlich auf die großen, teils ganze Giebelwände bedeckenden, politischen Wandgemälde der unionistischen und nationalistischen Communities. Diese sind in Nordirland sehr verbreitet und es dürfte kaum ein Dorf und erst recht keine Stadt ohne *murals* geben. Besonders bekannt aber sind die Gemälde in Belfast und London-/Derry. In beiden Städten sind sie so zahlreich, dass es wohl eine Lebensaufgabe darstellen würde, wollte man versuchen, jedes einzelne von ihnen zu erfassen, vor allem da stetig neue dazukommen oder bereits bestehende verändert werden.

Insgesamt kann man die *murals* wohl als eine bildliche Verkörperung der bereits ausführlich behandelten Facetten von Symbolpolitik und ritualisiertem Gedenken ansehen, aber auch die Facetten von *sectarianism* und räumlicher Separation spielen eine Rolle. Selbst die nordirische Form des Umgangs mit schwieriger Vergangenheit, das Modell des *Dialogischen Zelebrierens*[116] lässt sich bisweilen auf die *murals* anwenden.

Die Geschichte der Wandgemälde in Nordirland beginnt etwa Anfang des 20. Jahrhunderts in den unionistischen Arbeitervierteln Belfasts, wo sie hauptsächlich zum Zwecke der Beteuerung britischer Identität im anhaltenden Klima politischer Krisen dienten. Sie wurden aber auch benutzt, um, im Gegensatz zur nur temporären Dekoration des 12. Juli, ein Viertel oder einen Straßenzug dauerhaft als „protestantisch" zu kennzeichnen. Während diese Praktik der Unionisten von der Politik unterstützt wurde, neue *murals* bisweilen sogar offiziell enthüllt wurden, war es den Katholiken lange Zeit untersagt, ebenfalls

116 Auf diesen Begriff bzw. dieses Modell wird später in Punkt 5.3.6 noch detailliert eingegangen werden.

Wandbilder zu produzieren (Jarman 1998).

Die Lage änderte sich erst in den 1960er Jahren mit dem Auftauchen der Barrikaden und den damit quasi geschützten Räumen dahinter. Innerhalb dieser, dem staatlichen Zugriff fast gänzlich entzogener Areale konnte vor allem die nationalistische Gemeinschaft sich selbst als solche neu definieren (Jarman 1998; siehe auch Feldman 1991, S. 31ff.). Aber erst während der 1980er Jahre, im Zuge des Strategiewechsels von *IRA*/*Sinn Féin*[117] und der damit verbundenen zunehmenden Besinnung auf die eigenen kulturellen Wurzeln, begann die nationalistische Community mit der exzessiven Nutzung bzw. Schaffung der *murals*. Im Zuge dessen nahm auch auf unionistischer Seite das Phänomen (wieder) weiter zu (Jarman 1998).

Die *murals* enthalten meist eine breite Auswahl an Symbolen der jeweiligen Community, in der sie sich befinden bzw. die sie erschaffen hat. Sie verweisen beispielsweise auf (historische) Ereignisse, die Communities selbst, bestimmte Personen, Mythologie oder sind variable Kombinationen dieser Elemente. Hinzu kommen häufig noch Schrift- bzw. Textelemente, etwa spezifische Sätze oder feststehende Ausdrücke, die in den nationalistischen Communities oft in Gälisch verfasst sind. Die dargestellten Elemente und Ereignisse können abstrakter oder sehr konkret gestaltet sein, einen politischen Kontext gibt es aber immer. Dies ist der Faktor, der allen *murals* gemeinsam ist. Die Deutung jener Bilder mag häufig zunächst einfach erscheinen und der oberflächliche Sinn eines *murals* ist oft auch schnell erkannt. Um die Mehrzahl der Exemplare aber tatsächlich verstehen zu können, braucht es meist ein solides Hintergrundwissen, nicht nur über die Ereignisse während der *troubles*, sondern auch über irische und nordirische Politik und Geschichte, irische Mythologie und Kultur, die Verwendung der verschiedenen Symbole sowie die Praktiken und Strukturen der paramilitärischen Gruppierungen. Nur dann kann die oft recht komplexe, unterschwellige Bedeutung hinter einem *mural* entschlüsselt werden.

So komplex aber die Bedeutung hinter den *murals* oft ist, ihre Funktion ist meist sehr ähnlich. Nahezu alle Wandbilder dienen der nun schon häufiger erwähnten Stärkung der Verbundenheit innerhalb der jeweiligen Community bzw. der Betonung der Zugehörigkeit zu dieser. Sie sind zudem Ausdruck der ent-

---

117 In dieser Zeit weitete *Sinn Féin* seine politischen Aktivitäten aus. Eng mit diesem Strategiewechsel verbunden ist der bereits weiter oben zitierte Satz „Mit dem Stimmzettel in der einen und der Armalite in der anderen Hand“.

sprechenden kollektiven Identität, fungieren aber auch als Symbol zur Markierung des Territoriums sowie als Abgrenzungsmarker gegen die andere Gemeinschaft. Sie übernehmen aber auch die Funktion von Gedenkstätten, wenn sie etwa bedeutende historische Ereignisse abbilden oder zu Ehren Verstorbener wie Paramilitärs, Anschlagsopfer, getötete Zivilisten etc. erstellt wurden. Vor allem während der *troubles*, aber auch noch heute wurden und werden sie ebenfalls zu Propagandazwecken eingesetzt (Jarman 1998).

Dabei sollten den Mitgliedern der Community etwa bestimmte Werte oder Ansichten vermittelt und der „Kampf" der Gemeinschaft moralisch gestützt werden (ebd.). Dementsprechend gab es vor allem zur Zeit des Nordirlandkonfliktes viele *murals,* die recht brutal anmutende Motive, also beispielsweise explizite Darstellungen von Gewalt, vor allem aber von Paramilitärs und Waffen zeigten. Die Anzahl solcher *murals* ist mittlerweile stark zurückgegangen, man findet sie nur noch sehr selten, und da sie in vielen Fällen nicht mehr renoviert werden (sollen), sind sie oft in recht schlechtem Zustand. Teilweise wurden *murals* dieser Art auch aktiv entfernt und aus Imagegründen durch neutralere oder zumindest weniger brutale Darstellungen ersetzt. Das gilt vor allem für jene, die an prominenten und öffentlich einsehbaren Orten oder entlang der „Tourismuspfade" platziert waren.[118]

Obwohl die *murals* so permanent und starr in ihrer Existenz wirken, zeigt das in Fußnote 118 erwähnte Beispiel des *murals* am unteren Ende der Sandy Row als eines von vielen, dass dies durchaus nicht immer der Fall ist. Viele *murals* verschwinden aus verschiedenen Gründen nach einiger Zeit und werden durch andere ersetzt. Manche werden erneuert, renoviert, verändert oder, wie etwa im Fall der *Free Derry Wall*, immer wieder variiert. Es handelt sich also um eine äußerst lebendige Kunstform, deren Charakter maßgeblich durch

---

118 Ein besonders bekanntes Beispiel für Aktionen dieser Art ist das *mural* am unteren Ende der Sandy Row in Süd-Belfast. Dieses zeigte viele Jahre lang einen überlebensgroßen maskierten Paramilitär mit Maschinengewehr und den Satz: „You are now entering loyalist Sandy Row. Heartland of Southbelfast Ulster Freedom Fighters. Quis Separabit" Das Problem war aber, das dieses *mural* mehr oder weniger das erste war, das viele Ankommende und Touristen von Belfast sahen, da es an einer sehr prominenten Stelle platziert war. Vor einigen Jahren offerierte dann die Stadtverwaltung auf Wunsch des nahe gelegene Holiday Inn Hotels, ein neues *mural* zu finanzieren, dass die Kultur der Community auf positivere Art und Weise repräsentieren und anreisende Gäste nicht länger irritieren würde. (BBC 2012). Die Bewohner der Sandy Row stimmten nach langen Verhandlungen zu (ebd.) und bekamen ein neues *mural*, das nicht gemalt, sondern dessen Elemente per Lasercut-Technik aus großen Platten herausgeschnitten wurden. Unter Einheimischen gilt es als das teuerste *mural* Belfasts.

ebenjene Spannung aus Beständigkeit und Vergänglichkeit geprägt ist.

Trotzdem gibt es wiederum einige *murals*, deren Existenz und grundlegende Erscheinung nahezu unantastbar sind, und die durchaus in gewisser Weise als Ikonen aufgefasst werden können. Zu diesen gehört etwa das Bobby Sands-Portrait am Gebäude des *Sinn Féin*-Hauptquartiers in der Falls Road, die gerade schon erwähnte *Free Derry Wall* [119] (siehe Abb. 6) (und wohl auch einige der *murals* um diese herum), sowie noch einige weitere. Diese haben nicht nur eine große Bedeutung für die entsprechende Community, in welcher sie sich befinden, sie ziehen auch jedes Jahr zahlreiche Besucher an (Jarman 1998). Letzteres ist vor allem Anzeichen eines während der letzten Jahre bzw. Jahrzehnte stattgefundenen Imagewandels. War das Ausführen von *murals* während der *troubles* noch eher eine Art Guerillatätigkeit, so ist diese Kunstform heute sehr angesehen. Die Maler werden als Künstler geschätzt und können sich offen zu ihren Werken bekennen, was früher nicht selbstverständlich und bisweilen sogar gefährlich war (ebd.).

Die *murals* haben aber noch eine weitere Besonderheit. Denn sie sind eigentlich die einzige Ausdrucksform, vom exzessiven Symbolgebrauch einmal abgesehen, die die beiden Communities gemeinsam haben. Und während zwar viele *murals* aufgrund ihrer Motivik klar einer der beiden Gemeinschaften zugeordnet werden können, gibt es doch auch immer wieder solche, deren verwendete Motive, Figuren oder geschichtliche Ereignisse, bisweilen gar deren Symbole sich nicht nur ähneln, sondern gleich sind. So taucht etwa das Bild der *Red Hand of Ulster*, jenes von Cúchulainn, die irische Harfe oder das irische Kleeblatt auf den *murals* beider Seiten auf. Auch Ereignisse wie die *Plantation of Ulster*, *The Flight of the Earls* oder der Tod von Communitymitgliedern werden entsprechend in beiden Lagern behandelt. In solchen Fällen bedarf es oft etwas genauerer Betrachtung, bevor eine Zuordnung zu einer der beiden Gemeinschaften erfolgen kann. Zuweilen gibt auch nur der Standort des *murals* Auskunft über diese Information. Dies zeigt, dass die beiden Communities also manchmal mehr gemeinsam haben als ihnen möglicherweise selbst bewusst ist. Solch unterschwellige Gemeinsamkeiten aber könnten durchaus als erste Ansatzpunkte einer Verständigung dienen. Etwa indem den Menschen diese Gemeinsamkeiten augenfällig gemacht werden. Die *murals*

---

119 Diese hat zusammen mit den anderen *murals* um sie herum und damit quasi als Gesamtinstallation *Free Derry Corner* auch als ikonisch wichtiger Ort große Bedeutung für die nationalistische Gemeinschaft der Bogside (Jarman 1998).

sind dabei nur eine Möglichkeit, an der man ansetzen könnte. Ein Zugang wäre beispielsweise aber auch über Trauma-Arbeit oder die Auseinandersetzung mit historischen Ereignissen wie etwa der *Plantation of Ulster* denkbar, doch dazu mehr weiter unten.

Vor allem bei Gedenkveranstaltungen ist der Einsatz gemeinschaftsspezifischer Symbole oft besonders verbreitet. Hier sollen sie vor allem wiederum zur Stärkung der Verbundenheit innerhalb der Gemeinschaft und zur Abgrenzung gegenüber der anderen Seite (die zumeist auch an dem Ereignis, welchem gedacht wird, als „Täter“ beteiligt war) beitragen. Besonders am nordirischen Fall ist, dass die Anzahl der Ereignisse, deren auf diese Weise gedacht wird, nicht nur sehr hoch ist, sondern sie im Vergleich zum Teil auch sehr lange zurückliegen. Zudem haben diese Ereignisse und das Gedenken an diese eine enorm große Bedeutung für die jeweilige Gemeinschaft. Sie prägen maßgeblich deren Narrative und kollektives Gedächtnis und sind grundlegend an der Konstruktion der gemeinschaftsspezifischen und damit auch der individuellen Identität beteiligt.

Beispiele für solche Ereignisse bzw. die entsprechenden Gedenkveranstaltungen sind etwa der *Battle of the Boyne* als einer der höchsten unionistischen Feiertage am 12. Juli (Wuhrer 2000, S. 144), oder die zu verschiedenen Anlässen abgehaltenen Paraden der diversen protestantischen Orden (z.B. Oranier-Orden etc.) (ebd., 143ff.). Auf beide Beispiele wird weiter unten noch genauer eingegangen. Aber auch einigen der weniger weit zurückliegenden Geschehnissen im Rahmen der *troubles* wird mit größeren Veranstaltungen gedacht, beispielsweise dem *Bloody Friday* und dem *Bloody Sunday.*[120] Zusätzlich zu jenen größeren Veranstaltungen gibt es in Nordirland auch eine rege Erinnerungskultur, die sich beispielsweise in der vielfachen Anbringung von Plaketten oder Gedenktafeln, dem Aufstellen von Denk- bzw. Mahnmälern, dem Niederlegen von Kränzen und der Errichtung sog. *Gardens of Remembrance* bzw. *Gardens of Reflection* oder *Memorial Parks* zeigt. Mit Ausnahme letzterer, die fast ausschließlich der Erinnerung an gefallene Mitglieder der paramilitärischen Organisationen dienen,[121] reichen die historischen Bezugspunkte der anderen

---

120 Beim Gedenken an dieses Ereignis handelt es sich allerdings um eine Art Sonderfall, auf den in Punkt 5.3.4 nochmal zurückgekommen werden soll.

121 Dabei sind die *Gardens of Remembrance* der *IRA*, die *Gardens of Reflection* bzw. *Memorial Parks* hingegen den unionistischen Organisationen zuzurechnen.

Gedenkstätten von noch vor der Zeit Oliver Cromwells bis zu erst kürzlich verstorbenen politischen Führern. Dort, wo es zu einem als wichtig oder erinnerungswürdig empfundenen Ereignis[122] keine offiziellen Gedenktafeln oder Vergleichbares gibt, wird meist selbst so etwas wie ein Erinnerungsort geschaffen, z.B. durch die Platzierung entsprechender *murals*. Aber auch andere Gestaltungsoptionen sind möglich. Außerdem findet man immer wieder Gedenkorte, die spezifischen, oft mit Bild und vollem Namen dargestellten Opfern[123] einzelner Anschläge oder ähnlicher Angriffe während der *troubles* gewidmet und oft aufwendig gestaltet sind.

Bevor aber nun die Auswirkungen dieser beiden Apartheidsfacetten auf die gesellschaftliche Teilung und den Friedensprozess in Nordirland diskutiert werden, sollen zunächst die beiden zuvor genannten Beispiele des 12. Juli und der Paraden[124] etwas genauer unter die Lupe genommen werden. So soll ein besserer Eindruck des Ausmaßes und der Intensität, die Gedenkveranstaltungen in Nordirland erreichen können, ermöglicht und zusätzlich aufgezeigt werden, welche Problematiken bisweilen damit verbunden sind.

### 5.2.5.2 Von *Bonfires* und Marschmusik – der 12. Juli

Um ein authentisches Gefühl für die Situation in Belfast nur wenige Tage vor dem 12. Juli zu bekommen, sollen die Ausführungen zu jenem Feiertag mit einer kurzen Schilderung beginnen:

> Ein leerer, notdürftig abgesperrter, an die Sandy Row grenzender asphaltierter Platz in Süd-Belfast. Darauf ein aus Paletten zusammengezimmerter Unterstand, auf dem an einem riesigen Fahnenmast der Union Jack weht, während an einer der Außenwände die Flagge Israels prangt. Davor krakeelen ein paar Jugendliche herum und zerren Paletten hinter sich her, die sie in der Mitte des Platzes zu einem losen Haufen auftürmen. Einer von ihnen schwenkt die ehemalige Fahne Nordirlands. Nur wenige Tage später ist der lose Haufen einem bereits mehrere Meter hohen Turm aus fein säuberlich aufgestapelten Paletten gewichen und die unzähligen weiteren auf dem Platz

122 Oft sind dies Fälle, in denen beispielsweise Kinder oder andere Zivilisten während der *troubles* „versehentlich“ entweder von Polizei oder Militär oder eben den gegnerischen Paramilitärs getötet wurden.

123 Natürlich ausschließlich solchen aus der eigenen Community.

124 Bei beiden Beispielen handelt es sich um Veranstaltungen der unionistischen Community. Dies geht zwar bereits aus dem obigen Text hervor, soll aber zum besseren Verständnis hier nochmals erwähnt sein.

verteilten Paletten, von denen immer mehr per LKW angeliefert werden, lassen erahnen, dass er wohl noch um einiges höher werden wird (Anhang A, BPK IV, Z. 14-21). Wie hoch, das kann man in diesen Tagen kurz vor dem 12. Juli in einem der an die Shankill Road grenzenden Wohnviertel sehen. Zehn Meter und höher sind keine Seltenheit (ebd., BPK III, Z. 47-52; Abb. 7). Bei diesen Palettentürmen handelt es sich um die sog. *Bonfires*, die alljährlich am 12. Juli überall in unionistischen Gemeinden und Stadtteilen Nordirlands angezündet werden, um dem *Battle of the Boyne*, und damit dem Sieg des protestantischen Königs William of Orange (oder *King Billy*) über den katholischen König James II. in der Schlacht am Boyne im Jahre 1690 zu gedenken (Wuhrer 2000, S. 144f.). Dieser Tag gilt gemeinhin als der höchste Feiertag der Unionisten[125] und wird, neben der Entzündung der Feuer, auch mit dem größten und wichtigsten Umzug des/der lokalen Orden(s) der gesamten Marschsaison begangen (ebd.). Bereits in den Tagen bzw. Wochen vor jenem Ereignis werden die unionistischen Stadtviertel auf diesen Tag vorbereitet, was in erster Linie eine Aufstockung der Dekoration bedeutet. Union Jacks und Flittergirlanden im passenden Farbcode wohin man auch sieht (Anhang A, BPK III, Z. 34-38). Dazu sämtliche Banner der Divisionen ansässiger protestantischer Orden (ebd.). Auch in den Läden der unionistischen Hochburgen ist man vorbereitet und hat die Vorräte an Union Jacks in allen Materialien und Größen noch einmal aufgestockt. Bereits in den Tagen vor dem 12. Juli gibt es einige kleinere Märsche bzw. Paraden, die lautstark durch die Shankill Road ziehen (Anhang A, BPK VII, Z. 6-8). Das Problem dabei ist, dass diese Veranstaltungen nur sehr selten und der Jahrestag des *Battle of the Boyne* eigentlich nie friedlich ablaufen (ebd., Z. 8-13; ebd., Z. 37-40). Dementsprechend werden alle Zusammenkünfte der Unionisten um diesen Tag herum von den nordirischen Sicherheitskräften genau beobachtet, um Konfrontationen mit Nationalisten zu vermeiden und im Notfall beispielsweise die Tore in den *Peace lines*, vor allem das Haupttor an der *International Wall*, schließen zu können (ebd., Z. 16-20). Die unterschwellige Anspannung unter den Bewohnern der nationalistischen Viertel ist an solchen Tagen deutlich spürbar (ebd., Z. 14-16).

Am 12. Juli selbst herrscht auf Belfasts Straßen (und sicher auch in anderen Städten) angeblich, so erzählen es zumindest diverse Gesprächspartner, auf mehrfacher Weise nahezu Ausnahmezustand. Auf der einen Seite natürlich, weil viele Unionisten feiernd durch die Straßen ziehen; auf der anderen Seite,

125 Wuhrer (2000, S. 144) beschreibt ihn als „de[n] Tag, an dem für die nordirischen ProtestantInnen Weihnachten, Fastnacht und Sonnwendfeier zusammenfallen".

weil an diesem Tag so viel randaliert wird und so viele Angriffe auf Nationalisten oder nationalistische Gebiete erfolgen wie sonst nie. Nicht umsonst gilt dieser Tag als der gefährlichste des ganzen Jahres. Selbst Touristen wird allgemein geraten, den entsprechenden Feierlichkeiten fernzubleiben.

Zusätzlich zu diesem Aufflammen der Gewalt empfinden viele Nationalisten, auch diejenigen, die sich selbst eher als gemäßigt bezeichnen, die andauernde laute Marschmusik und die gigantischen Feuer, die sich oft absichtlich in der unmittelbaren Nähe von *Peace lines* und damit in Sicht-, Hör- und Riechweite von Nationalisten befinden (z.B. Anhang A, BPK III, Z. 53-56), verständlicherweise als Provokation und Schikane.

Um dieser über mehrere Tage anhaltenden Dauerprovokation und der unnötigen Gefahr zu entgehen, hat sich (zumindest laut Mary O'Brien) in einem großen Teil der nationalistischen Gemeinschaft tatsächlich die Strategie durchgesetzt, Nordirland für den betroffenen Zeitraum zu verlassen und einen Kurzurlaub in einem anderen europäischen Land einzulegen.

#### 5.2.5.3 Nordirische Marschordnung – die Paraden der protestantischen Orden

Auch bei einigen der zahlreichen Paraden protestantischer Orden kommt es immer wieder zu Konflikten. Bevor aber darauf eingegangen werden soll, werden zunächst einige grundlegende Aspekte dieser Marschkultur betrachtet.

Der erste jener protestantischen Orden (*Royal Orange Lodge No. 1*) entstand als Geheimbund 1795 in Portadown zum Schutz der protestantischen Siedler vor Übergriffen der Katholiken. Von dort aus verbreitete sich das Konzept über das ganze Land (Wuhrer 2000, S. 145). Schon kurz nach der Gründung wurden auch bereits die ersten Märsche durchgeführt (ebd., S. 147), die seitdem jährlich während der sog. *marching season* immer zu bestimmten Kalendertagen, entlang festgelegter Routen stattfinden und damit meist spezifischer historischer Ereignissen gedenken (ebd., S. 143ff.). Die *marching season* beginnt am Ostermontag und dauert bis Ende September an (ebd., S. 143). Innerhalb dieses Zeitraumes kommt es in Nordirland zu unzähligen Paraden der verschiedenen Orden, und die Zahl nimmt weiter zu. Waren es im Jahre 1999 noch etwa 3400 (Wuhrer 2000, S. 151), wurden 2017 bereits 4394[126] ge-

126 In dieser Zahl sind auch die wenigen nationalistischen Paraden enthalten. Warum die

zählt (Parades Commission 2018a). Ihren Höhepunkt erreicht die Marschsaison am oben bereits detaillierter beschriebenen 12. Juli, also dem Tag des Gedenkens an die Schlacht am Boyne, bevor am 12. August, dem zweiten Höhepunkt, die Verteidigung London-/Derry's durch die *Apprentice Boys* zelebriert wird (Wuhrer 2000, S. 144f.).

In der Regel laufen diese Märsche immer gleich ab und dienen meist, wie auch die vielen gemeinschaftstypischen Symbole, als eine Art Markierung des Territoriums (ebd., S. 149). Die jeweiligen Sektionen der entsprechend beteiligten Orden marschieren in Uniform und Bowlerhut sowie in Begleitung einer Marschkapelle eine meist seit Jahrhunderten festgelegte Marschroute entlang (ebd., S. 141f.). Doch bei einigen der Paraden kommt es immer wieder zu Komplikationen, denn durch Verschiebungen der Bevölkerungsstruktur führen einige der Routen schon längst nicht mehr durch protestantische, sondern durch katholische Gebiete, deren Bewohner den immer wiederkehrenden Umzügen nicht gerade positiv gegenüberstehen (ebd., S. 149f.). Das liegt vor allem daran, dass die Paraden häufig als Triumphmärsche daherkommen (ebd., S. 150) und mit dem „Einmarsch“ auf nationalistisches Gebiet in gewissem Sinne auch alte Gebietsansprüche geltend machen (ebd., S. 149).

Die Nationalisten fühlen sich davon, wie auch von dem oftmals respektlosen Verhalten der Teilnehmer (ebd., S. 142) und deren zur Schau gestellter Selbstgerechtigkeit (ebd., S, 150) oft provoziert, und so kam es in der Vergangenheit immer wieder zu Vorfällen und Zusammenstößen zwischen den Gemeinschaften (ebd., S. 142). Das bekannteste Beispiel für solche Geschehnisse ist wohl die Parade in Drumcree, bei der es viele Jahre lang immer wieder zu Auseinandersetzungen kam (ebd., S. 152ff.) und angeblich auch weiterhin kommt.[127] Daraufhin begann die sog. Paradenkommission[128] bestimmten Paraden den Durchmarsch durch katholische Viertel zu untersagen und ließ die

---

Zahl der Paraden aber vor allem von unionistischer Seite so stark ansteigt, soll in Abschnitt 5.2.7 erläutert werden.

127 Weitere Beispiele sind etwa die Paraden in Ardoyne (Stadtteil in Nord-Belfast) und Ballynafeigh (Stadtteil in Süd-Belfast) (Wuhrer 2000, S. 140ff.).

128 Die *Parades Commission* ging ebenfalls aus dem Karfreitagsabkommen hervor und besteht aus sieben Kommissaren (Parades Commission 2013-2018a). Sie ist in erster Linie dafür zuständig, umstrittene Paraden mit Restriktionen zu versehen oder ihnen den Durchmarsch durch bestimmte Viertel zu untersagen (Parades Commission 2013-2018b). Ganz verbieten kann sie eine Parade allerdings nicht (ebd.). Zusätzlich sammelt sie Daten zu sämtlichen Paraden in Nordirland, tritt im Konfliktfall als Vermittler auf und versucht, in der Bevölkerung für größeres Verständnis gegenüber den Paraden zu werben (Parades Commission 2013-2018a).

entsprechenden Marschrouten von der Polizei absperren, was nun alljährlich zu Entrüstung der Marschierenden und bisweilen auch zu Gewalthandlungen führt (Wuhrer 2000, S. 140ff.). Die Verschiebung der Marschroute wird von den betroffenen protestantischen Orden allerdings (teilweise seit Jahren oder Jahrzehnten) strikt verweigert und als massiver Angriff auf ihre Kultur und Identität gewertet (ebd., S. 150).

Wie diese spezielle Konfliktthematik wohl ausgehen wird bzw. welche Lösung gefunden werden kann, bleibt ungewiss, da beide Parteien weiterhin starr auf ihrem Standpunkt beharren. So zeigt auch dieses Beispiel wieder, wie der Konflikt zwischen den beiden Gemeinschaften sich selbst an für Außenstehende wie Nichtigkeiten erscheinenden Sachverhalten erneut entzünden kann und wie schnell sich beide Seiten in ihrer kollektiven Identität zu stark berührt fühlen, um der anderen Seite auch nur einen Schritt entgegenzukommen. Es zeigt aber auch, welch hohen Stellenwert die historischen Ereignisse bzw. Gegebenheiten im gemeinschaftlichen Narrativ und damit auch in der kollektiven Identität einnehmen und wie sehr sich die Menschen darüber definieren.

Der Vollständigkeit halber soll an dieser Stelle erwähnt werden, dass auch die Nationalisten mehrmals im Jahr „Paraden" im weiteren Sinne abhalten und auch diese von der *Parades Commission* erfasst und gegebenenfalls eingeschränkt werden. Ihre Zahl ist aber eher gering (siehe z.B. Parades Commission 2018b). Sie finden in der Regel statt, um des Osteraufstands von 1916, dem Beginn der Internierungen 1971 oder anderer wichtiger Ereignisse (gegebenenfalls nur zu runden Jahrestagen) zu gedenken (Wuhrer 2000, S. 150). Lange Jahre gab es auch für den *Bloody Sunday* von 1972 eine solche „Parade". Nicht nur in Form eines Trauermarsches für die Opfer, sondern vor allem auch als Protest bzw. Demonstration, um eine erneute Untersuchung der Ereignisse zu erreichen. Nachdem dies aber gelungen war, wurde der Marsch von den meisten Personen eingestellt und durch andere Arten der Erinnerungsbearbeitung ersetzt (Anhang C, Interview II, Z. 78-85).

Generell aber sind diese „Paraden" mit denen der protestantischen Orden kaum zu vergleichen (Wuhrer 2000, S. 150). Zum einen, weil sie sich in der Regel eher als Trauermärsche bzw. politische Demonstrationen ohne die strenge Marschordnung der Orden gestalten und somit für alle offen sind (Wuhrer 2000, S. 150),[129] zum anderen, weil sie, wie sich aus dieser Charakteristik

129 Oft sind es auch keine „Paraden" im eigentlichen Sinne. Die früheren politischen Märsche zum Gedenken an den Beginn der Internierungen verwandelten sich etwa im

bereits ergibt (bis auf den Anlass der Zusammenkunft und die übliche Symbolpräsentation), keinen weiteren Anlass zur Provokation geben und auch nicht in protestantische Gebiete eindringen. Auch die Funktion des Markierens von Territorium ist eher zu vernachlässigen und wird von den Nationalisten nahezu ausschließlich durch die Verwendung von Symbolen bzw. *murals* geregelt.

### 5.2.6 Folgerung Facetten Vier und Fünf

Insgesamt ist in Bezug auf diese Erinnerungskultur vor allem bemerkenswert, dass die meisten Nordiren sich dieser diversen Denkmäler, Erinnerungsmahner und Anlässe der Gedenkveranstaltungen sehr bewusst sind und deren Bedeutung bzw. Hintergründe in der Regel kennen (z.B. Anhang B, GPK I, Z. 12-16). Jene Ereignisse nehmen eine große Bedeutung im kollektiven Gedächtnis der jeweiligen Gemeinschaft ein und viele Menschen haben, meiner Erfahrung nach, ein überraschend detailreiches und fundiertes, wenn auch bisweilen einseitiges Wissen sowohl über historische Geschehnisse als auch über Ereignisse während der *troubles*.[130]

Genau das ist aber ein Teil der Problematik, die durch die intensive Erinnerungskultur, Symbolpolitik und die vielen Akte des rituellen Gedenkens hervorgerufen wird. Denn durch die ständige Konfrontation mit der Erinnerung an bestimmte Ereignisse bzw. mit den Ereignissen selbst und die damit entstehende dauerhafte Präsenz im individuellen und kollektiven Bewusstsein können die Empfindungen der Gemeinschaften nicht zur Ruhe kommen (vgl. Baumann 2008, S. 105f.). Stattdessen entsteht das Gefühl, als würden die Ereignisse immer wieder neu geschehen (ebd.), was durch die stetige Omnipräsenz der mit der Gemeinschaft und damit dem Narrativ tief verknüpften Symbole noch verstärkt wird. Zusätzlich erscheint es, als sei, je fundierter die Kenntnisse über

---

Laufe der 80er Jahre in ein mehrere Tage dauerndes friedliches Kultur-Festival (Jarman 1998) heute bekannt als *Féile an Phobail* (Anhang A, BPK IV, Z. 1-13).

130 Auch diese Aussage kann sich mangels Erfahrung mit der unionistischen Community wieder nur auf Mitglieder der nationalistischen Gemeinschaft beziehen. In Nordirland selbst wurde mir mehrmals gesagt, dass die Unionisten ein nicht so fundiertes Wissen über ihre Geschichte hätten wie die Nationalisten und viele die Hintergründe ihrer Märsche und Gedenkveranstaltungen nicht kennen würden (siehe z.B. auch Wuhrer 2000, S. 244f.). Dazu kann ich mir allerdings, wie gesagt, kein Urteil erlauben. Das Geschichtswissen von Mitgliedern der nationalistischen Gemeinschaft hat mich aber mehrfach sehr beeindruckt. Zusätzlich hatte ich auch den Eindruck, dass es sehr geschätzt wurde, wenn die Menschen bemerkten, dass auch ich (bedingt durch diese Arbeit) etwas über ihre Geschichte wusste.

historische Ereignisse, die Identifikation als Mitglied der betroffenen Gemeinschaft umso größer und damit die mit dem Ereignis assoziierten negativen Gefühle umso differenzierter und intensiver.

In Nordirland beschränkt sich diese Problematik aber nicht nur auf Gewaltgroßereignisse, sondern bezieht sich auch auf kleinere Vorkommnisse, die sich im dortigen gesellschaftlichen Klima schnell zu traumatischen Ereignissen auswachsen oder als solche aufgefasst werden können und dann gemeinsam mit den übrigen historischen und nicht-historischen Ereignissen das gemeinschaftliche Narrativ und das kollektive Gedächtnis der jeweiligen Gemeinschaft für einen unbestimmten Zeitraum prägen. Dieses Verhalten, das sich statt Verharren in der Vergangenheit schon eher als konsequente Beschwörung dieser bzw. als die Bereitwilligkeit, der eigenen kollektiven Gewalterfahrung immer neue Ereignisse hinzuzufügen, beschreiben lässt, ist eines der größten Probleme des nordirischen Friedensprozesses. Solange aber dieses Phänomen bzw. die verbissene Intensität, mit welcher es betrieben wird, nicht merklich nachlässt, wird ein Fortschreiten der Friedensbemühungen kaum gelingen. Da diese Erinnerungs- und Gedenkpraktiken aber auch ein so großer Teil der jeweiligen kollektiven Identität der beiden Gemeinschaften sind und ihre Bedeutung sich, vor allem auf unionistischer Seite, eher immer noch steigert, wollen und können sie auch nicht einfach ausgesetzt bzw. gar abgeschafft werden. Dementsprechend sollte auch die Bearbeitung dieser Problematiken nicht an den Ritualen selbst oder allgemeiner dem Ausdruck der Erinnerungskultur ansetzen, denn jeder Angriff auf diese würde die Situation nur verschlimmern. Vielmehr ist es die Einstellung zur bzw. der Umgang mit der Vergangenheit, der hinterfragt und bearbeitet werden muss, dann ändert sich die Konnotation der Rituale, wie etwa im Falle des *Bloody Sundays*, oft von selbst. Doch gerade diesbezüglich drängt sich immer wieder das Gefühl auf, dass nach dem offiziellen Ende des Konfliktes, als eine solche Bearbeitung als Grundlage eines gesellschaftlichen Neuanfangs hätte erfolgen können und auch müssen, viele Chancen vertan wurden.

Wie der Umgang mit schwieriger Vergangenheit in Nordirland gehandhabt wurde bzw. wie das entsprechende Modell beschrieben werden kann, soll in Abschnitt 5.3 detaillierter betrachtet werden. Zunächst aber soll ein kurzer Blick auf einige aktuelle Aspekte des Unionismus geworfen werden, da dieser innerhalb des nordirischen Akteursgefüges in gewisser Weise einen Sonderfall darstellt, bevor sich einem abschließenden Fazit zum aktuellen Status der *freiwilligen Apartheid* in Nordirland zugewandt wird.

### 5.2.7 *Unbowed, Unbent, Unbroken* – Unionismus im Trotzmodus; ein Sonderfall

Es ist ein interessantes Phänomen, dass bereits seit längerer Zeit immer stärker der Eindruck entsteht, die Unionisten würden sich zunehmend als die eigentlichen „Opfer" des Konfliktes und als die Verlierer des *Karfreitagsabkommens* bzw. der Friedensbemühungen betrachten (Otto 2005, S. 130). Dies mag für Außenstehende zunächst paradox erscheinen, mussten doch von beiden Seiten (wenn auch widerstrebend) Kompromisse eingegangen werden. Dennoch sind es nun die Nationalisten, die optimistischer in die Zukunft schauen, offener sind und sich engagieren, während die Unionisten sich vermehrt einigeln (Wuhrer 2000, S. 9). Doch es sind nicht nur die neuen Richtlinien bei der Regierungsbildung oder die gesteigerte Kooperation mit der Republik, die diesen Eindruck bei den Unionisten hervorrufen. Tatsächlich ist es vor allem die immer weiter wachsende Zahl der katholischen Bevölkerung und damit einhergehend deren zunehmender Einfluss.[131] Damit bewahrheitet sich in den Augen vieler Unionisten das von ihnen seit langer Zeit gefürchtete Schreckensszenario, von einer katholischen Mehrheit überrannt zu werden (ebd., S. 130f.). Dabei fürchten die Unionisten nicht nur um ihren Wohnraum[132] (ebd., S. 141ff.), oder um ihren Verbleib in der Union mit Großbritannien.[133] Viele Unionisten fühlen sich von dieser wachsenden Mehrheit belagert, bedroht und befürchten vor allem den Verlust ihrer gemeinschaftsspezifischen Identität und Kultur (Otto 2005, S. 130f.).

Neben der realen demographischen Entwicklung sind es vor allem auch

---

131 Wie bereits bekannt, hatten die Protestanten/Unionisten lange Zeit die Mehrheit in Nordirland. Mittlerweile hat sich das Verhältnis der beiden Bevölkerungsgruppen aber tatsächlich nahezu angeglichen (Otto 2005, S. 143; NINIS 2011).

132 Durch die wachsende Zahl der katholischen Bevölkerung verschieben sich die demographischen Grenzen in den Wohnvierteln. Viele ehemals protestantische Wohnviertel sind heute katholisch, was auch ein Auslöser für einige der Problematiken hinsichtlich der Paraden der protestantischen Orden ist (Wuhrer 2000, S. 149f.)

133 Sollte die katholische/nationalistische Gemeinschaft die Bevölkerungsmehrheit in Nordirland erlangen, würde dies das bisher unantastbare unionistische Veto außer Kraft setzen und damit die Wiedervereinigung mit der Republik Irland mittelfristig eine konkrete Option werden (Otto 2005, S. 143).

immer wieder das Gefühl der Enttäuschung gegenüber der britischen Regierung sowie deren vermeintlicher Verrat an den Unionisten, die maßgeblich zu dieser Furcht beitragen (ebd., S. 131). Je stärker sich aber jene Angst darstellt, desto entschiedener und vehementer werden die Symbole des Unionismus und die unionistische Identität verteidigt (und das durchaus auch mit Gewalt (ebd., S 143)) (ebd.).[134] Diese Verbissenheit bzw. Vehemenz äußert sich auf verschiedene Weise, wie etwa bei der äußerst exzessiven Zelebrierung von Gedenkveranstaltungen, der immer weiter steigenden Zahl der Paraden (Wuhrer 2000, S. 151; Parades Commission 2018a) sowie der strikten Weigerung, die Marschrouten umstrittener Paraden auch nur minimal zu verändern (Wuhrer 2000, S. 149f.). Sie zeigt sich aber auch im Kampf darum, den nordirischen Dialekt *Ulster-Scots* als eine dem Gälischen gleichwertige Sprache anerkennen und entsprechend staatlich fördern zu lassen (ebd., S. 268); oder in der Kooperationsverweigerung selbst bei kleinen Verständigungsprojekten wie dem des *CDC* (*Community Development Council*) (ebd., S. 246ff.).[135] Auch die misstrauisch erscheinende und eher distanzierte Haltung gegenüber Fremden, wie sie in den Beobachtungsprotokollen mehrfach geschildert wird, passen in dieses Bild (z.B. Anhang A, BPK III, Z. 9-17; ebd., BPK IV, Z. 57-62; ebd., Z. 98-106; ebd., BPK VI, Z. 12-18). Möglicherweise ist in diesem Verhaltensmuster der Unionisten auch ein Grund zu sehen, warum sich auch für die vorliegende Arbeit in dieser Community keine Gesprächspartner finden lassen wollten.

---

134 An dieser Stelle sei kurz ein für Außenstehende besonders überzogen erscheinendes Beispiel genannt: Im Dezember 2012 entschied das Belfast City Council, dass der Union Jack auf dem Dach der City Hall, der dort bis dahin an 365 Tagen im Jahr zu sehen war, nun nur noch an 18 Tagen (bestimmte Feiertage etc.) zu sehen sein sollte. Dieser Beschluss führte über mehrere Tage und in sechs aufeinanderfolgenden Nächten zu immer wieder aufflammenden Protesten der Unionisten, die teilweise in extreme Gewalt ausarteten. An dem Beschluss beteiligte Politiker erhielten Morddrohungen, und eine entsprechende Parteizentrale wurde vollkommen zerstört. Weiterhin, wurden Straßen blockiert, Fahrzeuge beschädigt und Polizisten angegriffen. Insgesamt wurden während dieser Tage und den darauf folgenden weiteren Protesten ca. 170 Personen festgenommen. 146 Polizisten wurden verletzt. Bis heute halten die Proteste an und finden auf regelmäßiger Basis, allerdings in gemäßigter Form statt (Melaugh 2013).

135 Bei diesem Projekt handelt es sich, kurz erklärt, um eine vom *CDC* bezahlte „Handykette“, bei der Nottelefone an verschiedene Personen beider Communities verteilt wurden. Bricht nun irgendwo Unruhe aus, können sich Personen über die Grenzen der jeweiligen Community hinweg warnen oder aber Entwarnung geben, wenn es sich beispielsweise nur um ein paar randalierende Jugendliche handelt. So kann Panik und Angst in den Communities vermieden werden (Wuhrer 2000, 246ff.).

Viele dieser extremen Abschottungspraktiken können als eine Art Überkompensationshandlungen interpretiert werden. Denn es ist vor allem der stärkere Zusammenhalt innerhalb der nationalistischen Communities, der von den Unionisten „neidvoll" beäugt wird (Wuhrer 2000, S. 246). Die massive Abgrenzung in Kombination mit der sehr starken Betonung der unionistischen Identität und der Zugehörigkeit zu diesem Kollektiv können in gewisser Weise als eine Art Ausgleich verstanden werden, die den mangelnden Zusammenhalt wettmachen und die Kultur vor Übergriffen schützen soll. So wird nach innen und außen stärkere Verbundenheit proklamiert und suggeriert als tatsächlich vorhanden ist.

### 5.2.8 Folgerung *freiwillige Apartheid* – heute

Betrachtet man die vorausgegangenen Ausführungen, so zeigt sich deutlich, dass die Strukturen der freiwilligen Apartheid in der nordirischen Gesellschaft noch äußerst präsent sind. Zwar gibt es einige Areale des gesellschaftlichen Lebens, in denen der Einfluss der Strukturen bereits deutlich zurückgegangen ist, besonders aber bei der Betrachtung der Unterfacetten von Symbolpolitik und rituellem Gedenken ist leicht zu erkennen, dass die nordirische Gesellschaft nur wenig Chancen auf einen ganzheitlichen, dauerhaften, *positiven* Frieden haben wird, solange sie weiterhin in dieser Form an den vorhandenen Strukturen festhält (vgl. Baumann 2008, S. 89ff.).

Um eine weitestgehende Überwindung der Strukturen der freiwilligen Apartheid zu ermöglichen, bedarf es einer Bearbeitung bzw. Transformation der diese Strukturen auslösenden Vergangenheit und der entsprechenden kollektiven Erinnerung. Es muss also Erinnerungspolitik betrieben werden. Nachfolgend soll nun betrachtet werden, in welchem Ausmaß bzw. welcher Form dies bis jetzt in Nordirland erfolgte bzw. erfolgt und wie sich diese gestaltet/e.

## 5.3 Nordirischer Umgang mit schwieriger Vergangenheit

Bevor nun auf die Formen bzw. das Modell des nordirischen Umgangs mit schwieriger Vergangenheit eingegangen wird, sollen aber zunächst anhand des Beispiels die wichtigsten Zusammenhänge zu Verständniszwecken noch einmal kurz verdeutlicht und zusammengefasst werden.

### 5.3.1 Erinnerungspolitik im Gesamtkontext des Friedensprozesses – Wiederholung

Die Ursachen der anhaltenden Beständigkeit *freiwilliger Apartheid* sind oftmals die tief im kollektiven Gedächtnis der ehemaligen Konfliktparteien verankerten Erinnerungen an Geschehnisse während des Konflikts und im nordirischen Fall auch ganz besonders an solche in den Jahrzehnten und Jahrhunderten zuvor (vgl. Baumann 2008, S. 105ff.). Diese kollektiven Erinnerungskonstrukte stehen sich häufig nahezu diametral gegenüber (ebd., S. 108) und sind darüber hinaus monologisch organisiert (Assmann 2011, S. 36), es wird also nur die eigene Sicht auf die Dinge erinnert. Die so entstandenen Narrative weichen bisweilen sehr stark voneinander ab und tragen zur Abgrenzung zwischen den Gruppen, zur Stärkung des Zusammengehörigkeitsgefühls, zur Differenzierung zwischen In- und Outgroup sowie zur Identitätsbildung bei. Diese Narrative sind aber nicht objektiv, sondern geben die Realität in der Regel auf eine verzerrte Art und Weise wieder. Sie sind das Ergebnis diskursiver und materieller Festigung spezifischer Blickwinkel auf bestimmte Ereignisse (vgl. Klymenko 2016; Schrader 2016), deren Wahrnehmung maßgeblich von den erwähnten monologischen Gedächtnisstrukturen sowie den politischen und gesellschaftlichen Eliten geprägt und geformt wird (Klymenko 2016).

In Nordirland erfolgte diese Prägung auf beiden Seiten stets maßgeblich über die Communityführer der beiden Gemeinschaften, während sowohl der irische als auch der britische Staat eher nur marginalen Einfluss hatten. Zweck dieser Narrative ist in erster Linie die Vermittlung von ideologischer Orientierung und Identität, sie dienen aber auch der Legitimation politischer Ziele, oder wie im nordirischen Fall, der Rechtfertigung nicht nur der negativen Gefühle und der Abneigung gegen die andere Gemeinschaft, sondern auch der Gewalt gegen diese (vgl. Klymenko 2016). Schwierigkeiten in diesem eigentlich normalen und auch notwendigen Prozess der Narrativbildung (ebd.) treten erst auf, wenn sog. kollektive Traumata und damit schlimme Vergangenheit(en) Teil dieser Narrative sind (Meier 2010, S. 13). Das kollektive Gedächtnis von Gemeinschaften neigt entsprechend dazu, nur annehmbare Ausschnitte der Geschichte zu erinnern und akzeptiert dahingehend auch nur drei Rollen. Die des „Siegers", die des „Märtyrers" oder die des „Opfers" (Assmann 2011, S. 36). Dies lässt sich am nordirischen Beispiel wunderbar erkennen und wird weiter unten noch genauer erläutert werden. Alle anderen Szenarien sind oft nur schwer in das entsprechende Narrativ zu integrieren (Assmann 2011, S. 36) und die Erinnerung an diese wird oft als störend oder schwierig empfunden. Um aber weitreichende Folgen für die Gesellschaft, wie ein erneutes Aufflammen der Gewalt (ebd.), die Bedrohung des gemeinschaftsspezifischen Narrativs (ebd.), der Identität (Meier 2010, S. 13f.) oder das drohende Scheitern des Friedensprozesses zu verhindern, muss eine Strategie für den Umgang mit solch schwieriger Vergangenheit gefunden werden. Wie diese in Nordirland konkret gestaltet wurde, wie sie sich bewährt hat und mit welchen Problematiken sie konfrontiert war, soll nun im Folgenden genauer erläutert werden.

### 5.3.2 Ein Modell ist nicht genug – nordirische Unentschlossenheit

Der nordirische Umgang mit schlimmer bzw. schwieriger Vergangenheit ist ein interessanter Sonderfall, der sich, wie bereits erwähnt, keinem der Modelle nach Aleida Assmann eindeutig zuordnen lässt. Bisweilen erscheint es gar so, als ließe sich überhaupt keine übergeordnete Tendenz zu irgendeiner Form der Vergangenheitsbearbeitung ausmachen, denn weder der britische Staat noch die nordirische Regionalregierung leiteten nach dem offiziellen Ende des Konfliktes in konsequenter Weise eine spezifische Form des Umgangs mit der schwierigen Vergangenheit ein. Zumindest ist über eine solche nichts zu erfahren. Lediglich einzelne im *Karfreitagsabkommen* enthaltene Maßnahmen, die im Folgenden noch genauer betrachtet werden sollen, lassen eine Annäherung an einige der Assmannschen Modelle erkennen. Warum Ende der 90er keine weitreichenderen Maßnahmen ergriffen bzw. kein einheitliches Modell für den Umgang mit schwieriger Vergangenheit durchgesetzt wurde, kann an dieser Stelle lediglich vermutet werden. Zunächst einmal zog sich der britische Staat nach der Aushandlung des *Karfreitagsabkommens* recht schnell aus dem politischen Geschehen Nordirlands zurück (Anhang C, Interview I, Z. 165-166) und sich damit aus der weiteren Verantwortung. Allerdings konnte Großbritannien diese Rolle des Außenstehenden nicht lange beibehalten, da immer wieder sein Eingreifen in die politischen Prozesse Nordirlands gefordert war (z.B. Otto 2005, S. 137; Pieper 2018).

Die politische Situation in Nordirland selbst war zudem weiterhin äußerst fragil, was sich beispielsweise in dem mehrmaligen drohenden Scheitern des gesamten Friedensprozesses aufgrund der Entwaffnungsfrage zeigte. Möglicherweise waren diese Instabilität sowie die weiterhin verhärteten Fronten der

Grund, warum kein weiterer Vorstoß in Richtung eines einheitlichen, übergeordneten Umgangs mit der Vergangenheit unternommen wurde. Eine Einigung auf ein entsprechendes Konzept erschien vermutlich unwahrscheinlich, stattdessen befürchtete man eher eine Neueskalation. Das *Karfreitagsabkommen* als solches war bereits ein sehr großer Schritt nach den langen Jahren des Konfliktes und sollte sicher keinesfalls gefährdet werden. Vielleicht hoffte man auch, mit dem Inkrafttreten des Abkommens und nur genügend Zeit würden sich viele Schwierigkeiten von selbst lösen.

Problematisch an diesem Versäumnis ist unter anderem aber, dass durch jene beschriebene Instabilität, Untätigkeit und die Inkonsequenz von Seiten der politischen Führung bei der Durchführung beschlossener Maßnahmen bezüglich der Vergangenheitsbearbeitung, das Formen oder Ausdeuten der gemeinschaftsspezifischen Narrative zu einem großen Teil bei den Communities selbst verblieb und diese somit auch selbst festlegen konnten, wie sie „ihren" Umgang mit schwieriger Vergangenheit gestalten wollten. Das so entstandene „Modell" lässt sich wohl am ehesten als *Dialogisches Zelebrieren* beschreiben und soll in einem späteren Abschnitt noch näher erläutert werden. Zunächst aber sollen jene im *Karfreitagsabkommen* enthaltenen Maßnahmen, die Assmanns Modellen zugeordnet werden können, genauer betrachtet werden, bevor untersucht wird, warum die entsprechenden Modelle nicht weiter verfolgt oder ganzheitlich durchgesetzt wurden.

### 5.3.3 Die große „Amnestie" – ein bisschen *Dialogisches Vergessen*

Eine der ersten größeren Maßnahmen des Friedensprozesses lässt sich relativ eindeutig innerhalb des Modells *Dialogisches Vergessen* verorten. Dabei handelt es sich um die im *Karfreitagsabkommen* festgeschriebene Freilassung aller inhaftierten Mitglieder der an den Verhandlungen beteiligten paramilitärischen Organisationen (Otto 2005, S. 133). Also eine Art groß angelegte Amnestie. Entgegen vieler anderer Beschlüsse wurde dieser relativ zeitnah nach Inkrafttreten des Abkommens direkt umgesetzt (Otto 2005, S. 137). Auch eventuelle Vergehen von Teilen der übrigen Bevölkerung während der *troubles* wurden nicht weiter geahndet. Zwar ist anzunehmen, dass man bei der Durchsetzung dieser Maßnahmen, vor allem der Amnestie der politischen Gefangenen, eher auf Forderungen der Vertragspartner einging, als sich tatsächlich bewusst für die Vorteile der Strategie des *Dialogischen Vergessens* zu entscheiden. Davon abgesehen hoffte man aber sicherlich dennoch auf die positive Wirkung dieses Vorgehens. Nämlich etwas mehr Ruhe in die Situation zu bringen und so erste Schritte zur Reintegration der Gesellschaft vorzubereiten (Assmann 2011, S. 27). Wohingegen ausführliche Strafmaßnahmen die Erinnerung und damit die destruktiven Energien (ebd.) in der Gesellschaft eher wachhalten würden (Meier 2010, S. 44f.).[136]

Im Grunde handelt es sich bei dem Modell des *Dialogischen Vergessens* auch um einen für diesen Fall zumindest theoretisch gut geeigneten Ansatz. Denn viele Punkte, die für die Effektivität von Vergessen als Form des Umgangs mit schwieriger Vergangenheit notwendig sind, sind im Falle des Nordirlandkonfliktes eigentlich erfüllt. Zunächst einmal wären Verbrechen/Vergehen, die während des Konfliktes begangen wurden, sehr schwer zu ahnden gewesen, da zum einen nahezu jeder involviert war, was eine ungeheure Anzahl an Verfahren bedeutet hätte; zum anderen wäre die Täterschaft in einem Großteil der Fälle auch ohnehin nicht (mehr) nachvollziehbar gewesen. Außerdem wäre besonders in der nordirischen Gesellschaft mit erheblicher Parteilichkeit des zu diesem Zeitpunkt noch überwiegend unionistisch besetzten Justizapparates zu rechnen gewesen. Ein Teil der Taten während der *troubles*, etwa die Handlungen von Armee und Polizeikräften, geschah zudem auch auf staatlichen Befehl hin; ein Fall von „Täterschaft" der in der Regel besonders schwer als Unrecht anerkannt wird. Hinzu kommt, dass der Konflikt nicht mit dem Sieg eines der Beteiligten, sondern stattdessen in einem Waffenstillstand und damit in einer Pattsituation endete, die die Notwendigkeit einer gewaltfreien Koexistenz beider Seiten entsprechend deutlich macht (vgl. Meier 2010, S. 44ff.). In einem solchen Fall ist *Dialogisches Vergessen* zuweilen die einfachste und effektivste Lösung (ebd.), auch wenn dieser Ansatz in vielen Punkten nicht mehr zeitgemäß ist.

Um das positive Potential jenes Ansatzes aber voll nutzen zu können, gab es zu viel Inkonsequenzen bei der Durchführung bzw. Implementierung der Maßnahmen. Die Amnestie der politischen Gefangenen etwa galt nur mit bestimmten Einschränkungen. So mussten diese beispielsweise mindestens drei

136 Zusätzlich versprach sich Großbritannien von seinem Entgegenkommen in dieser Sache sicherlich im Gegenzug auch, nicht für das von seiner Seite begangene Unrecht in Form von Folter und ähnlichem belangt zu werden.

Jahre ihrer Haftstrafe bereits verbüßt haben, bevor sie unter die Amnestie fallen konnten. Die erlangte Freiheit galt zudem zunächst nur auf Bewährung. Beim kleinsten Vergehen konnte sie dementsprechend auch wieder entzogen werden (Otto 2005, S. 133) und der Betroffene musste dann den Rest seiner Haftstrafe im Gefängnis verbringen (Anhang C, Interview II, Z. 95-98). Außerdem behält der britische Staat bis heute eine Art verschleierter Internierung bei, die es ihm immer wieder erlaubt, politische Häftlinge auf unbestimmte Zeit einzusperren (ebd. Z. 98-100).

Darüber hinaus kam es in Nordirland zu keiner sog. quasi repräsentativen Bestrafung der ranghohen „Täter“, wie sie meist mit anderen massenhaften Amnestien einhergeht (vgl. Meier 2010, S. 21). Stattdessen blieben auch die Führer der paramilitärischen Organisationen und radikalen Parteien auf freiem Fuß und erhielten zum Teil sogar Posten in der nordirischen Regionalregierung, wie etwa im Fall von Martin McGuinness, Gerry Adams (beide ehemalige *IRA*-Mitglieder) (Wuhrer 2000, S. 269) oder Ian Paisley (Gründer der *DUP* und stets einer der protestantischen Meinungsführer im „Kampf“ gegen die Nationalisten).

Eine Verurteilung dieser Führungspersönlichkeiten wäre aber zum einen aufgrund der Tatsache, dass diese mehrheitlich aktiv und intensiv in die Aushandlung des *Karfreitagsabkommens* involviert waren, zum anderen wohl auch aus Bedenken vor ähnlichen Konsequenzen wie nach dem Osteraufstand 1916, nicht möglich gewesen. Diese Nicht-Verurteilung ist allerdings in gewisser Weise auch problematisch, denn „Täter“ vergessen oft bereitwilliger als „Opfer“ (vgl. Meier 2010, S. 44), weshalb viele Menschen auf beiden Seiten nun das Gefühl haben, dass „Terroristen“ der Strafverfolgung nicht nur einfach entkommen konnten, sondern auch in der Regierung sitzen und damit ihr Leid und das ihrer Gemeinschaft in gewisser Weise verhöhnt wird.

Zudem wurden oder werden weder vom britischen Staat noch von der nordirischen Regionalregierung selbst Versuche unternommen, den öffentlichen Diskurs zur Thematik des Nordirlandkonfliktes bzw. dem *Divide* innerhalb der Bevölkerung einer besonders versöhnlichen Richtung folgen zu lassen, und auch Strafen für das Rühren an der Vergangenheit gibt es nicht, zumindest ist nichts darüber zu erfahren (vgl. Meier 2010, S. 25). Das wäre aber wohl auch nicht durchsetzbar gewesen, denn dafür ist die Vergangenheit in Nordirland, wie bereits deutlich wurde, viel zu präsent. Die Erinnerungen an vergangenes

Unrecht sind bereits zu tief und zu lange im kollektiven Gedächtnis der jeweiligen Gemeinschaften verankert. Zudem fand jenes Unrecht in Form traumatischer Ereignisse nicht nur in den 30 Jahren des Nordirlandkonfliktes, sondern auch in den Jahrhunderten zuvor statt, und ist damit auch Teil der gemeinschaftsspezifischen Narrative. Hier *Dialogisches Vergessen* zu fordern, würde also bedeuten, nicht nur einige einzelne Ereignisse, einige Jahre, wie etwa im oben beschriebenen Athener Beispiel, oder Jahrzehnte, sondern mehrere Jahrhunderte aus dem kollektiven Gedächtnis beider Gemeinschaften zu tilgen. Ein solch massiver Eingriff in die Narrative wäre nicht nur eine erhebliche Bedrohung für die kollektive Identität der Gemeinschaften, sondern auch für die jedes einzelnen Individuums. Identitätsverlust und komplette ideologische Desorientierung wären mögliche Folgen.

Etwaige Vorstöße in diese Richtung, vor allem Einschränkungen gegenüber der intensiven Erinnerungskultur in Nordirland, noch dazu in dem fragilen Klima des damals gerade erst beschlossenen *Karfreitagsabkommens*, wären wohl von beiden Gemeinschaften als massive Angriffe auf deren Identität wahrgenommen worden und hätten durchaus zur erneuten Eskalation des Konflikts führen können.

Es kann also festgehalten werden, dass sich die Grundidee des Ansatzes von *Dialogischem Vergessen* im nordirischen Beispiel zum Teil durchaus als passend darstellt, sie aber wohl kaum zu einer tatsächlichen Lösung des Problems beigetragen hätte. Denn selbst bei einer ganzheitlichen Durchsetzung des Konzeptes wäre der gesellschaftliche *Divide* wohl nicht überwunden und die Separationstendenz beibehalten worden. Zusätzlich machen auch die individuellen Besonderheiten des Falls eine allumfassende Anwendung der Strategie dieses Modells nahezu unmöglich. Auf die Amnestie hingegen hätte, aus den oben genannten Gründen, aber keinesfalls verzichtet werden können, zumal sie als nachvollziehbare Forderung der paramilitärischen Organisationen und Teil des *Karfreitagsabkommens* auch nicht verhandelbar war.

### 5.3.4 Die Untersuchung des *Bloody Sunday* – ein bisschen *Erinnern, um zu überwinden*

Die zweite Maßnahme, die sich einem der Assmannschen Modelle zuordnen lässt, wurde ebenfalls im *Karfreitagsabkommen* festgeschrieben (Anhang C, Interview II, Z. 5-6). Es handelt sich dabei um die erneute, zweite Untersuchung der Vorfälle am *Bloody Sunday* (30.01.1972) in London-/Derry, in deren Verlauf während einer Demonstration der *NICRA* 13[137] katholische Zivilisten von der britischen Armee erschossen und viele weitere verletzt wurden (Museum of Free Derry 2018b). Eine erste Untersuchung, das sog. *Widgery-Tribunal,* welches noch während der *troubles* stattfand, stellte damals keinerlei Fehlverhalten der britischen Armee fest und sah die Schuld bzw. den Auslöser der Vorfälle stattdessen auf Seiten der Demonstranten (Museum of Free Derry 2018d). Seit jenem Urteil kämpften viele, in erster Linie katholische Bürger London-/Derrys, um eine erneute Untersuchung der Geschehnisse, die die tatsächlichen Hergänge aufklären sollte (ebd.). Mit dem *Karfreitagsabkommen* wurde jener Forderung schließlich entsprochen (Anhang C, Interview II, Z. 16-17). Die wiederaufgenommene Untersuchung (sog. *Saville-Inquiry*) begann noch im Jahr 1998, dauerte bis 2010 an (Museum of Free Derry 2018g) und kann als eine Art Miniatur-Wahrheitskommission betrachtet werden, die sich nur auf ein einziges Ereignis beschränkte. Dabei lag der Fokus ausschließlich auf der Aufklärung jener Geschehnisse. Etwaige „Täter" zu bestrafen oder anderweitige Urteile zu fällen, gehörte hingegen nicht in den Aufgabenbereich jener Untersuchungskommission.

Auch hier ist anzunehmen, dass das Hauptaugenmerk des britischen Staates bezüglich dieser Maßnahme weniger auf dem möglichen positiven Effekt für den nordirischen Friedensprozess lag, sondern wiederum die Erfüllung von Forderungen der Vertragspartner im Vordergrund stand. So zumindest sieht es Thomas Collins (Anhang C, Interview II, Z. 15-17). Dabei steckt im Ansatz des *Erinnerns, um zu überwinden* durchaus Potential für die Aufarbeitung des Nordirlandkonflikts, denn vor allem in gefestigten Konfliktstrukturen ist das Wiederherstellen der objektiven Wahrheit (oder dessen, was ihr am nächsten kommt) von besonderer Bedeutung und zudem oft das Einzige und Erste, was zunächst wiederhergestellt werden kann und muss (Assmann 2011, S. 33), bevor überhaupt etwaige weitere Maßnahmen ergriffen werden können. *Erinnern, um zu überwinden* kann also durchaus als eine Art Übergangsritual in einer Situation des gesellschaftlichen, politischen und wertebezogenen Wandels betrachtet werden, das dazu beitragen kann, die gespaltene Gesellschaft wieder näher zusammenführen (ebd., S. 35). Ein entsprechendes Vorgehen kann für eine Gesellschaft durchaus therapeutisch wirken und die Reintegration fördern (ebd., S. 32).

137 Eine 14. Person erlag einige Monate später ihren Verletzungen. Die Gesamtzahl der Todesopfer dieses Tages ist also auf 14 festzusetzen (Museum of Free Derry 2018b).

Welchen Erfolg und welche Bedeutung solche Akte der Wahrheitsfindung innerhalb einer Gemeinschaft erreichen können, ist am Beispiel der *Bloody Sunday* Untersuchung gut zu erkennen. Die Ergebnisse jener zweiten Untersuchung befanden alle zivilen „Opfer“ dieses Ereignisses für unschuldig und nahmen die britische Armee in die Verantwortung. Auf diese Erkenntnisse folgte eine öffentliche und offizielle Entschuldigung des damaligen Premierministers David Cameron im Namen des britischen Staates, in welcher er die Vorfälle am *Bloody Sunday* verurteilte und als „unjustified and unjustifiable“ bezeichnete (Museum of Free Derry 2018g; Besom Productions 2015, Sec. 1:55-2:00). Ein Großteil der nationalistischen Gemeinschaft London-/Derrys verfolgte dies über eine Videowand auf dem Vorplatz der Guildhall in London-/Derry (Besom Productions 2015). Die Begeisterungsstürme, die jenes „simple“ Schuldeingeständnis eines hochrangigen Vertreters des britischen Staates auslöste (ebd.), sind bezeichnend für die Bedeutung, die die Ergebnisse der Untersuchung und das damit verbundene Gefühl, Gerechtigkeit, in welch kleinem Maß auch immer, erfahren zu haben, für die Menschen jener Gemeinschaft, im Speziellen aber auch für die nationalistische Community als Ganzes, hatte und hat. Es macht außerdem klar, wie sehr jenes vorher herrschende Klima der empfundenen Ungerechtigkeit und Verzweiflung diese belastet haben muss. Die Auswirkungen dieser Untersuchungsergebnisse auf die nationalistische Gemeinde schätzt Thomas Collins wie folgt ein: „it actually was a really big thing for the whole catholic society, not only for the people in Derry, and it definitely moved the peace process in the right direction. It also gave the people in the city of Derry a lot of confidence and strength and also a sense of inner justice and triumph” (Anhang C, Interview II, Z. 7-11). Dennoch sollte der Effekt solcher Akte der Wahrheitsfindung nicht überbewertet werden, denn die grundlegende Einstellung der nationalistischen Gemeinschaft gegenüber dem britischen Staat konnte auch jene Untersuchung beispielsweise nicht ändern (Anhang C, Interview II, Z. 15-17). Trotz allem war sie ein Schritt in die richtige Richtung, der erheblich zur Entspannung der Situation in London-/Derry beigetragen und es den Menschen dort ermöglicht hat, in gewisser Weise mit den Ereignissen „abzuschließen“.

Bedenkt man die Bedeutung, die das Finden der Wahrheit und damit in vielen Fällen auch das Ende der Ungewissheit bzw. der Ungerechtigkeit für Betroffene und damit welch positive Auswirkungen dies auf den Friedensprozess haben kann,[138] so erscheint es durchaus bemerkenswert, dass in Nordirland nicht mehr kleinere Untersuchungen dieser Art[139] oder gar eine große Wahrheits- und Versöhnungskommission nach südafrikanischem Vorbild eingesetzt wurden.

Während auch Thomas Collins eine größere Anzahl kleinerer Untersuchungen für äußerst hilfreich nicht nur für die betroffenen Personen, sondern auch den Friedensprozess an sich hält (ebd., Z. 21-30), sieht er den Nutzen bzw. die Praktikabilität einer Wahrheits- und Versöhnungskommission dennoch eher skeptisch (ebd., Z. 33-39). Letzteres deckt sich mit dem allgemeinen Meinungsbild in Nordirland bezüglich dieser Thematik. Die Gründe dafür variieren. Zunächst einmal ist da der Unwille und die mangelnde Kooperationsbereitschaft nicht nur Großbritanniens, die sich ja bereits im Vorfeld der *Bloody Sunday* Untersuchung zeigte, sondern auch der paramilitärischen Gruppierungen. So weigert sich laut Mary O'Brien beispielsweise die *IRA* seit Jahren beständig, zur Aufklärung des Schicksals der sog. *Disappeared*[140] beizutragen. Zudem ist auch die Bereitschaft zur Ermittlung der Schuldigen bzw. Verantwortlichen der diversen Bestrafungsaktionen wie *kneecappings* und *punishment-beatings* sehr gering (und in vielen Fällen zudem nicht mehr nachvollziehbar). Außerdem stellt sich die Frage, wie eine Wahrheits- und Versöhnungskommission für solche Fälle überhaupt zusammengesetzt sein müsste, um frei vom Vorwurf etwaiger Parteilichkeit sein zu können. Der Einsatz einer solchen Kommission würde zudem voraussetzen, dass alle Beteiligten auch wirklich die Wahrheit sagen (Anhang C, Interview II, Z. 33-36). Wie sich aber bereits ebenfalls während der Untersuchungen zum *Bloody Sunday* zeigte, kann dies, selbst bei der Gewährung von Begünstigungen, nicht zweifelsfrei angenommen werden (ebd.).

Außerdem hätte im Falle der Einsetzung einer Wahrheitskommission die

---

138 Also in diesem Fall etwa die Umkonnotierung der Gedenkveranstaltung zum *Bloody Sunday* (Anhang C, Interview II, Z. 78-85), oder die im *Museum of Free Derry* geleistete Arbeit (siehe dazu 5.4.2.1).

139 Hier soll kurz erwähnt sein, dass die Untersuchung zum *Bloody Sunday* nicht die einzige Untersuchung zu Vorkommnissen während der *troubles* war. Es gab noch einige weitere, allerdings bei Weitem nicht genug. Viele Geschehnisse bleiben bis heute unaufgeklärt und hindern die Betroffenen wie auch den Friedensprozess selbst am Fortschreiten.

140 Dabei handelt es sich um Personen, die meist von der *IRA*, in seltenen Fällen auch von anderen paramilitärischen Gruppierungen zunächst entführt, ermordet und dann an unbekannten Orten begraben wurden. Bis heute wurden viele der sterblichen Überreste noch nicht gefunden.

im *Karfreitagsabkommen* festgeschriebene Amnestie nicht in dieser Form gewährt werden können, denn nach dem südafrikanischen Modell fungiert diese ja als „Lohn“ für die Aussage vor der Kommission. Dies hätte sicher zu Konflikten mit den Vertretern der paramilitärischen Organisationen geführt und damit das Abkommen gefährdet.

Hinzu kommt, dass das theoretische Ziel einer Wahrheits- und Versöhnungskommission, die Schaffung einer gemeinsamen Wahrheit, die von allen anerkannt werden kann und die Spaltung der Gesellschaft in verschiedene ideologische Lager mit individuellen Wahrheiten und Narrativen verhindert (Assmann 2011, S. 33f.), in Nordirland wohl kaum mehr erreicht werden kann. Zum einen ist es dafür bereits zu spät, denn jene ideologisch und narrativ getrennten „Lager“ bestehen nahezu seit Jahrhunderten. Zum anderen würde ein derartiger Versuch vermutlich wiederum als massiver Angriff auf die gemeinschaftsspezifischen Identitäten wahrgenommen. Eine derartige Kommission dürfte sich also tatsächlich ausschließlich mit Aufklärung, in keiner Form aber mit einer Bewertung der Ereignisse befassen. Problematisch ist außerdem die Annahme, dass es im nordirischen Friedensprozess nicht damit getan wäre, die Ereignisse während des Konfliktes selbst zu bearbeiten, sondern auch jenen in den Jahrhunderten davor Aufmerksamkeit gewidmet werden müsste. Zu diesen Ereignissen kann aber heute unmöglich noch Aufklärung nach dem Modell der Wahrheits- und Versöhnungskommissionen betrieben werden. Eine solche könnte sich also auch nur ausschließlich auf die Ereignisse während der *troubles* beziehen, was aber ja nur einen kleinen Teil der schwierigen Vergangenheit abdecken würde.

Wie effektiv eine solch partielle Bearbeitung schwieriger Vergangenheit letztendlich wäre, kann hier nur vermutet werden. Es liegt aber nahe, dass die gemeinschaftsspezifischen historischen Narrative die Trennung der Gemeinschaften trotzdem aufrechterhalten, sowie viele Maßnahmen der Bearbeitung dadurch vermutlich weniger effektiv machen würden.

Abschließend soll also festgehalten werden, dass jenes Modell (zumindest in Verbindung mit einer Wahrheits- und Versöhnungskommission als solches), trotz der äußerst geeignet erscheinenden theoretischen Grundgedanken, im nordirischen Friedensprozess nicht mit dem gewünschten Erfolg eingesetzt werden könnte. Die individuellen Besonderheiten des Falls machen einen weitreichenden Erfolg einer derartigen Strategie sehr unwahrscheinlich.

### 5.3.5 *Erinnern, um niemals zu vergessen* und *Dialogisches Erinnern*

Elemente der beiden Assmannschen Modelle *Erinnern, um niemals zu vergessen* und *Dialogisches Erinnern* sind im nordirischen Friedensprozess nahezu nicht zu finden und von offizieller Seite gibt es keinerlei Maßnahmen in diese Richtung, zumindest ist nichts über solche zu erfahren. Trotzdem sollen einige interessante Aspekte der beiden Modelle der Vollständigkeit halber kurz in Bezug zu Nordirland gesetzt werden.

Besonders bemerkenswert ist etwa, dass jene Form des Ansatzes von *Erinnern, um niemals zu vergessen*, so wie Assmann sie beschreibt und wie man sie aus dem deutschen Beispiel kennt, wohl kaum auf die nordirische Weise des Umgangs mit schwieriger Erinnerung zutreffen könnte. Dennoch kommt dieser Ansatz in gewissem Sinne dem nordirischen „Modell" des *Dialogischen Zelebrierens* ziemlich nahe. Nur das eben nicht das verursachte, sondern zu großen Teilen das erlittene Leid im Fokus der Gemeinschaften steht. Auf diese, zugegebenermaßen etwas freie Interpretation jenes Ansatzes nach Assmann soll im folgenden Unterkapitel das sich mit dem nordirischen „Modell" des Vergangenheitsumgangs genauer beschäftigt, näher eingegangen werden.

Maßnahmen im Rahmen eines *Dialogischen Erinnerns* wären allerdings für den nordirischen Friedensprozess äußerst bedeutsam. Zum einen auf jener von Assmann in den Fokus gerückten nationalen Ebene, in diesem Fall also England, die Republik Irland und Nordirland betreffend (dazu gleich genaueres), zum anderen aber auch auf der in dieser Arbeit bereits beschriebenen gesellschaftlichen Ebene.

Das gegenseitige bzw. in diesem Fall wohl vorrangig einseitige Anerkennen des eigenen Anteils an der traumatischen Geschichte des anderen Landes/der anderen Länder und das Aufnehmen des der anderen Nation/Gruppe angetanen Leids ins eigene kollektive Gedächtnis (Assmann 2011, S. 35f.) kann eine große Wirkung erzielen und vor allem, aber nicht nur, den Ländern/Gruppen in der „Opferposition" helfen, ihr Trauma zu überwinden und voranzuschreiten. Als Beispiel für diesen heilsamen Effekt kann wiederum die *Bloody Sunday* Untersuchung herangezogen werden. Das Anerkennen der Schuld Großbritanniens durch David Cameron am Leid der nationalistischen Gemeinde in London-/Derry und damit gewissermaßen auch in ganz (Nord-)Irland zeigt exakt, was Assmann in ihrem Ansatz des *Dialogischen Erinnerns* beschreibt. Solche Anerkennungsakte ändern, wie bereits erwähnt, sicher nicht über Nacht das

Verhältnis zweier Länder zueinander, sind aber durchaus ein Schritt in die richtige Richtung. Großbritanniens Anerkennung der eigenen Rolle an der Gewaltgeschichte Irlands (bzw. in einigen Fällen auch umgekehrt (*IRA*-Anschläge etc.)) wäre ein entsprechendes Zeichen, das vermutlich auch Einfluss auf die beiden Communities und deren Verhältnis zueinander hätte, da sich beide so stark über ihre übergeordneten Nationalitäten (Englisch/Irisch) definieren (vgl. Anhang C, Interview I, Z. 53-60).

Betrachtet man allerdings Großbritanniens Umgang mit all den anderen Gewaltgeschichten verschiedener Nationen, an denen es seinen Anteil hat (ebd., Z. 169-172), ist es wohl äußerst unwahrscheinlich, dass ausgerechnet im Falle Irlands anders verfahren würde – auch wenn allein schon die geographische Nähe eigentlich dafür spräche.

Nachdem nun die Modelle nach Assmann auf ihren Anteil und ihre Eignung im nordirischen Friedensprozess hin betrachtet wurden, soll sich nun im nächsten Abschnitt dem vorrangig in Nordirland praktizierten „Modell" zugewandt werden, welches ich als *Dialogisches Zelebrieren* bezeichnen werde.

### 5.3.6 *Dialogisches Zelebrieren*

*Dialogisches Zelebrieren* als „Modell" ist, wie bereits eingangs erwähnt, das Ergebnis einer vor allem von den Communityführern der beiden Gemeinschaften bzw. den Gemeinschaften selbst geprägten „Erinnerungspolitik", die mangels einer offiziell vorgegebenen, einheitlichen Linie entstand.

*Dialogisches Zelebrieren* basiert in erster Linie auf der einvernehmlichen und stillschweigenden Übereinkunft der beiden antagonistischen Gemeinschaften, dass jede Community nahezu ausschließlich ihre eigene Erinnerungskultur betreibt, die für sie jeweils bedeutsamen Dinge erinnert und ihre gruppenspezifische Identität maßgeblich aus ihrem eigenen gemeinschaftsspezifischem Narrativ heraus prägt. Durch den massiven Einsatz von Erinnerungskultur (Gedenkveranstaltungen, *murals*, Denkmäler etc.) und communityspezifischen Symbolen wird dies noch verstärkt. Man zelebriert auf diese Weise also nicht nur die eigene Gemeinschaft, die individuelle Zugehörigkeit zu dieser sowie die eigene maßgeblich dadurch geprägte Identität (als Mitglied von und Individuum in dieser Gemeinschaft), sondern auch und vor allem die Abgrenzung zu und gegenüber der anderen Community.

Dass dieses „Modell" trotzdem als dialogisch bezeichnet werden soll, ist in erster Linie damit zu begründen, dass die jeweils andere Gemeinschaft trotzdem stets Teil des eigenen Narrativs ist und als Antagonist wichtiger Bestandteil desselben. Zudem ist ein gewisser Austausch zwischen den beiden Communities für dieses „Modell" unverzichtbar, denn schließlich muss die Abgrenzung gegen die andere Gemeinschaft dieser auch in irgendeiner Form kommuniziert werden. Die beiden Gemeinschaften stehen also durchaus in einer, wenn auch leicht grotesk anmutenden, Art von Dialog.

Wie angesprochen, ist dieser Ansatz auf eine verquere Weise nicht allzu weit vom Modell des *Erinnerns, um nicht zu vergessen* entfernt, interpretiert dieses aber auf eine eher negativ konnotierte Art. Dabei empfinden die beiden Communities das ihnen jeweils zugefügte Leid als asymmetrisch, also so, als wäre das Leid, das ihrer eigenen Gemeinschaft widerfahren ist, schlimmer oder zumindest bedeutender als jenes, mit dem die andere Gemeinschaft konfrontiert war oder ist (vgl. Assmann 2011, S. 31). Auch wenn das gar nicht der Fall ist und die Gewalt- bzw. Machtverhältnisse durchaus als symmetrisch angesehen werden können. Die Prägung der gemeinschaftsspezifischen Narrative aber suggeriert eine eher asymmetrische Sicht auf die eigenen bzw. fremden Leiden.

Der Unterschied zu der von Assmann beschriebenen Form des *Erinnerns, um nicht zu vergessen* ist dementsprechend die Perspektive. Denn anstatt das eigene angetane Leid, also die eigenen Fehler, ins kollektive Gedächtnis einzuschließen, um sie nicht zu wiederholen, wird in Nordirland eher das erlittene Leid, also die Fehler der anderen, ins kollektive Gedächtnis eingeschlossen, gemeinsam mit dem Versprechen an die eigene Gemeinschaft, dass diese sich nicht wiederholen dürfen.

Auch in diesem Fall ist, wie auch in der klassischen Auslegung von *Erinnern, um niemals zu vergessen*, eine Versöhnung sicherlich nicht durch einen Schlussstrich, sondern nur durch die Bereitschaft zu beidseitiger, tätiger Erinnerung zu erreichen (vgl. Assmann 2011, S. 31). Problematisch ist dabei allerdings, dass die eigene Erinnerungsstruktur monologisch organisiert ist, die Perspektive der anderen also nur sehr schwerlich oder gar nicht nachvoll- oder einbezogen werden kann. Während eine gleiche Perspektive auf die Erinnerung, wie in Assmanns Modell, den gemeinsamen Weg in die Zukunft bereitet, ist es in dem hier betrachteten Fall entsprechend genau die stark divergierende Perspektive, die den Weg in die gemeinsame Zukunft versperrt (vgl. Assmann 2011, S. 31f.). Wie in der klassischen Form, so wird auch hier die Erinnerung zu einem integralen Bestandteil der Identität und des Selbstbilds beider Gruppen sowie ein fester Bestandteil der normativen Sicht auf die Vergangenheit (ebd., S. 32). Nur durch die perspektivische Beschaffenheit der Erinnerungen eben auf eine Art und Weise, die die Trennung der Gemeinschaften aufrechterhält und fördert, anstatt sie zu minimieren.

Die Kennzeichen dieser Art von Erinnerungspolitik stimmen mit denen aus Assmanns Beispiel überein. Auch in Nordirland sind diese Erinnerungsstrukturen fest in den Lehrplänen der Schulen, in Mahnmälern, Gedenkstätten etc. verankert (ebd., S. 31). Zudem haben sie einen festen Platz im politischen und öffentlichen Diskurs sowie im Bewusstsein der Bevölkerung. Und sie sind Teil des kollektiven Gedächtnisses der Gemeinschaften, wo sie zeitlich unbegrenzt fester Bestandteil der community-spezifischen Identität sind. Dies gilt natürlich wiederum nicht nur für Erinnerungen den Nordirlandkonflikt betreffend, sondern auch für die der vielen Ereignisse in den Jahrhunderten zuvor.

Betrachtet man diese Ausführungen, so kann man sich kaum des Verdachts erwehren, dass in Nordirland in Bezug auf den Umgang mit schwieriger Vergangenheit tatsächlich nicht besonders viel passiert ist. Ein Punkt, an dem sich das sehr gut erkennen lässt, ist die Beschaffenheit der Rollen, die die Communities bereit sind, in ihren Narrativen zu akzeptieren. Es handelt sich nämlich in der Regel genau um jene drei, die das kollektive Gedächtnis von Gemeinschaften, laut Assmann (2011, S. 36) als ruhmreich bzw. zumindest akzeptabel anzunehmen bereit ist.

Zum einen die des Siegers, der über den Feind triumphiert hat, die vor allem von den Unionisten mit ihren diversen Gedenkveranstaltungen und Paraden bezüglich historischer Siege wie dem *Battle of the Boyne* oder der Rettung London-/Derrys durch die *Apprentice Boys* etc. eingenommen wird. Dass die Nationalisten sich diese Rolle nicht ebenfalls zu eigen gemacht haben, liegt in erster Linie daran, dass es in ihrem historischen Narrativ eigentlich keine großen Siege zu verzeichnen gibt. Zwar wurden diverse Rebellionen, Aufstände und Umstürze durchgeführt, diese waren aber stets früher oder später zum Scheitern verurteilt.

Die zweite jener Rollen ist die des Widerstandskämpfers/Märtyrers, der sich dem „Bösen" entgegengestellt hat. Diese Rolle ist in beiden Communities sehr verbreitet und bezieht sich hauptsächlich auf die im Kampf gefallenen Mitglieder der paramilitärischen Organisationen, denen mit den *Gardens of Re-*

*membrance/Reflection* entsprechende Gedenkstätten errichtet wurden. Obwohl die Mitglieder dieser Gruppierungen vielerorts als Terroristen gelten und oft wirklich schreckliche Dinge getan und nicht nur der anderen, sondern bisweilen auch der eigenen Gemeinschaft großes Leid zugefügt haben, ist der Respekt für die Gefallenen in den Communities in der Regel ungebrochen. Unter diese Rolle fallen außerdem auch die Gefallenen sämtlicher historischer Schlachten, vor allem auf Seiten der Unionisten jene der *36$^{th}$ Ulster Division*, die in der Schlacht an der Somme umkamen. Bisweilen erreichen auch einzelne Personen den Status eines Märtyrers, das bekannteste Beispiel für dieses Phänomen dürfte wohl Bobby Sands sein. Aber auch zivile Opfer einzelner Anschläge erhalten in gewisser Weise diesen Status, obwohl sie natürlich keine Widerstandskämpfer oder Märtyrer im eigentlichen Sinne waren. Zugleich greift hier aber auch die „Opfer"-Rolle.

Ähnlich verhält es sich mit dem Rollenbild, mit dem sich die beiden Communities an sich jeweils identifizieren. Es ist in der Regel zweigeteilt zwischen dem Part des Widerstandskämpfers, der sich gegen den allgegenwärtigen Feind stellt, auf der einen Seite, und der Rolle des „Opfers", das von jenem Feind allgegenwärtig bedroht wird, auf der anderen Seite.

Andere Rollenbilder, wie etwa die von „Täter", Mitverantwortlichem oder ähnlichem, kommen in den Narrativen der beiden Gemeinschaften so gut wie nicht vor. Das Akzeptieren solcher Rollen und ihre Aufnahme ins gemeinschaftsspezifische Narrativ widersprechen dem natürlichen Streben des kollektiven Gedächtnisses, nur ruhmreiche oder zumindest annehmbare Aspekte der Geschichte zu erinnern. Dementsprechend müssen betroffene Gesellschaften die Akzeptanz dieser Rollen in einem mühsamen und langen Prozess aus Vergangenheitsbearbeitung und Erinnerungspolitik „erlernen". Dass sie also in der nordirischen Gesellschaft eigentlich nicht vorhanden sind, während die akzeptablen Rollenbilder die Gemeinschaften hingegen stark prägen, lässt darauf schließen, dass in Bezug auf Erinnerungsbearbeitung noch einiges passieren muss.

## 5.4 Konflikttransformationsbemühungen in Nordirland

Natürlich finden aber auch in der nordirischen Gesellschaft, trotz oder gerade aufgrund der Trägheit des Friedensprozesses und des Mangels an Orientierung bezüglich des Umgangs mit der Vergangenheit, vielseitige Bemühungen statt, den Konflikt und die dazugehörigen gesellschaftlichen Auswirkungen irgendwie zu bearbeiten. Dabei muss allerdings stets bedacht werden, dass in diesem Fall, wie auch in so vielen anderen, das Ergebnis jener Konflikttransformationsbemühungen keine tatsächliche Lösung des Konfliktes an sich sein kann. Denn wie am Beispiel des Nordirlandkonfliktes besonders gut sichtbar, liegen die Ursachen und Auslöser der Auseinandersetzung oft viele Jahrhunderte zurück und entziehen sich damit jeglicher Bearbeitung. Zudem handelt es sich bei den *troubles* um einen sog. Identitätskonflikt, was viele ihrer Aspekte ohnehin so gut wie nicht verhandelbar macht (vgl. Ropers 1995, S. 206). Aber auch, wenn die Ursachen des Konfliktes nicht bearbeitet werden können, so können es doch immerhin in vielen Fällen seine Aus- bzw. Nachwirkungen, zumindest in einem bestimmten Maße. Das meint, ganz im Sinne des Ansatzes von Zartman und Rubin (2000), den Fokus auf jene Aspekte zu legen, die unmittelbar beeinflusst werden können und die tieferliegenden Ursachen weitestgehend beiseite zu lassen. Auf den Fall Nordirlands übertragen, bedeutet dies also in erster Linie eine Fokussierung auf die Wiederherstellung von Interaktion bzw. sozialen Beziehungen zwischen den verfeindeten Communities sowie die Förderung von Verständnis und Akzeptanz der Sichtweisen/Weltanschauungen der anderen Seite mit dem Ziel eines friedlichen sozialen und kommunikativen Austausches zwischen den Gruppen (vgl. Baumann 2008, S. 20). Im Folgenden soll nun, unter Berücksichtigung einiger Beispiele, betrachtet werden, welche Maßnahmen bzw. Ansätze auf den verschiedenen Ebenen der Konflikttransformation (*top-level*, *middle-range* und *grassroots*) im konkreten Fall Nordirland ergriffen wurden und welche Rolle diese im Friedensprozess spielen.

### 5.4.1 *Top-level* Ebene

Im Falle Nordirlands ist es bereits recht schwierig, überhaupt zu definieren welche Institutionen dieser makropolitische Ebene angehören. Hier sollen nun aber Nordirlands Regionalregierung (*Northern Ireland Assembly*) sowie auch die britische und irische Regierung unter diesen Begriff fallen. Auf die Bedeutung der gemeinsamen EU-Mitgliedschaft Großbritanniens und Irlands bzw. auf die Rolle der Europäischen Union innerhalb dieses Gefüges soll hier indessen nicht weiter eingegangen werden.

Tatsächlich spielt die makropolitische Ebene im nordirischen Friedensprozess eher eine untergeordnete Rolle. Zwar ist ihr die Aushandlung des *Good-Friday-Agreements*[141] und damit der offizielle Anstoß des Friedensprozesses zuzurechnen, später nimmt ihr Einfluss aber merklich ab. Dies liegt vermutlich zu einem großen Teil in der schwierigen politischen und gesellschaftlichen Situation in Nordirland begründet.

Denn in den Jahren seit der Unterzeichnung des *Karfreitagsabkommens* war die Regionalregierung in Stormont[142] mehrere Male, teilweise auch für längere Zeiträume, suspendiert oder musste aufgrund von Parteistreitigkeiten aufgelöst werden (Otto 2005, S. 142). In der Regel gibt es in einem solchen Fall mehrere Fristen, innerhalb derer eine Einigung gefunden werden müsste. Verstreichen diese Fristen ergebnislos, kommt es zur Übernahme der Regierungsgeschäfte durch die Zentralregierung in London.[143] Das erste Mal drohte dies bereits kurz nach der Verabschiedung des *Karfreitagsabkommens*, da die Führung an der Frage der Abrüstung der paramilitärischen Verbände zu zerbrechen drohte (ebd., S. 137). Nur ein Trick des damaligen britischen Premierministers konnte eine Auflösung verhindern (ebd.). Dass diese Problematik so häufig auftritt, liegt vor allem daran, dass seit Inkrafttreten des *Karfreitagsabkommens* stets eine nationalistische und eine unionistische Partei (meist *Sinn Féin* und die *DUP*) zusammen die Regierung formen müssen, um die „Übervorteilung" einer der beiden Bevölkerungsgruppen zu verhindern (Pieper 2018). Da aber beide Seiten, wie in den Ausführungen zu den *troubles* bereits klar geworden sein dürfte, in den meisten Fällen nicht besonders kompromissbereit und hinsichtlich vieler Thematiken antagonistisch eingestellt sind, kommt es häufig zu Konflikten über bisweilen auch recht unbedeutende Themen, die aufgrund der Kompromisslosigkeit der beiden jeweiligen Parteien nicht mehr diplomatisch zu lösen sind und damit häufig die Auflösung bzw. Suspendierung der Regierung und/oder Neuwahlen zur Folge haben (vgl. Pieper 2018; Otto 2005, S. 142).

Auch zum Zeitpunkt dieser Untersuchung (2018) wurde Nordirland von

---

141 Das allerdings, wie ja bereits erwähnt, noch immer nicht vollständig umgesetzt wurde (Anhang C, Interview I, Z. 155-157).

142 Stormont ist ein Stadtbezirk in Belfasts östlicher Peripherie, der auch das Parlamentsgebäude beherbergt. Im alltäglichen Sprachgebrauch wird daher Parlament, Regierung, *Assembly* und Stormont nahezu synonym verwendet.

143 Dies stößt bei einem großen Teil der Bevölkerung (vorwiegend natürlich Nationalisten) in der Regel auf großen Unmut.

London aus regiert und das bereits seit etwas über eineinhalb Jahren (Pieper 2018). Die beiden Regierungsparteien *DUP* und *Sinn Féin* konnten sich trotz mehrerer Ultimaten nicht einigen, woraufhin die Regierung sich wiederum auflöste (ebd.).[144] Erst im Januar 2020 konnten die Regierungskompetenzen an Stormont zurückübertragen werden. Hinzu kommt, dass die Menschen in Nordirland aufgrund der aktuellen und auch früheren Erfahrungen meist keine besonders hohe Meinung von ihrer Regionalregierung haben (Wuhrer 2000, S. 8). Zudem darf auch nicht unerwähnt bleiben, dass diese, selbst wenn sie intakt agiert, um Provokationen zu vermeiden, während der Marschsaison der protestantischen Orden den politischen Betrieb größtenteils einstellt, weswegen schon unter normalen Bedingungen Entscheidungen meist sehr lange brauchen (ebd., S. 143). Diese angespannte und instabile politische Situation hat verheerende Folgen für den Friedensprozess und hemmt dessen Voranschreiten massiv, da Entscheidungen zu seinem Verlauf oder eventuellen Initiativen häufig durch die erwähnten Problematiken zum Erliegen kommen.

Zusätzlich zu der wiederkehrenden Handlungsunfähigkeit der nordirischen Regierung fühlt sich anscheinend auch niemand weiteres tatsächlich für das Vorantreiben des Friedensprozesses auf makropolitischer Ebene zuständig. Großbritannien bleibt dabei völlig tatenlos und verzichtet vollends darauf, über das festgesetzte Maß hinaus den Friedensprozess in Nordirland zu unterstützen oder entsprechende Initiativen zu fördern oder gar selbst zu initiieren (z.B. Anhang C, Interview I, Z. 162-166). Die Verabschiedung des *Karfreitagsabkommens* beendete größtenteils das britische Engagement hinsichtlich der Friedensbemühungen (z.B. ebd.). Da London aber immer wieder die für Nordirland zuständige Exekutive ist, ist dies natürlich problematisch. Hinzu kommt, dass die *DUP* derzeit die Partei ist, die, wie zuvor bereits der Regierung Theresa Mays, nun ebenfalls der Regierung Boris Johnsons die notwendige Mehrheit im Unterhaus sichert und diese somit handlungsfähig hält (vgl. Pieper 2018). Aufgrund dessen werfen die Nationalisten der Londoner Regierung generell, aber auch bezüglich der Vermittlung zwischen der zerstrittenen *Assembly*, Parteilichkeit vor und fordern, die Regierung der Republik Irland ebenfalls an den entsprechenden Verhandlungen zu beteiligen (Pieper 2018).

Eine weitere Schwierigkeit besteht darin, dass wohl auch nur nordirische Politiker, die ja auch entsprechend oft selbst in den Konflikt involviert waren,

---

144 Grund für den Parteienstreit ist die Uneinigkeit über ein teures Förderprogramm für erneuerbare Energien (Pieper 2018).

die komplexe Lage im Land genau beurteilen und einschätzen können, welche Maßnahmen erfolgsversprechend sein könnten. Außenstehenden fehlt hingegen oft das Verständnis und die Sensibilität für viele der komplexen Problematiken. Darauf bezogen erscheint es doch etwas bizarr, dass beispielsweise die ehemalige britische Nordirlandministerin Karen Bradley[145] erst nach ihrer Ernennung im Januar 2018 das erste Mal überhaupt nach Belfast reiste (ebd.) und trotzdem eine der höchsten Entscheidungsträgerinnen in Nordirland-Fragen war. Zudem wurde die britische Politik in den letzten Jahren nahezu ausschließlich von der Brexitdebatte und deren Begleiterscheinungen bestimmt. Zwar berührte diese aufgrund von Grenzthematik und damit verbundener Backstop-Klausel auch maßgeblich die Nordirlandproblematik, setzte den Fokus aber deutlich auf andere, eher wirtschaftsorientierte Dinge. Hinzu kommen noch parlamentsinterne und anderweitig politischen Schwierigkeiten, was, alles zusammengenommen, das Thema Nordirland und die entsprechende Post-Konfliktproblematik nur noch weiter von der politischen Agenda Großbritanniens verdrängt hat.

Die Regierung der Republik Irland scheint hingegen sehr viel eher geneigt, sich im nordirischen Friedensprozess zu engagieren und verschiedene, besonders kulturelle Projekte zu fördern. Sie beschränkt ihre Unterstützung naheliegenderweise aber beinahe ausschließlich auf Initiativen der nationalistisch geprägten Community und ist dementsprechend ebenfalls weder frei vom Vorwurf der Parteilichkeit, noch der beste Wegbereiter für den Frieden.[146]

Betrachtet man all diese Faktoren zusammengenommen, ist es nicht weiter verwunderlich, dass aktuell kaum ein Vorantreiben des Friedensprozesses auf makropolitischer Ebene stattfindet. Dabei zeigt die Unfähigkeit Nordirlands, eine eigene Regierung zu bilden und auch zu halten, nur einmal mehr wie groß der Handlungsbedarf in Sachen Friedensprozess noch immer ist und wie fragil sich die bisherigen Fortschritte ausnehmen.[147] Sie zeigt aber auch, dass das

145 Karen Bradley amtierte von Januar 2018 bis Juli 2019 als Ministerin für Nordirland. Ihr folgte Julian Smith von Juli 2019 bis Februar 2020. Seit dem 13. Februar 2020 hat Brandon Lewis dieses Amt inne (Stand Juli 2020).

146 Auch wenn viele der von der Regierung der Republik Irland geförderten Projekte zur Verständigung bzw. Annäherung der beiden Communities beitragen, ist diese nur einseitige Unterstützung keinesfalls hinreichend.

147 Zudem wirft es die Frage auf, wie praktikabel das aus dem *Karfreitagsabkommen* abgeleitete Verfassungssystem letztendlich ist und ob es nicht evtl. einer Überarbeitung bedarf (Otto 2005, S. 142f.). Wie eine solche allerdings aussehen könnte, ist ungewiss, da die Ergebnisse des *Karfreitagsabkommens* letztendlich schon dem bestmöglichen Kompromiss entsprechen (Anhang C, Interview I, Z. 155-157).

Land (noch) nicht vollständig fähig ist, seinen Weg zum Frieden selbst zu gestalten, was sich ohne funktionierende Exekutive noch schwieriger darstellt. So große Bedeutung Baumann also auch den sog. weichen Faktoren im Friedensprozess zuschreibt (2008, S. 20), zeigt das Beispiel Nordirland doch ebenfalls, dass auch der Theorie des *state-buildings* (Paris 2007) bzw. dem *stateness-first* Ansatz (Fukuyama 2005) durchaus eine gewisse Berechtigung zuzubilligen ist.

### 5.4.2 *Middle-range* und *grassroots* Ebene

Da diese beiden Ebenen, wie bereits erläutert, nur sehr schwer voneinander zu trennen sind, (Baumann 2008, S. 80) sollen sie nun auch hier gemeinsam behandelt werden. Die Charakteristik der beteiligten Akteure reicht dabei von Lokalregierungen über Organisationen bzw. Institutionen (wie Schulen, Kirchen, etc.) bis hin zu Bürgerinitiativen. Oft sind es lokale Führungspersönlichkeiten, die wichtige Positionen innerhalb dieser Strukturen bekleiden, die in der Regel tief in einer der beiden Communities verwurzelt sind (Baumann 2008, S. 82; Lederach 1997, S. 39). Diese tiefe Verbundenheit ist äußerst bedeutsam, denn sie ermöglicht in der Regel, etwaige Maßnahmen genau auf einzelne Gemeinden oder Gruppen anzupassen. Dadurch kommt jenen beiden Ebenen im Hinblick auf erfolgreiche Konflikttransformation häufig größere Bedeutung zu als der *top-level* Ebene, nicht nur weil das Vorgehen individueller zugeschnitten werden kann, sondern vor allem, weil die tatsächliche Verständigung bzw. Annäherung mit oder an die andere Community eben real auf diesen unteren Ebenen, vor allem der *grassroots* Ebene, stattfindet. Damit sind die dort getroffenen bzw. umgesetzten Maßnahmen nicht nur sehr bedeutsam für den Friedensprozess, sondern vermutlich auch äußerst effektiv. Denn Entscheidungen auf makropolitischer Ebene können noch so durchdacht und voller guter Absichten sein (wenn sie denn getroffen werden), was für den Friedensprozess aber letztlich zählt ist, wie diese in der Gesellschaft ankommen und wie sie umgesetzt werden. Bei dieser Realisierung bzw. Vermittlung spielen die Organisationen der unteren Ebenen eine große Rolle, da nicht davon ausgegangen werden kann, dass auf *top-level* Ebene getroffene Maßnahmen einfach im Sinne des *trickle-down* Ansatzes nach unten „durchsickern“ (Lederach 1997, S. 44ff.), sondern, dass diese aktiv vorangetrieben werden müssen.

Viele der Verständigungsinitiativen der unteren Ebenen erhalten Förderungen von der Europäischen Union, die diese Dynamik unterstützen und helfen sollen, Programme dieser Art zu erhalten oder auszuweiten.[148] Community-übergreifende Projekte aber, die sowohl nationalistische als auch unionistische Akteure vereinen, gibt es bisher nur wenige (z.B. Anhang C, Interview I, Z. 37-39).

Viele der Themenschwerpunkte liegen, neben Traumabewältigung, Opferbetreuung und der gesellschaftlichen Wiedereingliederung ehemaliger Paramilitärs, vor allem auf Verständigung bzw. Austausch zwischen den beiden Gemeinschaften. Dabei kommen verschiedene Methoden wie die Schaffung von Begegnungsräumen, vor allem aber Aufklärung zum Einsatz. Viele Projekte der auf den unteren Ebenen aktiven Initiativen versuchen zudem, die Sichtweise bzw. den Blickwinkel einer der beiden (in seltenen Fällen auch beider) Communities (generell oder bezogen auf spezifische Ereignisse) darzustellen und der anderen Seite damit zugänglich zu machen. Wie solche Projekte aufgebaut bzw. gestaltet sein können und welche Ziele sie verfolgen, soll nun anhand einiger Beispiele aufgezeigt und näher betrachtet werden.

#### 5.4.2.1 *Museum of Free Derry* und *Bloody Sunday Trust*

Das *Museum of Free Derry*, welches sich in der Bogside der Stadt London-/Derry befindet, beherbergt eine Ausstellung, die sich nach einem kurzen historischen Überblick primär mit der Zeit der Bürgerrechtsbewegung, der entsprechenden Situation im sog. *Free Derry* und den Aktionen der *NICRA* dort befasst. Seinen speziellen Fokus setzt das Museum auf die Geschehnisse des *Bloody Sunday* 1972 sowie auf den nachfolgenden Kampf für bzw. den langen Weg zu einer zweiten Untersuchung der Ereignisse, woran der eng mit der Institution verwobene *Bloody Sunday Trust* großen Anteil hatte.

Diverse Ausstellungsgegenstände wie Kleidungsstücke, Fotos und Banner haben einen starken persönlichen Bezug zu einzelnen Opfern und geben den damaligen Ereignissen somit ein Gesicht, wodurch sie für den Besucher um

148 Dies ist meist aus den jeweiligen Broschüren oder etwaigen angebrachten Plaketten zu ersehen. Vor dem Hintergrund des Brexits droht diese Förderung allerdings wegzufallen, was vor allem in Verbindung mit der schwierigen politischen Situation in Nordirland fatale Folgen für diese Initiativen haben kann. Wie sich deren Zukunft daher gestalten wird, ist daher im Moment noch völlig offen.

einiges greifbarer werden (Anhang A, BPK V, Z. 22-48).[149] Das Museum soll dabei als öffentlicher Raum fungieren, der es den Besuchern ermöglicht, auf neutralem und sicherem Terrain die historischen aber auch aktuellen Facetten *Free Derrys* zu explorieren (Museum of Free Derry 2018e).[150] Dabei sollen die Ereignisse in London-/Derry in einem weiteren Kontext stellvertretend für die gesamtirischen Problematiken stehen (ebd.) sowie durch Aufklärung das Verständnis der nationalistischen Sichtweise und für diese fördern. Im Hinblick darauf verkörpert das Museum also ebenso einen Ansatzpunkt für eine gemeinsamere Zukunft, wie es auch als Erinnerungsort für eine gemeinsamere Vergangenheit dient (ebd.).

Es ist allerdings wichtig zu verstehen, dass dabei keine geteilte Übereinkunft über geschichtliche Ereignisse Nordirlands und im speziellen den *Bloody Sunday* angestrebt wird.[151] Vielmehr geht es darum, ein gewisses Maß an Verständnis für die Tatsache zu vermitteln, dass es zu diesen Ereignissen eben unterschiedliche Meinungen und Perspektiven gibt und diese Unterschiede akzeptiert werden sollten, anstatt darüber in Konflikt zu geraten (Anhang C, Interview I, Z. 11-13). Weiterhin, so erklärt Museum Manager Patrick Murphy, sollen vor allem mehr Menschen dazu befähigt und ermutigt werden, ihre eigene Geschichte zu erzählen, sie anderen zugänglich zu machen, so dass diese daraus lernen können.

Es sei an dieser Stelle noch einmal betont, dass nicht das Überzeugen oder Bekehren das Ziel ist, sondern vor allem eine Erweiterung des Blickwinkels im Fokus steht. Denn die Perspektiven der anderen Seite wenn auch nicht zu übernehmen so doch besser zu verstehen und zu akzeptieren, ist essentiell wichtig für die Zukunft des Friedensprozesses (Anhang C, Interview I, Z. 17-21).

Dass das Museum diesem Anliegen gerecht wird, ist für Murphy in vielen Fällen deutlich spürbar und bisweilen auch in Besucheräußerungen hörbar. Viele Besucher[152] verlassen den Ort nicht nur mit einem besseren Verständnis der Ereignisse und der übergeordneten Zusammenhänge des *Bloody Sunday*,

---

149 Eine detailliertere Beschreibung der Ausstellungsinhalte und -gestaltung ist in dem entsprechenden Beobachtungsprotokoll (Anhang A, BPK V, Z. 22-48) einzusehen.

150 In diesem Falle sollen damit vorwiegend unionistische Besucher gemeint sein.

151 Dies bezieht sich auf die Beweggründe bzw. das Ausmaß der Geschehnisse. Die tatsächlichen Ereignisse bzw. Tathergänge werden heute in der Regel nicht mehr angezweifelt (Anhang C, Interview I, Z. 62-63).

152 Auch hier sei sich erneut vorrangig auf Besucher aus Nordirland mit unionistischem Hintergrund bezogen (Anhang C, Interview I, Z. 31-35).

sondern auch mit einer größeren Akzeptanz für die Einstellungen und Perspektiven der nationalistischen Seite (ebd., Z. 31-35).

Genau aus diesem Grund, weil eben häufig so unmittelbare Erfolge eintreten, wären noch viele weitere Projekte dieser Art notwendig, betont Murphy. Dabei müsste es sich auch nicht zwingend um Museen handeln; auch Bücher, Ausstellungen oder andere Kulturprojekte könnten diese Funktion erfüllen. Insbesondere wären Initiativen wünschenswert, die helfen auch die unionistische Seite, ihre Beweggründe und Sichtweisen zu verstehen (ebd., Z. 22-28), denn solche scheint es bisher nicht in ausreichendem Maße zu geben (ebd., Z. 37-39).

Das *Museum of Free Derry* sieht seine Aufgabe aber auch in einem erweiterten internationalen Kontext, indem es durch die exemplarische Darstellung der Bemühungen für gleiche Bürger- und Menschenrechte in Nordirland auf den weltweiten Kampf für Freiheit und Gleichheit aufmerksam macht und Besucher dazu befähigen möchte, diesen als eine der großen, laufenden Herausforderungen der Moderne wahrzunehmen (Museum of Free Derry 2018f) und gegebenenfalls einen eigenen Beitrag zu deren Überwindung zu leisten.[153]

#### 5.4.2.2 Guildhall Ausstellung

In der für Besucher geöffneten historischen Guildhall von London-/Derry[154] gibt es durchgehend Ausstellungen zu wechselnden Themen. Nach Informationen vor Ort haben diese aber stets einen historischen Bezug und sind als auf einen längeren Zeitraum hin ausgerichtete Dauerausstellungen konzipiert. Die zum Zeitpunkt meines zweiten Feldaufenthaltes laufende Ausstellung in den Erdgeschossräumen der Guildhall beschäftigt sich mit der Thematik der *Plantation of Ulster*. Dabei führt die sorgfältig gestaltete und aufgebaute Ausstellung multimedial und multimodal entlang der Zeitachse durch die Periode der *Plantation of Ulster.*[155] Jeweils zu Beginn und Ende der Ausstellung kann man sein Wissen über diesen Zeitabschnitt per Plastikmarke in einer Röhre bewerten (Anhang A, BPK V, Z. 11-14). Zumindest diesem Indikator nach trägt das Projekt durchaus zur Erweiterung des Kenntnisstandes der Besucher bei (ebd., Z. 14-16). Geplant und gefördert wird es vom zuständigen District Council (Derry City

153 Vgl. etwa den immensen Palästina-Support.
154 In etwa zu vergleichen mit dem Rathaus.
155 Eine detailliertere Beschreibung der Austellungsinhalte bzw. -gestaltung, ist in dem entsprechenden Beobachtungsprotokoll (Anhang A, BPK V, Z. 1-20) einzusehen.

and Strabane), welches für eine so große Stadt wie London-/Derry durchaus ungewöhnlich, vorwiegend nationalistisch aufgestellt ist (Anhang C, Interview I, Z. 69-72). Umso bemerkenswerter gestaltet sich die Tatsache, dass sich bei der Konzeption der Ausstellung um eine neutrale, keine der beiden Seiten in den Vordergrund stellende oder die „Opferkarte" zuweisende Umsetzung bemüht wurde. Vielmehr wurde versucht, die historischen Fakten möglichst nüchtern, sachlich sowie ohne eine übermäßige Verwicklung in Emotionen darzustellen und sie dennoch nicht langweilig erscheinen zu lassen. Bemerkenswert ist jedoch, dass selbst bei dieser bemüht neutralen Darstellung das Gefühl der Konfrontation zweier Seiten, nämlich von „Unterdrücker" und „Unterdrücktem", naturgemäß bestehen bleibt und gerade Menschen mit eher geringen Vorkenntnissen zu dieser Thematik (wie viele Touristen) sich am Ende meist dennoch eher etwas parteiisch für die Seite der irischen „Urbevölkerung" aussprechen (z.B. Anhang A, BPK V, Z. 16-20) (siehe auch Abb. 8).

Insgesamt zielt die Ausstellung zum einen auf den Erwerb historischer Kenntnisse, zum anderen aber vor allem auf ein besseres Verständnis der Konfliktursachen sowie die Aufforderung zu Reflexion und Perspektivwechsel ab. Damit werden ähnliche Effekte wie im Falle des *Museums of Free Derry* angestrebt. Nämlich die Kenntnis über die Existenz anderer Sichtweisen auf ein spezifisches Ereignis und die Akzeptanz der Tatsache, dass diese Sicht von der eigenen abweichen kann.

#### 5.4.2.3 *Corrymeela* Initiative – *Contact Culture and Conflict around the Causeway*

Bei der *Corrymeela* Initiative handelt es sich nach eigenen Angaben um Nordirlands älteste Organisation für Frieden und Versöhnung, die ihre Arbeit bereits vor Beginn der *troubles* aufnahm und bis heute in der Post-Konflikt-Gesellschaft fortführt (Corrymeela 2015a). Sie betreibt eine Art spirituelles Zentrum etwas außerhalb von Ballycastle (Corrymeela 2015b), in welchem diverse Workshops und Seminare angeboten werden. Zusätzlich initiiert und fördert diese Initiative viele weitere Projekte und Programme, die sich unter anderem mit den Themenschwerpunkten *sectarianism*, Marginalisierung und Community auseinandersetzen (Corrymeela 2015c). Bevor ich näher auf ein spezifisches Projekt dieser Initiative eingehe, soll zunächst noch kurz ein Blick auf ihre religiösen Aspekte geworfen werden.

Die meisten der sich im Friedensprozess engagierenden Organisationen bzw. Initiativen fühlen sich in der Regel, wie ja bereits angesprochen, einer der beiden Communities näher als der anderen und sind auch stärker in dieser verwurzelt. Das bedeutet, dass sie sich, selbst ohne direkten religiösen Bezug ihrer Arbeit, meist auch eher einer der beiden Konfessionen zugehörig fühlen. Das Besondere an *Corrymeela* ist nun, dass diese Initiative zwar grundsätzlich der protestantischen Glaubensrichtung, genauer gesagt der Presbyterianischen Gemeinschaft, welcher auch der Gründer der Initiative angehörte (Corrymeela 2015b), nahe steht und auch deren Gotteshäuser für Gottesdienste, Gebete etc. nutzt (Corrymeela 2015e), trotzdem aber einen eher ökumenischen Ansatz verfolgt, der Menschen aller christlichen Traditionen verbinden soll (Corrymeela 2015d).[156] Sämtliche Programme und Projekte dieser Initiative sind also für alle Konfessionen offen.

Darüber hinaus hat *Corrymeela* es sich zum Ziel gesetzt, zur Überwindung der sozialen, politischen und religiösen Gräben in der nordirischen Gesellschaft und in einem größeren Kontext auch weltweit beizutragen (ebd.). Vor allem der Schaffung von Begegnungsräumen innerhalb verschiedener Kontexte kommt dabei eine Schlüsselfunktion zu (Corrymeela 2015f). Beteiligte sollen so bei der Auseinandersetzung mit der Vergangenheit und der komplexen eigenen, individuellen sowie kollektiven Identität unterstützt werden, um einen ersten Schritt hin zu einem zukünftigen gemeinsamen Miteinander als friedliche und tolerante Gesellschaft zu ermöglichen (Corrymeela 2015f).

Ein besonders interessantes Projekt im Hinblick auf diese Zielsetzung ist das *Contact Culture and Conflict around the Causeway* Programm. Dabei können Teilnehmer in Kleingruppen, in der Regel in Form eines mehrtägigen Events, unter sachkundiger Führung archäologische Stätten im Bereich der Causeway Coast besuchen, vor Ort ihre historischen Kenntnisse erweitern und mit archäologischen Fundstücken interagieren. Der Schwerpunkt liegt dabei auf Ausgrabungen und Stätten zur Thematik der *Plantation of Ulster*, welche eine besonders kontroverse Periode der nordirischen Geschichte darstellt. Da diese auch heute noch so große Bedeutung und einen entsprechend hohen Stellenwert in der Erinnerungskultur der nordirischen Bevölkerung innehat, stellt sie eine gute Möglichkeit des Zugangs und der Initiierung von Verständigungs- und Reflexionsprozessen dar.

Ziel des Programms ist es, den Teilnehmern aufzuzeigen, dass das, was

156 Diese ökumenische Ausrichtung ist in der Regel typisch für die presbyterianische Glaubensgemeinschaft. Einzelne Abspaltungen dieser Kirche aber, wie etwa die von Ian Paisley gegründete „Freie Presbyterianische Kirche“, grenzen sich davon ab.

als allgemeine Wahrheit in den jeweiligen Communities vertreten wird, nicht immer unbedingt den tatsächlichen historischen Tatsachen entsprechen muss und dass diese oft vielschichtiger und diverser sind als angenommen. So gab es beispielsweise zwar zahlreiche Konflikte zwischen irischer Bevölkerung und den neuen schottisch/britischen Siedlern, vielerorts finden sich aber auch Spuren, die deutlich auf eine friedliche Koexistenz oder sogar Kooperation der beiden Bevölkerungsgruppen hinweisen. Über Erkenntnisse wie diese, die durch den direkten Kontakt mit historischen Artefakten oft noch greifbarer werden, sollen die Teilnehmer dazu angeregt werden, ihren eigenen Kenntnisstand und ihre Einstellungen zu hinterfragen sowie festgefahrene Denkmuster und Handlungsweisen zu reflektieren und zu überdenken. Diese gemeinsam erfahrenen Momente der Erkenntnis erzeugen zudem häufig eine Art von Verbundenheit zwischen den einzelnen Teilnehmern einer Gruppe, die oft über die Programmdauer hinaus und unter Umständen auch über Communitygrenzen hinweg Bestand hat (Pettis & Dunn 2015).

Das Projekt strebt aber auch an, in den Teilnehmern Interesse dafür zu wecken, sich selbstständig mit der (historischen) Vergangenheit auseinanderzusetzen, Dinge zu hinterfragen und nachzuforschen. So sollen sie etwa befähigt werden, zu verstehen, dass sie nicht darauf angewiesen sind, Aussagen und Meinungsbilder von Lehrern, Communityführern oder Politikern unreflektiert als wahr zu begreifen, sondern dass es in ihrer eigenen Verantwortung liegt, Dinge zu hinterfragen und sich ein eigenständiges Bild über einen Sachverhalt zu machen (Pettis & Dunn 2015). Diese Entkopplung aus dem „Propagandakreislauf“ wirkt auf viele wie eine Art Erwachen, befördert die Neugier und führt zu der Erkenntnis, dass es die eine Wahrheit oft nicht gibt, sondern dass diese stets vom eigenen Blickwinkel abhängig ist.

Die Auseinandersetzung mit der Geschichte kann also durchaus einen großen Einfluss auf die Gegenwart haben und sich, zumindest im Bereich des je individuellen Mikrokosmos, positiv auf den Friedensprozess auswirken. Für viele erscheint sie aber auch heilend bzw. tröstend, weil vermeintlich tiefe Wunden im individuellen und kollektiven Selbstverständnis von einer anderen Perspektive aus betrachtet, unter Umständen anders wahrgenommen werden. An diesem Projekt zeigt sich also erneut die große Bedeutung der (bisweilen auch weit zurückliegenden) Geschichte und der Erinnerung auf den laufenden Friedensprozess.

### 5.4.3 Fazit Konflikttransformationsbemühungen

Die hier vorgestellten Beispiele bilden selbstverständlich nur eine kleine Auswahl der zahlreichen und vielfältigen Projekte ab, die auf den unteren *leadership* Ebenen der nordirischen Gesellschaft stattfinden. Trotzdem zeigen die Beispiele deutlich, wie vielfältig die Ansätze innerhalb solcher Initiativen gestaltet sein können. Die Ziele jedoch sind stets sehr ähnlich. Besonders die Vermittlung von Wissen, die Anregung zum Perspektivwechsel sowie zu Reflexion, Neugier und Eigeninitiative sind die wichtigsten Werkzeuge, die in mannigfaltiger Form eingesetzt werden können, um die Menschen in die Lage zu versetzen, für sie selbstverständliche und oft eingefahrene Denk- und Handlungsweisen sowie anderweitige Muster als solche zu erkennen und diese zu hinterfragen. Der Idealfall träte ein, wenn jene Erkenntnis nicht nur eine kognitive Veränderung, sondern auch eine im direkten Verhalten bewirken würde. Doch bereits ersteres ist ein großer und wichtiger Schritt in der Konflikttransformation, bei dem jeder einzelne, der diesen Schritt geht, den Friedensprozess ein Stück voranbringt.

Es soll allerdings auch an dieser Stelle noch einmal erwähnt werden, dass es bei all diesen Projekten keinesfalls darum geht, die Sichtweise der jeweils anderen Community zu übernehmen, die Menschen also von der Richtigkeit der einen oder anderen Weltsicht zu überzeugen. Sie sollen vielmehr lernen zu verstehen und zu akzeptieren, dass es andere Sichtweisen neben ihrer eigenen gibt, und dass es in Ordnung ist, diese zu haben. Zu erkennen, dass es eine absolute Wahrheit in vielen Fällen oft nicht gibt und dass das individuelle Wahrheitsempfinden zu großen Teilen von der eigenen Perspektive auf einen Sachverhalt abhängig ist, gehört ebenfalls dazu.

Dieses Vorgehen der ausdrücklichen „Nicht-Bekehrung" ist immens wichtig, da es den Menschen eine Auseinandersetzung mit der antagonistischen Gemeinschaft bzw. deren Ideologie ermöglicht, ohne ihre eigene individuelle bzw. kollektive Identität zu stark zu berühren oder gar in Frage zu stellen.

Abschließend möchte ich betonen, dass wirklich nachhaltige Konflikttransformation nur dann möglich ist, wenn alle drei Führungsebenen einer Gesellschaft zusammenarbeiten und so etwa Gesetzgebung, finanzielle Förderung bzw. Unterstützung von makropolitischer Ebene sowie das Vorgehen der Initiativen auf den unteren Ebenen kongruent zusammenwirken können.

# 6 Fazit

Doch welche Schlüsse sind aus den oben dargestellten Erkenntnissen zu ziehen? Welche Ansätze der Konfliktbearbeitung sollten verfolgt, welche verworfen werden? Wie kann ein möglicher Weg in die Zukunft für die nordirische Gesellschaft aussehen? – All diesen Fragen soll sich nun im Folgenden zugewandt werden. Doch bevor dies erörtert wird, sollen die Erkenntnisse der voran gegangenen Analyse noch einmal kurz zusammengefasst werden.

Auch über 20 Jahre nach dem offiziellen Ende des Konfliktes ist die nordirische Gesellschaft noch immer tief in zwei Gemeinschaften gespalten und steckt in einer Zwischenwelt aus Krieg und Frieden fest, die sich seit Jahren kaum verändert. Hinzu kommen die noch immer sehr stark ausgeprägten Strukturen der *freiwilligen Apartheid*, auch wenn diese teilweise, vor allem in den Stadtzentren, auf den ersten Blick kaum mehr wahrzunehmen sind. Vor allem die stark historisch geprägten Facetten der Symbolpolitik und des rituellen Gedenkens mit ihrer engen Verknüpfung zur kollektiven Identität der Communities sind auch weiterhin mit Sorge zu betrachten und wohl eine der größten Herausforderungen und Problematiken des nordirischen Friedensprozesses. Die mangelnde Vergangenheitsbearbeitung insgesamt sowie die Inkonsequenz und Zaghaftigkeit der Verantwortlichen bei der Umsetzung der jeweiligen Ansätze in Kombination mit den individuellen Besonderheiten des Falls zeigen deutlich, dass konstruktiver Umgang mit schwieriger Vergangenheit in Nordirland bisher nur sehr partiell erfolgt ist. Auch die Charakteristik der vorhandenen Rollenbilder weisen darauf hin.

Wird aber keine adäquate Form des Umgangs mit schwieriger Vergangenheit gefunden, können auch die Strukturen *freiwilliger Apartheid* langfristig kaum überwunden werden und dementsprechend stehen auch die Chancen auf dauerhaften, *positiven* Frieden in der nordirischen Gesellschaft schlecht. Es stellt sich also die Frage, wie diese sich selbst bedingende und selbst verstärkende Problematik angegangen werden kann. Dem soll sich nun in den folgenden Abschnitten zugewandt werden.

## 6.1 Möglicher Strategieansatz – ein Zukunftsentwurf

Zunächst einmal muss festgehalten werden, dass es wohl utopisch wäre zu glauben, es gäbe ein universelles Patentrezept zur Lösung aller nordirischen Probleme. Dementsprechend können die folgenden Ausführungen, Ansätze und theoretischen Handlungsempfehlungen lediglich und ausschließlich als hypothetische Anregungen verstanden werden, deren Erfolg, bezogen auf ihre Umsetzung in der nordirischen Gesellschaft, keinesfalls garantiert werden kann. Dies gilt ganz besonders angesichts der Tatsache, dass, wie es scheint, schon Nordiren selbst bisweilen kaum die vollständigen Konsequenzen, egal ob positiv oder negativ, einer Maßnahme abschätzen können – von Außenstehenden ganz zu schweigen. Gerade bezogen auf Aktionen, die die Symbolpolitik oder Erinnerungskultur betreffen, erscheint die nordirische Gesellschaft bzw. die beiden Gemeinschaften bisweilen nahezu unberechenbar. Die Tragweite von Entscheidungen ist dementsprechend nicht immer abzusehen.

Bei allen Ansätzen und Maßnahmen sollte deshalb stets im Gedächtnis behalten werden, wie hochgradig emotional aufgeladen sich viele Aspekte, gerade bezüglich Symbol- und Erinnerungspolitik, für beide Communities präsentieren und dass diese bisweilen ihre gesamte kulturelle und kollektive Identität von nur kleinsten Eingriffen in jene aufs Schwerste bedroht sehen. So überzogen und unverständlich diese „Überempfindsamkeit" auch für Außenstehende erscheinen mag, so muss sie doch respektiert werden. Ansonsten läuft der gesamte Friedensprozess Gefahr, nicht nur ins Stocken zu geraten oder zum Erliegen zu kommen, sondern unter Umständen ganz zu scheitern.

Um eine Verbesserung der Situation und vor allem der Interaktion zwischen den antagonistischen Gemeinschaften zu erreichen, die nachhaltig zu einer Überwindung der Post-Konflikt- und Apartheidsstrukturen führen kann, werden in dieser Arbeit zunächst zwei Ansätze als sinnvoll, um nicht zu sagen notwendig erachtet. Zum einen das Erfolgen eines gewissen Grades an Erinnerungsdistanzierung, in deren Verlauf die Historie von der aktuellen Verständigungsproblematik getrennt werden sollte, und zum anderen das Einleiten von Maßnahmen, die einerseits einen Perspektivwechsel anregen und andererseits die Rehumanisierung der jeweils anderen Community voranbringen.

### 6.1.1 Erinnerungsdistanzierung

Für die Herleitung und Erklärung dieses Ansatzes soll sich in Teilen an der Theorie von Norbert Elias (1990, or. 1983) zu „Engagement und Distanzierung" und den sog. Doppelbindern orientiert werden.[157] Diese besagt kurz,

157 Erstmals erwähnte Elias diese Theorie wohl bereits in einem früheren Werk (*Über den Prozess der Zivilisation*). Eine eigene Publikation widmete er ihr aber erst 1983. Leider stand diese Ausgabe aber nicht zur Verfügung, weshalb hier auf die zweite Auflage aus

dass Menschen sich in ihrer Umwelt orientieren müssen, um sich in dieser entsprechend zurechtzufinden und zu überleben. Dafür ist es nötig, dass sie die ihnen zur Verfügung stehenden Ressourcen sinnvoll nutzen und die potentiellen Gefahren kontrollieren. Dafür benötigen sie realitätsnahe und der Wirklichkeit angemessene Vorstellungen von der sie umgebenden Umwelt bzw. Situation. Diesem Bemühen um Orientierung steht aber auch die Bedrohung durch diese Umwelt gegenüber. Das waren ursprünglich Dinge wie wilde Tiere, Unwetter oder andere Gefahren, kann aber heute durch alles Mögliche repräsentiert werden, was für eine Gesellschaft oder Gemeinschaft als Bedrohung, in welcher Form auch immer, empfunden wird. Je stärker diese Bedrohung wahrgenommen wird, desto größer ist auch das emotionale Engagement (meist irgendeine Form von Angst) und damit verbunden auch die entsprechenden, daraus resultierenden Projektionen, also bestimmte Furchtbilder. Diese Bilder verzerren und beeinflussen aber die Sicht auf die Wirklichkeit, was wiederum eine realitätsnahe Einschätzung der Umwelt bzw. Situation und damit auch eine Kontrolle eventueller Gefahren entsprechend erschwert. Dadurch wird wiederum das Bemühen um Orientierung beeinträchtigt. Diese „Dilemmasituation" bezeichnet Elias als Doppelbinder. Bedrohungen fördern Angst und Angst erschwert im Gegenzug ein klares Bild der Wirklichkeit und damit wiederum die Kontrolle von Gefahren. Um die Kontrolle über die Situation zurückzuerlangen, müssen sich die Menschen von ihren Furchtbildern distanzieren, den Blick also weg von sich und ihrer Angst auf die aktuelle Situation richten. Auf diese Weise wird eine realistischere Einschätzung dieser möglich und es entsteht mentaler Raum für die Entwicklung von Lösungsansätzen (Elias 1990).

Diese Theorie kann in leicht abgewandelter Form auf viele moderne Phänomene insbesondere innerhalb Konflikt- bzw. Post-Konfliktsituationen angewandt werden. Dementsprechend auch auf die nordirischen *troubles*, wo sie zur Erklärung bzw. Erläuterung der festgefahrenen Strukturen, verhärteten Fronten und teilweise strikten Kooperationsverweigerung dienen kann. Auf die Situation in Nordirland angewendet besagt die Theorie also in etwa Folgendes: Durch die vergangenen (teilweise Jahrhunderte zurückliegenden), bisweilen realen Bedrohungen von Leben, Lebensgrundlage und Kultur der jeweiligen Gemeinschaften und das stetige Aufrechterhalten dieser Erinnerungen, wird deren aktuelles Bild der Wirklichkeit verzerrt, wodurch jeder kleinste Vorstoß in

---

dem Jahre 1990 zurückgegriffen wurde.

die entsprechende Richtung von Seiten der anderen Gemeinschaft oder der Behörden kaum mehr realistisch eingeschätzt werden kann.[158] Stattdessen werden sofort alte Furchtbilder aktiviert, die die „Gefahr" um einiges bedrohlicher erscheinen lassen, als sie eigentlich ist und so häufig zu einer Art Überreaktion führen, die für Außenstehende kaum angemessen oder nachvollziehbar erscheint. Dieser Kreislauf wiederholt sich in Nordirland seit Jahrhunderten immer wieder und ist mittlerweile zu einer Art Mahlstrom geworden, dessen Sog die Menschen kaum noch entrinnen können. Besonders das Beispiel des aktuellen Verhaltens der Unionisten zeigt dies in anschaulicher Weise.[159]

Wie aber kann eine Gesellschaft bzw. Gemeinschaft diesem Strudel nun entkommen? Fest steht jedenfalls, dass ein Verlassen des Strudels unbedingt notwendig ist, um der Gesellschaft bzw. den beiden Gemeinschaften überhaupt die Chance auf Fortschritte im Friedensprozess geben zu können. Denn nur dann kann Angst abgebaut und damit zunächst einmal wieder ein realitätsnäherer Blick auf die aktuelle Situation ermöglicht werden. Gegebenenfalls kann so erkannt werden, dass die als so bedrohlich empfundenen „Gefahren" in Wirklichkeit eher überschaubar sind oder sogar Kompromisse darstellen, die das Zusammenleben der beiden Gemeinschaften unter Umständen verbessern oder erleichtern können. Um aber diesen Sinneswandel erzielen zu können, muss ein gewisser Grad an Erinnerungsdistanzierung, vor allem von den historisch weit zurückliegenden Ereignissen, erfolgen. Das bedeutet, ein Verlassen des Mahlstroms ist nur möglich, wenn den Menschen bewusst wird, dass die Vergangenheit vergangen ist und auch exzessives Erinnern es nicht möglich macht, diese rückwirkend zu verändern. Was aber verändert bzw. beeinflusst werden kann, sind Gegenwart und Zukunft der Gesellschaft. Dazu kann aber wiederum nur eine realistische Einschätzung der aktuellen Situation die Grundlage sein. Man muss sich also von stark emotional behafteten Teilen der Erinnerung, die den Blick auf die Realität verstellen, lösen bzw. eben von diesen distanzieren. Dies bedeutet aber nicht, dass man die Erinnerung als solche, auch in ihren Repräsentationen, komplett aufgeben muss.[160] Es muss

158 Wie etwa bei Eingriffe in die Erinnerungspolitik, bspw. anhand des Flaggen- oder Paradenbeispiels ersichtlich wird.

159 Was natürlich in erster Linie darauf zurückzuführen ist, dass für die Unionisten die veränderte Ausgangslage einer zahlenmäßig nahezu gleichstarken katholischen Community eine zusätzliche und in gewisser Weise tatsächlich reale Bedrohung darstellt (z.B. Verlust des unionistischen Vetos), während derselbe Fakt für die Nationalisten eher zum Abbau von Angst beiträgt.

160 Wie es etwa im Modell des *Dialogischen Vergessens* der Fall wäre.

vielmehr darum gehen, die daran gebundene tiefe und häufig negativ behaftete Emotionalität hinter sich zu lassen oder sie in positiver Weise umzukonnotieren und für die Gegenwart zu nutzen.[161]

Dieser Schritt stellt allemal eine Herausforderung dar, denn schließlich bedeutet das Ablegen oder Zurücklassen dieser Emotionen auch, einen Teil der eigenen (kollektiven) Identität bzw. dessen, was sie lange Zeit mitgeprägt hat, freiwillig abzulegen. Dies erfordert zum einen Zeit, aber auch Mut und vor allem zumindest ein gewisses Maß an minimaler geteilter Vertrauensbasis mit der anderen, gegnerischen Seite. Denn schließlich sollten sich, für einen potentiellen Erfolg dieses Ansatzes, beide Gemeinschaften auf eine solche Distanzierung einlassen. Sie können und müssen also jeweils davon ausgehen, dass die andere Seite diesbezüglich ähnlich verfährt wie sie selbst. Absolute Sicherheit oder eine Garantie gibt es dabei aber nicht. Schließlich kann man niemals genau wissen, ob der andere Part ebenfalls Bemühungen unternimmt und mit demselben Grad an Ernsthaftigkeit vorantreibt. Ist dies aber der Fall, so kann jene Distanzierung eine weitestgehend neue (Ausgangs-)Situation schaffen, deren Vakuum die einzigartige Chance auf und den Raum für einen Neuanfang bietet. Dieser wird sicher nicht völlig frei von emotionalen Altlasten sein, und ob er nachhaltig erfolgreich sein wird, ist ebenfalls unklar. Zumindest aber bietet sich den Gemeinschaften so eine reelle Möglichkeit, den Teufelskreis zu verlassen.

### 6.1.2 Verständigung und Rehumanisierung

Von jenem notwendigen Zustand des Minimalvertrauens ineinander sind die beiden Gemeinschaften der nordirischen Gesellschaft aber noch weit entfernt. Er bildet jedoch die Basis einer erfolgreichen Erinnerungsdistanzierung. Bevor diese also überhaupt einsetzen kann, muss zunächst der Weg zur Schaffung bzw. zum Aufbau eines gewissen Grades an Grundvertrauen zwischen den Gemeinschaften bereitet werden. Projekte, die die beiden Gemeinschaften in (wenn auch nur mentalen) Austausch bringen oder zu Interaktion und Verständigung anregen, sind somit unerlässlich. Sie sind aber nicht nur zur Einleitung bzw. zur Vorbereitung von Erinnerungsdistanzierung bedeutsam, sondern erweisen sich auch in deren Verlauf und Anschluss als unverzichtbar, um eventuelle Fortschritte und positive Entwicklungen zu festigen und „Rückfällen“ in

161 Wie beispielhaft bei der Umgestaltung der Gedenkveranstaltung des *Bloody Sunday*.

alte Muster vorzubeugen. Es soll in diesen Projekten, wie bereits mehrfach hervorgehoben, zunächst gar nicht darum gehen, die eine Partei von den Argumenten der anderen Seite zu überzeugen oder den Menschen eine gewisse Sichtweise aufzunötigen, sondern sie sollen lediglich die Chance bieten, in geschütztem Rahmen die Sichtweise der jeweils anderen Gemeinschaft kennenzulernen und sich über die Beweggründe hinter deren Handeln klar zu werden. Durch dieses Offenlegen der jeweiligen Handlungs- und Hintergrundmotive kann das Verständnis für das Geschehene verbessert und erfahrenes bzw. erlittenes Unrecht, wenn natürlich auch sicherlich nicht gänzlich verziehen, so doch zumindest in Teilen besser eingeordnet und nachvollzogen werden. Dies hilft zugleich zu erkennen, dass auch die eigene Community nicht immer gänzlich frei von Fehlern war und ist, ebenfalls Leid verursacht hat und es zu jeder Geschichte zwei Seiten bzw. Sichtweisen gibt, die es zu berücksichtigen gilt.

Durch Begegnungen und Berührungen dieser Art sowie der Auseinandersetzung mit der anderen Seite, deren Motivationen und Beweggründen wird auch eine sog. Rehumanisierung (vgl. Gobodo-Madikizela 2006) ermöglicht. Also die Chance zu erkennen, dass auch die Gegner Menschen sind und ihr Handeln nicht durch pure Bosheit motiviert war oder ist, sondern auch sie Absichten und Motive verfolgen, die denen der eigenen Community oft gar nicht unähnlich sind. Gerade diese Erkenntnis, sich in vielen Bereichen ähnlicher zu sein als erwartet, beispielsweise bezüglich der geteilten Geschichte der Vorfahren, der Angst, die eigene Kultur zu verlieren, oder auch nur der Symbolverwendung und der Ausdrucks- sowie Gestaltungsweise der jeweiligen Wandgemälde, kann massiv dazu beitragen, die Spannung zwischen den beiden Gemeinschaften zu reduzieren, Furcht, Wut und Misstrauen abzubauen und Neugier zu fördern.

Dies begünstigt entsprechend wiederum die emotionale Distanzierung von Erinnerung. Es scheint also kaum möglich zu sein, Erinnerungsdistanzierung und Verständigung in eine unidirektionale Kausalitätslinie zu setzen. Denn Erinnerungsdistanzierung ist Voraussetzung und gleichzeitig Ergebnis von Verständigung bzw. Annäherung und Verständigung bzw. Annäherung ist gleichzeitig Voraussetzung und Ergebnis von Erinnerungsdistanzierung.

### 6.1.3 What else could be done?

Maßnahmen, die diesen positiven Effekt einer grundsätzlichen Annäherung durchaus verstärken bzw. erleichtern und unterstützen würden, wären z.B. weitere Untersuchungen in Anlehnung an jene zur Klärung der Geschehnisse des *Bloody Sunday* (Anhang C, Interview II, Z. 22-23). Auch wenn diese wohl in Ausmaß und Tragweite unerreicht bleiben wird (ebd., Z. 24-26), wäre die weitere Untersuchung und Klärung verschiedener Vorfälle während der *troubles* einem Fortschreiten des Friedensprozesses sicher zuträglich, würde zudem dazu beitragen, Rachegefühle und andere negative Emotionen zu verringern und damit wiederum die Erinnerungsdistanzierung vorantreiben. Ein weiterer wichtiger Schritt wäre auch die bereits erwähnte Abschaffung konfessionell getrennter Schulen und stattdessen die Unterweisung der Schüler in gemischten Institutionen und Klassen (z.B. ebd., Interview I, Z. 139).[162]

Jenes in den beiden vorangegangenen Unterkapiteln beschriebene Szenario, in Kombination mit den hier geschilderten Unterstützungsmaßnahmen, erscheint unter aktuellen Gesichtspunkten betrachtet als das maximal mögliche Optimum, welches sich wohl in der nordirischen Gesellschaft irgendwie erreichen ließe. Doch selbst dies wäre, wenn auch noch nicht das Ideal, so doch schon ein riesiger Schritt, den möglich zu machen der Friedenskonsolidierung bereits einiges abverlangen würde.

Doch selbst von diesem Standpunkt aus wäre es noch immer ein weiter und schwieriger Weg bis zu einem annähernden Zustand dauerhaften und *positiven* Friedens. Zumindest auf nationalistischer Seite, so scheint es, glauben viele Menschen fest daran, dass dieses Ziel irgendwann erreicht werden kann, auch wenn dafür noch sehr viel Zeit nötig sein wird (z.B. ebd., Z. 137-138). In Nordirland wächst eine neue Generation heran, die die *troubles* nur noch aus Erzählungen kennt. Und auch, wenn diese noch stark von den Erinnerungen und Handlungsweisen ihrer Eltern und Großeltern geprägt ist (ebd., Z. 143-145; siehe auch Anhang A, BPK VII, Z. 56-62), bleibt doch die Hoffnung, dass dies in Zukunft, vor allem mit dem allmählichen Wegfall der unmittelbaren „Täter"/"Opfer" Generation, immer weiter an Intensität verlieren wird. Quasi eine Art natürliche Erinnerungsdistanzierung über die Zeit.

## 6.2 *Brave new world* – Handlungsempfehlungen einer Utopie

Am Ende eines gänzlich „abgeschlossenen" nordirischen Friedensprozesses

162 Vom Religionsunterricht einmal abgesehen, der vermutlich weiterhin nach Konfessionen getrennt erfolgen würde.

aber steht die utopische Idealvorstellung einer toleranten, offenen und zusammengehörigen Gesellschaft, in der beide Communities nicht nur in einem friedlichen Neben-, sondern vor allem einem friedvollen Miteinander existieren können, ohne dass eine der beiden ihre individuelle kollektive Kultur und Identität aufgeben oder um deren Fortbestehen fürchten müsste. Allzu vehementes Zelebrieren dieser kollektiven Identität würde also hinfällig werden, stattdessen könnte man sich auf sozialverträglichere Vorgehensweisen besinnen, die, wenn auch von der anderen Seite sicherlich trotzdem nicht positiv zur Kenntnis genommen, so doch zumindest nicht deren kollektive Identität angreifen oder deren individuelle Freiheiten einschränken und so nicht nur geduldet, sondern akzeptiert werden könnten. In einer solchen Gesellschaft sollte sich der Umgang mit der gemeinsamen schwierigen Vergangenheit an jenem in Punkt 2.5.4 beschriebenen Idealmodell in Anlehnung an das Konzept des *Dialogischen Erinnerns* orientieren. Beide Gemeinschaften würden also ihren jeweiligen Anteil an der traumatischen Geschichte der jeweils anderen anerkennen und empathisch das selbst verursachte oder zu verantwortende Leid der anderen Gemeinschaft in das eigene kollektive Gedächtnis aufnehmen (vgl. Assmann 2011, S. 35f.).

In dieser Utopie könnte neben der geschilderten Leistung von Vergangenheitsbearbeitung und Erinnerungspolitik auch bereits ein weiterer Schritt in die Zukunft getan werden und einige sinnvolle Maßnahmen des Nationbuildings ergriffen werden.[163] Beispielsweise in Form einer gemeinsamen und gewissermaßen somit nicht neutralen, sondern eher übergreifenden und verbindenden Flagge und Hymne,[164] die es beiden Gemeinschaften zukünftig ermöglicht, sich über diese nicht nur als Mitglied einer der beiden Communities, sondern auch als Bürger Nordirlands und Teil der Gesamtgesellschaft zu identifizieren.[165]

163 Zwar ist Nordirland als Teil des Vereinigten Königreiches keine tatsächlich eigenständige Nation, doch auch Schottland und Wales, bekanntermaßen ebenfalls Teile des United Kingdom besitzen jeweils eine eigene Flagge und Hymne, die sie als „Nationsgebilde" einen. Entsprechende Maßnahmen wären unter Umständen also auch für Nordirland hilfreich, um die Identifikation als zusammengehörige Gesellschaft und Nation voranzutreiben.

164 Zu den Maßnahmen des Nationbuildings gehören natürlich weit mehr als nur Flagge und Hymne, diese wurden hier nur zur exemplarischen Verdeutlichung möglicher Handlungsschritte herangezogen.

165 Tragischerweise macht es den Anschein, als hätte eigentlich die europäische Identität die Kraft gehabt, als ein Bindeglied zwischen den beiden Gemeinschaften zu fungieren. Da sowohl Großbritannien als auch die Republik Irland Mitglieder der EU waren (bzw.

Natürlich ist das soeben beschriebene Szenario mehr als utopisch und gestaltet sich im Moment als vollkommen unerreichbar. Ob die nordirische Gesellschaft je einen vergleichbaren Zustand erlangen wird oder wie ein Weg dahin aussehen könnte, ist völlig ungewiss. Fest steht allerdings, dass jeder noch so kleine Fortschritt im Friedensprozess bereits große Veränderung bedeuten und die Situation positiv beeinflussen kann. So lange der Friedensprozess also nicht aufgegeben wird, bleibt es zunächst zweitrangig, wie dessen Endergebnis letztendlich aussehen wird.

Die Wahrheit ist allerdings auch, dass mit dem Brexit und der zusätzlichen Unsicherheit, bedingt durch die ungewissen Verhandlungen zwischen Großbritannien und der Europäischen Union in Bezug auf die Zukunft und Entwicklung des nordirischen Friedensprozess keinerlei Garantien gegeben werden können. Nicht einmal der ohnehin fragile Status quo des *negativen* Friedens ist, begründet durch die noch immer ungeklärte Grenzfrage, gesichert (Anhang C, Interview I, Z. 127-129). So kommt es wohl, dass nach mehr als 20 Jahren weitestgehender Unentschlossenheit und relativer Untätigkeit die nächste Entscheidung, die über die Zukunft des Friedensprozesses in Nordirland und damit auch über die des Landes selbst entscheidet, unmittelbar bevorsteht. Die möglichen Folgen und Auswirkungen auf den Friedensprozess bzw. auf die allgemeine Situation im Land sind dabei völlig offen und nahezu unabsehbar.

---

Irland es weiterhin ist), galt diese quasi als neutral und beide Gemeinschaften fühlten sich durch diese repräsentiert. Hinzu kamen die immensen Fördermittel, die die Europäische Union in Nordirland investierte und somit die Situation bezüglich Infrastruktur, Tourismus und auf dem Arbeitsmarkt immens verbesserte (z.B. Anhang C, Interview I, Z. 178-181). Zu erkennen ist dies etwa im Votum Nordirlands für den Verbleib in der europäischen Union (ebd., Z. 182-183). In diesem Punkt stellten sich also sogar die Unionisten gegen den Wunsch der Londoner Regierung (ebd.). Auch Patrick Murphy betont im Interview die starke europäische Identität der Nordiren (ebd., Z. 178-180). Mit dem Brexit droht also nun auch dieses Bindeglied der beiden Gemeinschaften wegzubrechen. Die entsprechenden Folgen sind gegenwärtig kaum absehbar.

## 7 Schlussgedanken

Erinnerungspolitik und damit ein entsprechend angemessener Umgang mit schwieriger Vergangenheit sind nicht nur wichtiger Bestandteil, sondern auch grundlegende Voraussetzung für einen erfolgreichen Friedensprozess in jeglicher Post-Konflikt-Gesellschaft. Dies liegt vor allem in der engen Verknüpfung der historischen Narrative einer Gesell- oder Gemeinschaft mit deren kollektiver Identität begründet und nimmt darüber auch Einfluss auf den Aufbau bzw. die Beständigkeit und Beschaffenheit von Strukturen *freiwilliger Apartheid* innerhalb einer Gesellschaft. Solange diese Strukturen aber vorhanden sind, wird ein auf einen dauerhaften und *positiven* Frieden abzielender Friedensprozess kaum erfolgreich sein können. Für die Verringerung bzw. Verminderung der entsprechenden Muster muss aber an deren Ursache, also der Erinnerung an Ereignisse der Vergangenheit, angesetzt und diese bearbeitet werden. Es ist folglich nötig, Erinnerungspolitik zu betreiben und einen entsprechend angemessenen Umgang mit der jeweiligen Vergangenheit anzuleiten, der es der betroffenen Gesellschaft bzw. deren Gemeinschaften längerfristig ermöglicht, in einem friedlichen Mit-, zumindest aber einem friedvollen Nebeneinander zusammenzuleben. Wie dieser Umgang mit Vergangenheit aussehen sollte, hängt von den individuellen Gegebenheiten des jeweiligen Falles ab und kann sich an einem oder mehreren der von Assmann beschriebenen Modelle anlehnen. Allerdings bedürfen diese der fallbezogenen Differenzierung. Im Idealfall entsteht am Ende eine Gesellschaft, in der die beiden antagonistischen Gemeinschaften jeweils ihren eigenen Anteil an der traumatischen Vergangenheit der anderen anerkennen und damit auch das von ihnen selbst verursachte oder zu verantwortende Leid in das eigene kollektive Gedächtnis mit aufnehmen. Auf diese Weise wird es den Gemeinschaften auch möglich sein, andere als die im Normalfall vom kollektiven Gedächtnis akzeptierten Rollen zu übernehmen und die Vergangenheit so differenzierter und aus einer anderen Perspektive zu betrachten.

Dass dieses Ideal in den meisten Fällen allerdings kaum eintritt, macht ein Blick in viele der weltweiten Post-Konflikt-Gesellschaften schnell klar. Aber auch, wenn man als typischer Westeuropäer meist geneigt ist, Bürgerkriege und bewaffnete Konflikte in der Regel eher in anderen Teilen der Welt zu verorten, gibt es Beispiele für jene in der Zwischenwelt des „nicht mehr Krieg und noch nicht Frieden" (vgl. Baumann, 2008, S. 14) feststeckenden Post-Konflikt-Gesellschaften auch auf dem europäischen Kontinent. Zwar bleiben diese mittlerweile aufgrund vieler anderer Konflikte von der Weltöffentlichkeit größtenteils unbeachtet, doch das ändert nichts an der Tatsache, dass viele dieser Konflikte noch lange nicht gelöst und die betreffenden Gesellschaften dementsprechend noch weit von dem angestrebten Zustand eines dauerhaften und *positiven* Friedens entfernt sind.

Wie sich Erinnerungspolitik und der Umgang mit schwieriger Vergangenheit am konkreten Beispiel gestalten kann und wie sich das Fortschreiten des Friedensprozesses in einer solchen Gesellschaft darstellt, wurde in vorliegender Untersuchung anhand der Fallbeispiels Nordirland und dessen innerstaatlichen Konflikts, den sog. *troubles,* untersucht. Dazu wurden außer den historischen Ursachen und den unmittelbaren Geschehnissen während des Konflikts selbst vor allem die aus dem Feldaufenthalt gewonnenen Erkenntnisse, Einsichten, Informationen und Beobachtungen herangezogen, um ein möglichst authentisches Bild nicht nur der Ursachen und des Konflikthergangs, sondern vor allem der aktuellen Situation innerhalb der Gesellschaft und der einzelnen Gemeinschaften sowie des momentanen Status des Friedensprozesses zu zeichnen. Es stellte sich heraus, dass zwar einige Facetten der *freiwilligen Apartheid*, zumindest an bestimmten Örtlichkeiten wie etwa den Stadtzentren, deutlich nachgelassen haben, die Grundsituation aber noch immer angespannt und der Konflikt bei Weitem noch nicht überwunden ist. Es sind vor allem die Verkörperungen der Facetten von Symbolpolitik und rituellem Gedenken, die auch heute noch Anlass zur Sorge geben. Denn die Intensität und emotionale Involviertheit, mit der diese Rituale bisweilen betrieben und diese Symbole verteidigt werden, zeigen auch heute noch, wie weit beide Gemeinschaften von einem friedlichen Neben- oder gar Miteinander entfernt sind. Grund dafür sind auch hier hauptsächlich die jeweiligen gemeinschaftsspezifischen Narrative, die die kollektiven Identitäten der beiden Gemeinschaften innerhalb Nordirlands sehr stark prägen. Die ständig wahrgenommene Bedrohung der eigenen kollektiven, kulturellen Identität durch die andere Gemeinschaft ist ein großer Teil ebenjener Narrative und führt dementsprechend noch heute zu einer sehr misstrauischen Haltung gegenüber der anderen Community und dem Gefühl, noch immer die eigene kollektive Identität vor Angriffen und Auslöschung schützen zu müssen. Die Konsequenz daraus ist bisweilen eine erhebliche Überbewertung vermeintlicher Bedrohungen und Reaktionen auf diese, die für Außenstehende zum Teil unverhältnismäßig wirken. Vor allem die unionistisch geprägte Gemeinschaft verfällt immer mehr in diesen Zustand der „Verbissenheit“, weil hier noch der entsprechend drohende Verlust der stets vorhandenen Bevölkerungsmehrheit sowie des unionistischen Vetos und damit die Sorge um einen politischen Kontrollverlust hinzukommt.

Insgesamt gestaltet sich die Lösung dieses Konfliktes als äußerst schwierig, und so kann auch hier kein abschließendes Patentrezept gefunden werden. Allerdings scheint es unumgänglich, jenen im Fazit beschriebenen Teufelskreis aus Angst und damit verbundener Realitätsverzerrung zu durchbrechen. Dazu bedarf es vor allem einer Art Erinnerungsdistanzierung und Projekten, die zu Perspektivwechseln anregen und damit die Rehumanisierung der jeweils anderen Gemeinschaft voranbringen. Diese beiden Maßnahmen bauen dabei aufeinander auf und sind nahezu untrennbar miteinander verwoben, so dass die eine ihre Wirkung nur zusammen mit der anderen voll entfalten kann.

Auch weitere Untersuchungen nach dem Vorbild der Bearbeitung des *Bloody Sunday* oder die Einführung konfessionell gemischter Schulen würden den Strukturen *freiwilliger Apartheid* entgegenwirken und zum Fortschritt des Friedensprozesses beitragen. Am Ende wird es aber, nach Meinung der Einheimischen selbst, in erster Linie die Zeit sein, die im Zusammenspiel mit den anderen Maßnahmen schließlich zu einer Lösung des Konfliktes beitragen wird, auch wenn das bei einem seit so vielen Jahrhunderten andauernden Konflikt nur schwer vorstellbar ist. All diese Zukunftsszenarien bauen vor allem auf den Tatbestand, dass es zu keinen weiteren größeren Zwischenfällen bzw. Gewaltrückfällen mehr kommen wird. Im Zuge des Brexits ist dies aber keinesfalls gewiss (Anhang C, Interview I, Z. 140-142).

Dies beeinflusst auch die Gültigkeit der hier gefundenen Ergebnisse, denn neben der Tatsache, dass es sich bei einem Friedensprozess eben nicht um starre Zustände, sondern um fortlaufende Entwicklungen handelt, was den sie betreffenden Erkenntnissen in der Regel ohnehin nur eine recht kurze Validitätszeit zubilligt, so ist es mit jener großen bevorstehenden Veränderung nun vollkommen unklar, wie lange diese überhaupt auf die Situation in Nordirland zutreffen werden. Zudem wirkt sich auch das bereits zuvor erwähnte Community-Bias in dieser Arbeit auf die Gültigkeit der Ergebnisse aus. Alle Gesprächs- und Interviewpartner während des Feldaufenthaltes stammten aus der nationalistischen Gemeinschaft, fühlten sich dieser stark zugehörig und hatten in vielen Fällen auch einen eher radikalen Hintergrund in dem Sinne, dass sie selbst teilweise sogar als Kämpfer[166] an den *troubles* beteiligt waren. Dies prägt natürlich deren Meinungsbilder, weswegen nicht auszuschließen ist,

166 Wenn auch nicht alle als Mitglieder einer der paramilitärischen Organisationen.

dass die vorliegende Untersuchung, die ja zu einem großen Teil auch auf Aussagen Einheimischer basiert, ebenfalls ein Bias aufweist. Dies gilt ganz besonders für Aussagen und Informationen über die unionistische Community, die aus Ermangelung gesprächsbereiter Unionisten ausschließlich aus zweiter und meist nationalistischer Hand stammen. Es wurde zwar durch den Abgleich von Aussagen bzw. nachträglicher Recherche versucht, das Bias möglichst gering zu halten, trotzdem kann ein solches aber nicht vollkommen ausgeschlossen werden. Zudem war es aufgrund der Kürze des Feldaufenthaltes lediglich möglich, nur wenige Viertel, sog. *Interface-Gebiete*[167] und Städte zu besuchen. Die Erkenntnisse beschränken sich also zunächst hauptsächlich auf die besuchten Orte Belfast und London-/Derry und die entsprechenden Stadtviertel. Wie es sich in anderen Orten bzw. Stadtteilen verhält, kann entsprechend nur anhand ungeprüfter Aussagen und der Übertragung von Beobachtungen gefolgert werden. Der Kürze der Feldaufenthalte ist es ebenfalls geschuldet, dass einige Gruppen von Akteuren, wie etwa lokale Behörden, nicht unmittelbar in die Studie einbezogen und somit auch nicht alle Standpunkte und Sichtweisen in dieser Arbeit berücksichtigt werden konnten. Es soll allerdings auch erwähnt werden, dass eine erschöpfende Betrachtung aller beteiligten Akteure und Meinungsbilder nicht nur nicht realisierbar gewesen wäre, sondern den Rahmen meiner exemplarischen Studie gesprengt hätte.

Aus einigen dieser Beschränkungen ergeben sich auch unmittelbar Implikationen für weitere mögliche Forschungsansätze. So hat gerade die Ungewissheit bezüglich der Brexit-Folgen großen Einfluss auf die Bedeutung dieser Arbeit, da diese quasi die aktuelle Situation und den Stand des Friedensprozesses vor den Brexit-Entscheidungen abbildet und damit gegebenenfalls als Ausgangsorientierung für weitere Forschungsinteressen zur Entwicklung des Friedensprozesses im Verlauf bzw. in der Folgezeit des Brexits dienen kann.

Auch eine ähnliche Arbeit basierend auf einem längeren Feldaufenthalt und damit der Möglichkeit einer breiteren Informationsbasis und eines noch besseren Communityzugangs wäre möglich, ebenso wie eine die unionistische Sichtweise expliziter miteinbeziehende Herangehensweise. Zudem wäre es auch denkbar, beispielsweise anstatt eines Überblicks über möglichst viele Akteure bzw. die Gesamtsituation den Fokus auf eine bestimmte Gruppe (also etwa spezifische Initiativen, ehemalige Paramilitärs, *dissident republicans*, etc.) zu

167 Dabei handelt es sich um jene Gebiete, in den unionistische und nationalistische Wohngebiete unmittelbar aneinandergrenzen und in denen es entsprechend häufig zu Zusammenstößen beider Communities kommt.

legen und sich mit dieser und speziell ihrem Einfluss auf den laufenden Friedensprozess detaillierter auseinanderzusetzen. Natürlich wären aber auch ähnlich geartete Fallanalysen zu anderen Post-Konflikt-Gesellschaften möglich oder unter Umständen gar eine vergleichende Auseinandersetzung mit dem nordirischen und einem anderen ausgewählten Fall. Dies sind selbstverständliche nur einige Anregungen zu denkbaren weiterführenden Forschungsansätzen, und von diesen abgesehen sind sicher noch viele weitere möglich.[168]

Insgesamt also bleibt der nordirische Friedensprozess ein äußerst interessantes Themenfeld, das vor allem dadurch fasziniert, dass seine Zukunft im Moment so offen ist, wie es wohl in keiner anderen Post-Konflikt-Gesellschaft der Welt der Fall ist. Was in den nächsten Jahren passieren wird, ist völlig unklar. Fest steht einzig und allein, der Weg zum Frieden in Nordirland ist noch lang.

168 Unter Umständen interessant wäre auch eine Betrachtung des Nordirlandkonfliktes bzw. der gesamten britisch/irischen Konfliktgeschichte und deren Rolle bzw. Repräsentation in der Pop-Kultur. Im Verlauf der Recherchen zu dieser Arbeit tauchten immer wieder verschiedene Verarbeitungen dieses Themas z.B. in Popsongs bzw. als Anspielungen und Adaptionen in Serien und Filmen auf, während andere europäische innerstaatliche Konflikte kaum repräsentiert waren.

# 8 Quellen- und Literaturverzeichnis


Armstrong, J.A. (1982). *Nations before Nationalism*. Chapel Hill: University of North Carolina Press.

Arndt, F. (2010). Aktueller Begriff. Zur völkerrechtlichen Kategorisierung von Konflikten. *Wissenschaftliche Dienste des Deutschen Bundestages, 46* (10). Abgerufen von [https://www.bundestag.de/blob/191426/3c0cf9515fa4bdf8337d042ae2b9fc5c/kategorisierung_von_konflikten-data.pdf] am 16.05.2018.

Assmann, A. (2011). Von kollektiver Gewalt zu gemeinsamer Zukunft. Vier Modelle für den Umgang mit traumatischer Vergangenheit. In: W.R. Assmann & A. Graf von Kalnein (Hrsg.), *Erinnerung und Gesellschaft. Formen der Aufarbeitung von Diktaturen in Europa*. Berlin: Metropol Verlag, S. 25-42.

Assmann, A. (2013). *Das neue Unbehagen an der Erinnerungskultur: eine Intervention*. München: Beck.

Baumann, M. (2008). *Zwischenwelten: Weder Krieg noch Frieden. Über den konstruktiven Umgang mit Gewaltphänomenen im Prozess der Konflikttransformation* (1. Auflage). Wiesbaden: VS Verlag für Sozialwissenschaften.

BBC (2012). Sandy Row loyalist mural being replaced with William of Orange painting. *British Broadcasting Corporation/News/UK/Northern Ireland*. Abgerufen von [https://www.bbc.com/news/uk-northern-ireland-18578998] am 31.08.2018.

Besom Productions (2015). *Bloody Sunday – A Derry Diary – David Cameron's Apology* [Youtube Video]. Nordirland: London-/Derry. Abgerufen unter [https://www.youtube.com/watch?v=5e3VxZwjQ7g] am 18.08.2018.

Bittner, J. & Knoll, C.L. (2001). *Ein unperfekter Frieden. Die IRA auf dem Weg vom Mythos zur Mafia* (2. Aufl.). Frankfurt a.M.: R.G. Fischer Verlag.

Blommaert, J. & Dong Jie (2010). *Ethnographic Fieldwork. A Beginner's Guide*. Bristol u.a.: Multilingual Matters.

Borthwick, S. (2015). *The Writing on the Wall*. Liverpool: Bluecoat Press.

bpb (2016). Das Ende der Apartheid-Gesetze. *Bundeszentrale für politische Bildung (bpb) / Hintergrund aktuell*. Abgerufen von [http://www.bpb.de/politik/hintergrund-aktuell/219628/apartheid-gesetze] am 05.06.2018.

Buckley-Zistel, S. (2013). Vergangenes Unrecht aufarbeiten. Eine globale Perspektive. *Bundeszentrale für politische Bildung (bpb)/APUZ*. Abgerufen von [http://www.bpb.de/apuz/162889/vergangenes-unrecht-aufarbeiten-eine-globaleperspektive?p=all] am 05.06.2018.

Burton, F. (1978). *The Politics of Legitimacy: Struggles in a Belfast Community*. Henley on Thames: Routledge & Kegan Paul.

Burton, J.W. (1990). *Conflict: Resolution and Prevention*. New York: St. Martin's Press.

Coiste na n-Iarchimí (2018). About Us. *Coiste*. Abgerufen von [http://coiste.ie/about-us/] am 21.07.2018.

Corrymeela (2015a). Who we are. *Corrymeela/ About*. Abgerufen von [https://www.corrymeela.org/about/who-we-are] am 19.08.2018.

Corrymeela (2015b). Our History. *Corrymeela/ About*. Abgerufen von [https://www.corrymeela.org/about/our-history] am 19.08.2018.

Corrymeela (2015c). Programmes. *Corrymeela/ Programmes*. Abgerufen von [https://www.corrymeela.org/programmes] am 19.08.2018.

Corrymeela (2015d). Our Community. *Corrymeela/ About*. Abgerufen von [https://www.corrymeela.org/about/our-community] am 19.08.2018.

Corrymeela (2015e). Faith & Life. *Corrymeela/ Programmes*. Abgerufen von [https://www.corrymeela.org/programmes/faith-life] am 19.08.2018.

Corrymeela (2015f). Community. *Corrymeela/ Programmes*. Abgerufen von [https://www.corrymeela.org/programmes/community] am 19.08.2018.

Council of Europe (2018). Our member states. *Council of Europe/ Council of Europe in brief*. Abgerufen von [https://www.coe.int/en/web/about-us/our-member-states] am 10.07.2018.

Defrance, C. & Pfeil, U. (2013). Die Rolle der Zivilgesellschaft in der deutsch- französischen Annäherung. *Bundeszentrale für politische Bildung (bpb)/ Internationales*. Abgerufen von [http://www.bpb.de/internationales/europa/frankreich/152429/zivilgesellschaft] am 06.06.2018.

Elias, N. (1990). *Engagement und Distanzierung. Arbeiten zur Wissenssoziologie I* (Orig. 1983; 2. Auflage 1990). Frankfurt a.M.: Suhrkamp.

Empell, H.-M. (2010). Rezension v. „Lübbe, Hermann, Vom Parteigenossen zum Bundesbürger – über beschwiegene und historisierte Vergangenheiten. Fink, München 2007. 143 S." Abgerufen von [http://www.koeblergerhard.de/ZRG127Internetrezensionen2010/LuebbeHermann-VomParteigenossenzumBundesbuerger.htm] am 15.08.2019.

Europäische Union (2018). Länder. *Die Europäische Union/ Über die EU*. Abgerufen von [https://europa.eu/european-union/about-eu/countries_de#mitglieder_des_grenzfreien_schengen-raums ] am 10.07.2018.

Féile an Phobail (2018). *Féile an Phobail/ Festival of the People*. Abgerufen von [http://feilebelfast.com/] am 20.07.2018.

Fieß, A. & Kabel, L. (2016). *City Trip Belfast*. Bielefeld: Reise Know-How Verlag Peter Rump.

Feldman, A. (1991). *Formations of violence. the narrative of the body and political terror in Northern Ireland*. Chicago: University of Chicago Press.

Fukuyama, F. (2005). „Stateness" First. *Journal of Democracy*, *16* (1), S. 84-88. DOI: 10.1353/jod.2005.0006

Galtung, J. (1971). Gewalt, Frieden und Friedensforschung. In: D. Senghaas (Hrsg.), *Kritische Friedensforschung*. Frankfurt a.M.: Suhrkamp.

Gobo, G. (2008). *Doing Ethnography*. London: Sage.

Gobodo-Madikizela, P. (2006). Trauma und Versöhnung – Lehren aus Südafrika. *Bundeszentrale für politische Bildung (bpb) / APUZ*. Abgerufen von [http://www.bpb.de/apuz/29479/trauma-und-versoehnung-lehren-aus-suedafrika?p=all] am 02.06.2018.

Guildhall Press (2016). *Murals of Derry*. London-/Derry: Guildhall Press.

Hensell, S. (1997). Kriegearchiv/ Europa. *Universität Hamburg/ AKUF*. Abgerufen von [https://www.wiso.uni-hamburg.de/fachbereich-sowi/professuren/jakobeit/forschung/akuf/kriegearchiv/europa.html] am 19.04.2018.

Herbert, U. (2003). Der Historikerstreit. Politische, wissenschaftliche, biographische Aspekte. In: M. Sabrow, R. Jessen & K. Große Kracht (Hrsg.), *Zeitgeschichte als Streitgeschichte. Große Kontroversen seit 1945*. München: Beck, S. 94-114.

Jarman, N. (1998). Painting landscapes: the place of murals in the symbolic construction of urban space. In: A.D. Buckley (Hrsg.), *Symbols in Northern Ireland*. Abgerufen über CAIN (Conflict Archives on the Internet) von [http://cain.ulst.ac.uk/bibdbs/murals/jarman.htm] am 31.08.2018.

Klymenko, L. (2016). Analyse: Historische Narrative und nationale Identität. *Bundeszentrale für politische Bildung*. Abgerufen von [http://www.bpb.de/219772/analyse-historische-narrative-und-nationale-identitaet] am 23.05.2018.

Kretschmann, C. (2011). Der Umgang mit der faschistischen Diktatur in Italien nach 1943/45. Ein Aufriss. In: W.R. Assmann & A. Graf von Kalnein (Hrsg.), *Erinnerung und Gesellschaft. Formen der Aufarbeitung von Diktaturen in Europa*. Berlin: Metropol Verlag, S. 169-180.

Lederach, J.P. (1997). *Building Peace. Sustainable Recociliation in Divided Societies*. Washington DC: United States Institute of Peace Press.

Makhotina, E. (2011). Vergangenheitsdiskurse zu Sowjetzeit in Russland und Litauen nach 1989. In: W.R. Assmann & A. Graf von Kalnein (Hrsg.), *Erinnerung und Gesellschaft. Formen der Aufarbeitung von Diktaturen in Europa*. Berlin: Metropol Verlag, S. 195-222.

March, L. (2011). Wahrheitskommission in Südafrika. *Deutschlandfunk/ Archiv*. Abgerufen von [http://www.deutschlandfunk.de/wahrheitskommission-in-suedafrika.799.de.html?dram:article_id=120736] am 04.06.2018.

McGee, O. (2005). *The IRB: The Irish Republican Brotherhood from The Land League to Sinn Féin*. Dublin: Four Courts Press.

Meier, C. (2010). *Das Gebot zu vergessen und die Unabweisbarkeit des Erinnerns. Vom öffentlichen Umgang mit schlimmer Vergangenheit*. Bonn: Bundeszentrale für politische Bildung.

Melaugh, M. (2013). Note on the protests related to the Union Flag at Belfast City Hall, December 2012 – January 2013. *CAIN (Conflict Archives on the Internet).* Abgerufen von [http://cain.ulst.ac.uk/issues/identity/flag-2012.htm] am 29.08.2018.

Melaugh, M. (2018a). Abstract of Organisations/ Conflict and Politics in Northern Ireland. *CAIN (Conflict Archives on the Internet).* Abgerufen von [http://cain.ulst.ac.uk/othelem/organ/uorgan.htm#usc] am 26.07.2018.

Melaugh, M. (2018b). Chronology of the Conflict/ 1972. *CAIN (Conflict Archives on the Internet).* Abgerufen unter [http://cain.ulst.ac.uk/othelem/chron/ch72.htm#Jul] am 29.07.2018.

Melaugh, M. & Lynn, B. (2017). Glossary/ Conflict and Politics in Northern Ireland. *CAIN (Conflict Archives on the Internet).* Abgerufen von [http://cain.ulst.ac.uk/othelem/glossary.htm#peaceline] am 19.04.2018.

Moltmann, B. (2002). „Es kann der Frömmste nicht im Frieden bleiben". Nordirland und sein kalter Frieden. *HSFK – Report*, *5*/2002. ISBN: unbekannt

Museum of Free Derry. (201a). Bloody Sunday/ The March. *The Museum of Free Derry*. Abgerufen von [https://www.museumoffreederry.org/content/march] am 28.07.2018.

Museum of Free Derry (2018b). Bloody Sunday/ The Shootings. *The Museum of Free Derry*. Abgerufen von [https://www.museumoffreederry.org/content/shootings] am 28.07.2018.

Museum of Free Derry (2018c). Bloody Sunday/ In Glenfada Park. *The Museum of Free Derry*. Abgerufen von [https://www.museumoffreederry.org/content/glenfada-park] am 28.07.2018.

Museum of Free Derry (2018d). Bloody Sunday/ The Aftermath. *The Museum of Free Derry*. Abgerufen von [https://www.museumoffreederry.org/content/aftermath] am 28.07.2018.

Museum of Free Derry (2018e). About the Museum of Free Derry. *The Museum of Free Derry*. Abgerufen von [http://www.museumoffreederry.org/content/museum] am 18.08.2018.

Museum of Free Derry (2018f). The Museum/ Why it exists. *The Museum of Free Derry*. Abgerufen von [http://www.museumoffreederry.org/content/museum] am 18.08.2018.

Museum of Free Derry (2018g). The Second Bloody Sunday Inquiry. *The Museum of Free Derry*. Abgerufen von [https://www.museumoffreederry.org/content/second-bloody-sunday-inquiry] am 18.08.2018.

NATO (2018). Mitgliedsstaaten. *Was ist die NATO?* Abgerufen von [https://www.nato.int/nato-welcome/index_de.html] am 10.07.2018.

Niebel, I. (2017). Baskenland. Bundeszentrale für politische Bildung (bpb)/ *Innerstaatliche Konflikte*. Abgerufen von [http://www.bpb.de/internationales/weltweit/innerstaatliche-konflikte/54582/baskenland ] am 28.07.2018.

Nietzsche, F. (1886). *Jenseits von Gut und Böse. Vorspiel oder Philosophie der Zukunft*. Leipzig: C. G. Naumann.

Nietzsche, F. (1887). *Zur Genealogie der Moral. Eine Streitschrift*. Leipzig: C.G. Naumann.

Northern Ireland Statistics and Research Agency (NINIS) (2011). *Census 2011. Religion – Full Detail*. Abgerufen von http://www.ninis2.nisra.gov.uk/public/Theme.aspx?themeNumber=136&themeName=Census+2011] am 14.07.2018.

Otto, F. (2005). *Der Nordirlandkonflikt. Ursprung, Verlauf, Perspektiven* (1. Auflage). München: Verlag C.H. Beck.

Parades Commission (2013–2018a). About Us. *Parades Commission*. Abgerufen von [http://www.paradescommission.org/About-Us/Commission.aspx] am 29.08.2018.

Parades Commission (2013–2018b). FAQ's. *Parades Commission*. Abgerufen von [http://www.paradescommission.org/FAQs.aspx] am 29.08.2018.

Parades Commission (2018a). Press-Releases. *Parades Commission*. Abgerufen von [http://www.paradescommission.org/Press-Releases/There-were-4394-parades-notified-in-2017-click-her.aspx] am 29.08.2018.

Parades Commission (2018b). Press-Releases. *Parades Commission*. Abgerufen von [http://www.paradescommission.org/Press-Releases/440-parades-were-notified-in-Belfast-in-2017-click.aspx] am 29.08.2018.

Paris, R. (2007). *Wenn die Waffen schweigen. Friedenskonsolidierung nach innerstaatlichen Gewaltkonflikten*. Hamburg: Hamburger Edition.

Pettis, S. & Dunn, Z. (Produktion) (2015). *Contact, Culture, and Conflict around the Causeway* [Promotion Video]. Nordirland: The Corrymeela Community. Abgerufen unter [https://www.corrymeela.org/programmes/community/contact-culture-conflict-around-the-causeway] am 19.08.2018.

Pieper, S. (2018). Parteienstreit in Nordirland. Seit einem Jahr ohne Regierung. *Tagesschau/Ausland*. Abgerufen von [https://www.tagesschau.de/ausland/nordirland-regierung-103.html] am 15.08.2018.

Police Service Northern Ireland (PSNI). (2018). Policing in the Present. *PSNI/A History of Policing in Ireland*. Abgerufen von [https://www.psni.police.uk/inside-psni/our-history/a-history-of-policing-in-ireland/] am 12.09.2018.

Protestant Irish Republican (2013). *Comedian sums up flegs in NI* [Youtube Video und Ausschnitt aus *The Blame Game* (nordirische Comedy Talk-/Gameshow)]. Nordirland: BBC. Abgerufen unter [https://www.youtube.com/watchv=bAvxq GnV O2w] am 19.08.2018.

Ropers, N. (1995). Die friedliche Bearbeitung ethno-politischer Konflikte. In: N. Ropers & T. Debiel (Hrsg.), *Friedliche Konfliktbearbeitung in der Staaten- und Gesellschaftswelt*. Bonn: Stiftung Entwicklung und Frieden, S. 197-232.

Schrader, L. (2016). Identitätspolitik in Friedensprozessen. *Bundeszentrale für politische Bildung (bpb) / Innerstaatliche Konflikte*. Abgerufen von [http://www.bpb.de/internationales/weltweit/innerstaatliche-konflikte/54753/identitaetspolitik] am 23.05.2018.

Schreiber, W. (2007). Kriegearchiv. *Universität Hamburg / AKUF*. Abgerufen von [https://www.wiso.uni-hamburg.de/fachbereich-sowi/professuren/jakobeit/forschung/akuf/kriegearchiv.html] am 19.04.2018.

Senett, R. (1998). Disturbing Memories. In: P. Fara & K. Patterson (Hrsg.), *Memory*. Cambridge: Cambridge University Press, S. 10-26.

Spiegel Online (2007). Sinn Féin erkennt nordirische Polizei an. *Spiegel Online/ Politik/ Ausland*. Abgerufen von [http://www.spiegel.de/politik/ausland/nordirland-sinn-fein-erkennt-nordirische-polizei-an-a-462752.html] am 12.09.2018.

Spiegel Online (2014). Polit-Hardliner Ian Paisley ist tot. *Spiegel Online/ Politik/ Ausland*. Abgerufen von [http://www.spiegel.de/politik/ausland/ian-paisley-ist-tot-ministerpraesident-im-nordirland-konflikt-a-991306.html] am 12.09.2018.

Steinweg, R. (2003). „Kollektive Traumata" als politische Zeitbomben und wie sie (vielleicht) entschärft werden könnten. Überlegungen zu den möglichen Langzeitwirkungen des 11. September und der Infrastrukturzerstörung im Westjordanland. In: J. Callies (Hrsg.), *Zivile Konfliktbearbeitung im Schatten des Terrors*. Rehburg-Loccum: Evangelische Akademie/ Loccumer Protokolle, S. 111-125.

Tagesspiegel (2005). Kommission: Entwaffnung der IRA abgeschlossen. *Der Tagesspiegel/Politik*. Abgerufen von [https://www.tagesspiegel.de/politik/nordirland-konflikt-kommission-entwaffnung-der-ira-abgeschlossen/645906.html] am 02.08.2018.

Tieger, M.P. (1985). *Nordirland. Geschichte und Gegenwart*. Basel: Birkhäuser.

Universität Hamburg. (2016). Kriegsdefinition und Kriegstypologie. *Universität Hamburg/ AKUF*. Abgerufen von [https://www.wiso.uni-hamburg.de/fachbereich-sowi/professuren/jakobeit/forschung/akuf/kriegsdefinition.html] am 16.05.2018.

Universität Hamburg (2017). Zwei neue Kriege, drei beendete Konflikte (Pressemitteilung). *Universität Hamburg/ Presse*. Abgerufen von [https://www.uni-hamburg.de/newsroom/presse/2017/pm90/pm-90-171.pdf] am 19.04.2018.

Victory, P. (2002). *Justice and Truth. The Guildford Four and Maguire Seven*. London: Sinclair Stevens.

von Soest, C. & Dickow, H. (2018). Südafrika. *Bundeszentrale für politische Bildung (bpb / Innerstaatliche Konflikte*. Abgerufen von [http://www.bpb.de/internationales/weltweit/innerstaatliche-konflikte/54809/suedafrika] am 04.06.2018.

Waldmann, P. (1998). Eigendynamik und Folgen von Bürgerkriegen. In: H.W. Krumwiede & P. Waldmann (Hrsg.), *Bürgerkriege: Folgen und Regulierungsmöglichkeiten*. Baden-Baden: Nomos, S. 108-132.

Wuhrer, P. (2000). *Die Trommeln von Drumcree. Nordirland am Rande des Friedens.* Zürich: Rotpunktverlag.

Zartman, I.W. & Rubin, J.Z. (2000). The Study of Power and Practice of Negotiation. In: I.W. Zartman & J.Z. Rubin (Hrsg.), *Power and Negotiation*. Ann Arbor: University of Michigan Press, S. 3-28.

Zupan, N. (2016). Vergangenheitsarbeit. *Bundeszentrale für politische Bildung (bpb)/ Innerstaatliche Konflikte.* Abgerufen von [http://www.bpb.de/internationales/weltweit/innerstaatliche-konflikte/54742/vergangenheitsarbeit] am 05.06.2018.

# 9 Anhang

- Fotografische Abbildungen
- Beobachtungsprotokolle I – VII (**Anhang A**)
- Gesprächsprotokolle I – II (**Anhang B**)
- Interview-Mitschriften I – II (**Anhang C**)

## Fotografische Abbildungen

Abb. 1: London-/Derry, Westbank; Beispiel eines loyalistischen *murals*, welches den „No Surrender"- Ausspruch aufgreift. Im Vordergrund sind die Anfänge eines *Bonfires* für den 12. Juli zu sehen.

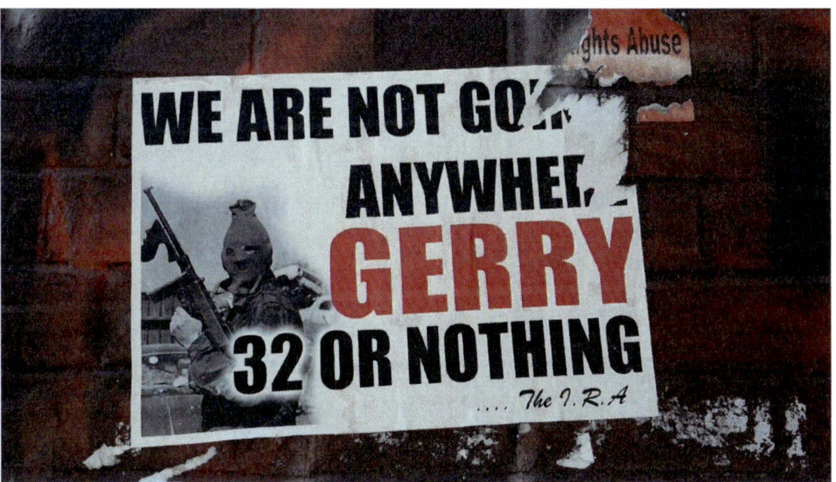


Abb. 2: Belfast, Falls Road; „Guerilla"-Plakat der IRA zur Thematik eines vereinten Irlands (mit „32" sind die 32 Grafschaften der gesamten irischen Insel gemeint). Bei der als Gerry angesprochenen Person handelt es sich um Gerry Adams, einen einflussreichen republikanisch-irischen Politiker, u. a. ehemaliger Präsident der Partei *Sinn Féin*, der v.a. während der *troubles* eine wichtige Rolle spielte.

Abb. 3: Belfast, Shankill Road; *Peace line* am Cupar Way von der „unionistischen Seite“ aus gesehen. Die Mauer trennt die beiden Stadtteile um die Falls Road und die Shankill Road voneinander.

Abb. 4: Belfast, Falls Road; Haupttor der *Peace line* am Cupar Way (von der „nationalistischen Seite“ aus gesehen) mit zwei einander passierenden PKW.

Abb. 5: Belfast, London-/Derry; Beispiele für Farbmarkierungen beider Gemeinschaften an Straßenlaternen, Bordsteinen und Stromkästen.

Abb. 6: London-/Derry, Bogside; Free Derry Wall (zum Zeitpunkt der Aufnahme im Palästina-Support Design), Herzstück der Free Derry Corner. Im Hintergrund das *mural* „The Petrol Bomber".

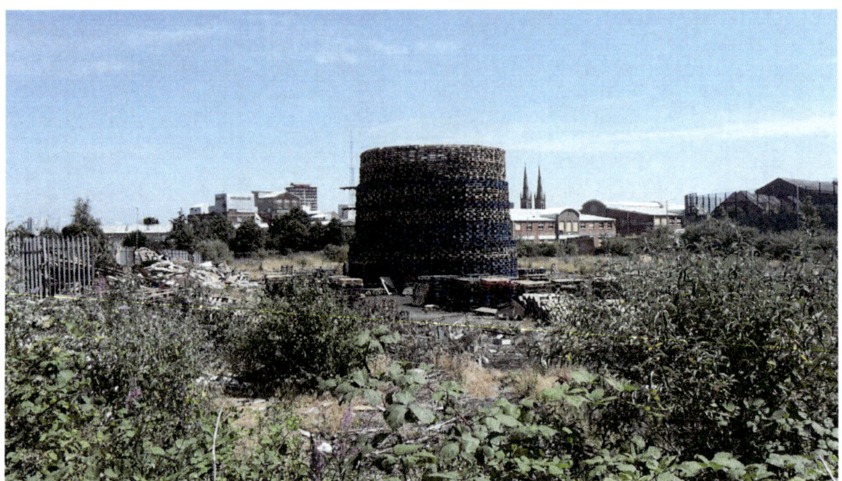

Abb. 7: Belfast, Shankill Road; *Bonfire* an der Shankill Road zum Anlass des 12. Juli. Im Hintergrund ist die *Peace line* am Cupar Way zu sehen.

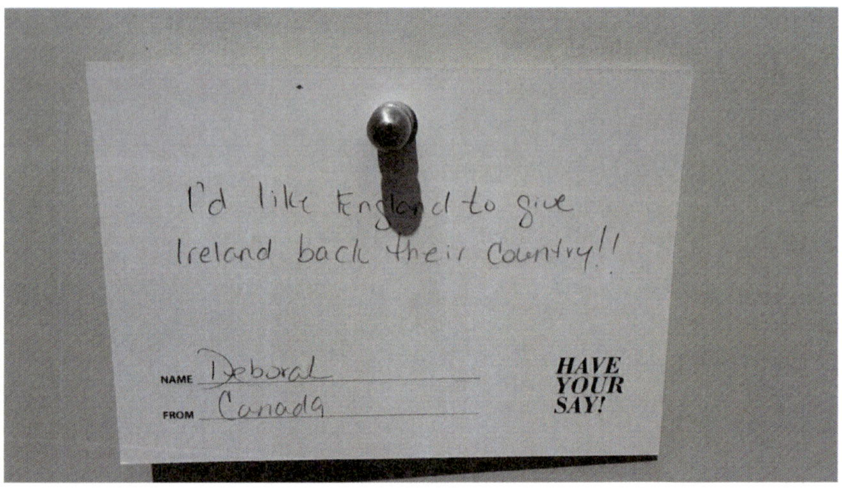


Abb. 8: London-/Derry, Guildhall Ausstellung; Beispiel für einen parteiischen Kommentar einer kanadischen Touristin.

# Anhang A

**Beobachtungsprotokoll I**
**Samstag 12.05.2018**
**Belfast**
**Falls Road**

## Beobachtungen

- Es ist das erste Mal, dass ich in einem der eindeutig nationalistischen Gebiete unterwegs bin. Ich habe so viel darüber gelesen, aber das alles in Wirklichkeit zu sehen, ist schon etwas ganz Anderes. Als erstes fallen mir die irischen Trikoloren auf, die an den Laternenmasten entlang der Straße hängen. Als nächstes, dass die Schilder plötzlich wieder zweisprachig sind oder manchmal gleich komplett nur auf Gälisch.
- Ich sehe zum ersten Mal den *Divis Tower*, die ersten *murals,* die ich nur von Bildern kenne, die *International Wall* und die großen Tore, die den Übergang von nationalistischem in unionistisches Gebiet kennzeichnen. Im Moment sind sie offen. Zu diesem Zeitpunkt gehe ich auch noch davon aus, dass das der normale Zustand ist, aber am gleichen Abend erfahre ich von einem Guide, mit dem ich ins Gespräch komme, dass die Tore über Nacht immer noch geschlossen werden. Man kann das ganz einfach auch daran sehen, dass die Vorhängeschlösser an den Toren ganz neu und vollkommen rostfrei sind, erzählt er, und das stimmt.
- Ich komme auch an einer Schule vorbei, die komplett vergitterte Fenster hat, und an einer Kindertagesstätte, für die das Gleiche gilt. Irgendwie finde ich das ein bisschen beklemmend. Wenn 20 Jahre nach dem *Good-Friday-Agreement* noch Gitter an den Fenstern sein müssen, dann hat das wohl einen Grund.
- Ein Stück weiter gibt es ein leerstehendes Gebäude, in dem sich früher die Mitglieder der *IRA* getroffen haben, so steht es zumindest im Reiseführer. Wenn man genauer hinsieht, kann man sogar noch Einschusslöcher an den Wänden des Gebäudes sehen
- Außerdem fällt mir auf, dass die meisten Behördengebäude hier ziemlich hoch umzäunt sind. Zusätzlich hängt an den Gittern oft ein Warnhinweis darauf, dass die Zäune mit „Anti Climbing Paint“ gestrichen seien. Ich weiß

nicht genau, was das ist oder wie das funktioniert, kann es mir aber ungefähr vorstellen.

- Zum ersten Mal sehe ich eine der bekanntesten *Peace lines* von Belfast in der Nähe der *Conway-Mill*. Ich bin unweigerlich beeindruckt. Obwohl ich schon Bilder von diesen Mauern gesehen habe, ist diese viel massiver und höher, als ich es mir vorgestellt habe. Befremdlich finde ich, dass sie teilweise genau an den Gärten der Menschen entlang verläuft. Wenn diese Leute sich also in ihrem Garten aufhalten, sehen sie nur die Mauer.
- Interessant ist auch der *Garden of Remembrance* der *IRA* mit seinen vielen Gedenksteinen für gefallene KämpferInnen. An einer dem Garten zugewandten Häuserwand prangt eines der *murals* und zeigt einen Plan der Gegend um die Falls Road, darüber sind zwei Maschinengewehre abgebildet. Auch das finde ich ein bisschen irritierend. Diese klare Darstellung von Gewalt oder Waffen wäre in Deutschland ein Skandal und äußerst befremdlich.
- Besonders fällt mir auch auf, dass die Nationalisten ihre Unterstützung für diverse andere Minderheiten, abspaltungswillige oder unterdrückte Bevölkerungsgruppen zeigen. Am meisten gilt dieser Support anscheinend Palästina (auch aus diversen Fenstern des *Divis Tower* wehen palästinensische Flaggen), aber auch Kuba, Katalonien und das Baskenland werden vor allem auf *murals* an der *International Wall* thematisiert. Ich frage mich, wie viel die Leute, die die *murals* zu diesen Themen malen, wohl wirklich darüber wissen. Das würde mich sehr interessieren.
- Am Abend erzählt der bereits zuvor erwähnte Guide auch, dass bis vor wenigen Jahren noch Check-points auf dem Weg in die Innenstadt standen, um sie im Notfall jeder Zeit wieder einsetzen zu können. An diesen Stationen wurden während der *troubles* alle Leute, die in die Innenstadt wollten, kontrolliert und durchsucht, um das Legen von Bomben bzw. Vorfälle mit anderen Waffen zu verhindern. Andererseits konnte man in der Innenstadt alles kaufen, was man für das Bauen einer Bombe benötigte. Die Sinnhaftigkeit dieser Maßnahme erschließt sich dem Guide (und mir ebenfalls) also nur in Teilen.

## Beobachtungsprotokoll II
## Dienstag 03.07.2018
## Ankunft Dublin – Fahrt nach Belfast – Belfast City Center

### Beobachtungen

- Ich fahre mit dem *AirCoach* vom Flughafen Dublin nach Belfast. Die Verbindungen in den Norden sind ganz gut. Der Bus fährt einmal jede Stunde nonstop in die Belfaster Innenstadt. Die Anzahl der Fahrgäste ist eher überschaubar, etwa gut die Hälfte des Busses ist belegt. Auch bei meiner ersten Fahrt nach Belfast im Mai dieses Jahres war der Bus nicht ganz besetzt. Obwohl der *AirCoach* in der Republik Irland sehr viele (auch teilweise etwas kleinere Städte) anfährt, ist Belfast das einzige Ziel in Nordirland. Zumindest London-/Derry wäre möglicherweise ja noch eine Option, aber das lohnt sich vielleicht nicht von der Fahrgastanzahl her. Irgendwie ist es seltsam, dass man heutzutage ganz normal und entspannt im Bus nach Belfast fahren kann. Vor zwei Jahrzehnten noch wäre man direkt ins Kriegsgebiet gefahren.
- Die Grenze nach Nordirland bemerkt man fast nicht. Wenn ich nicht wüsste, dass sie unweigerlich kommen muss, würde ich mich wahrscheinlich nur irgendwann wundern, warum alle Autos plötzlich andere Nummernschilder haben, die Schilder nicht mehr zweisprachig sind und warum plötzlich überall der Union Jack weht. Aber ich achte genau darauf, wann die Grenze kommt, um sie bloß nicht zu verpassen. Schließlich passiert der Bus das Schild, das optimistisch „Welcome to Northern Ireland“ verkündet. Es hat sich allerdings schon jemand daran zu schaffen gemacht, das Wort „Northern“ dick mit einem schwarzen Balken übermalt und stattdessen „one“ darüber geschrieben, so dass das Schild nun „Welcome to one Ireland“ verkündet. Die erste Spur des noch immer schwelenden Konfliktes begrüßt mich also schon direkt an der Grenze.
- Auf der weiteren Fahrt fallen mir immer wieder die vielen Flaggen auf, die entweder in nahe am Motorway gelegenen Orten z.B. rund um den Kreisverkehr aufgestellt sind oder aber auch direkt entlang des Motorways an

hohen Masten flattern. Es sind eigentlich immer nur Union Jacks und die ehemalige Flagge Nordirlands. Die irische Trikolore sehe ich in dieser Form nicht. Besonders fällt mir ein Fahnenmast mit gehisstem Union Jack auf. Er steht etwas außerhalb einer Ortschaft direkt am Motorway an einem kleinen Hang und in einer Umzäunung, die den Hang hinaufläuft und zum Mast hin immer schmaler wird. Das Gras innerhalb der Umzäunung ist perfekt gemäht, während außerhalb des Zauns wildes Buschwerk aus Ginster und Brombeeren wuchert. Das finde ich irgendwie seltsam.

- Ebenfalls direkt am Motorway gibt es von nationalistischer Seite auch ein Denkmal für die Hungerstreiker von 1981. Dieses besteht aus der entsprechenden Anzahl großer, weißer Kreuze, der übergroßen Jahreszahl 1981 und einer irischen Trikolore (die einzige, die ich entlang des Motorways gesehen habe). Ich wundere mich ein bisschen über den Ort des Denkmals, weit und breit ist kein Dorf in der Nähe.
- An diesem Nachmittag, während meines ersten Rundgangs in der Belfaster Innenstadt, sehe ich auch zum ersten Mal einen der sog. *kneecapped people*. Das sind Personen (fast ausschließlich Männer), denen von einer der paramilitärischen Gruppierungen (meist *IRA* oder *UVF*) als Bestrafung für *antisocial behaviour* ins Knie geschossen wurde. Davon gibt es sehr viele in Nordirland, trotzdem war mir bei meinem ersten Besuch keiner aufgefallen. Heute sehe ich gleich zwei. Da es sehr warm ist und die meisten Leute kurze Hosen tragen, ist es aber auch besonders leicht zu erkennen. Keiner der anderen Passanten scheint allerdings in irgendeiner Form Notiz davon zu nehmen, was mich vermuten lässt, dass man diesen Anblick wohl gewohnt ist. Es wundert mich auch, dass die Betroffenen trotzdem kurze Hosen tragen. Das Hinken und die entsprechenden Narben sind ziemlich charakteristisch und jeder einheimische Passant weiß vermutlich, was da passiert ist.
- An der Außenfassade eines nationalistischen Pubs finde ich den Satz „Even broken Irish is better than clever English."
- Auf dem Rückweg zu meinem *AirBnB* sehe ich auch mein erstes gepanzertes Polizeifahrzeug. Früher waren diese im typischen Oliv von Militärfahrzeugen gestrichen und patrouillierten durch die Innenstädte und zum Teil auch durch die *no-go-areas*. Mit der Umstrukturierung der Polizei hat man

auch diese Panzerfahrzeuge überholt, sie sind jetzt weiß und in Polizeioptik gehalten, aber es ist trotzdem noch äußerst ersichtlich, dass es sich um eines dieser Panzerfahrzeuge handelt.

## Beobachtungsprotokoll III
## Mittwoch 04.07.2018
## Belfast
## Sandy Row – Falls Road – Shankill Road

### Beobachtungen

- Wenn man einmal anfängt, vermehrt darauf zu achten, fällt einem auf, dass man tatsächlich ziemlich viele *kneecapped people* sieht. Das mag aber auch daran liegen, dass ich mich heute wirklich in den Hochburgen beider Gemeinschaften bewege, wo solche Bestrafungsaktionen auch besonders häufig waren. Natürlich ist auch nicht auszuschließen, dass der ein oder andere, der einem *kneecapped* erscheint, eventuell an einer anderen Art von Verletzung leidet. Trotzdem fällt die große Anzahl beim Gehen eingeschränkter Personen auf.
- Vor allem in der Sandy Row komme ich mir irgendwie beobachtet vor. Mir ist die ganze Zeit sehr bewusst, dass all die Leute, die mir begegnen, ganz genau wissen, dass ich hier nicht hergehöre. Und ich habe das Gefühl, ich werde auch ganz schön misstrauisch beäugt, wenn ich stehen bleibe und Fotos mache. Vor allem, wenn ich eher kleinere oder unscheinbarere Sachen fotografiere, z.B. die „Smash IRA and Sinn Féin"-Grafittis. Insgesamt kommt es mir sowohl in der Sandy Row als auch in der Shankill Road irgendwie feindseliger vor, das mag aber auch nur meine persönliche Empfindung sein und von der Wahrnehmung anderer abweichen.
- Mehrmals passiert es mir, dass ich Personen sehe, die auf mich eigentlich ganz „normal" wirken und ihrer täglichen Arbeit nachgehen, ich an diesen beim zweiten Mal Hinsehen aber ziemlich große politische Tattoos an Beinen oder Armen entdecke. Häufig sind in den Tattoos einige der für die jeweilige Gemeinschaft typischen Symbole enthalten. Besonders oft sehe ich etwa roten Mohn in Tattoos der Unionisten und Che Guevara[169] bei den Nationalisten.

169 Die Großmutter von Ernesto Che Guevara war offensichtlich Irin und stammte aus der Gegend um Galway, also aus der Provinz Connaught (Guildhall Press, 2016, S. 47).

- In beiden Hochburgen der Unionisten, also sowohl in der Sandy Row als auch in den Wohngegenden um die Shankill Road, finde ich kleine gelbe Schilder an Straßenschildern und Laternenmasten, auf denen „This is a neighbourhood watch area“ zu lesen ist. Was wohl sowohl unionistischen Jugendlichen als auch eventuellen nationalistischen Eindringlingen zur Zurückhaltung raten soll. In keiner der nationalistischen Gegenden, die ich besuche, finde ich solche oder ähnliche Schilder. Stattdessen hängen in den Wohngegenden der Nationalisten eher Schilder der Polizei, die vor Konsequenzen bei *antisocial behaviour* warnen.
- Außerdem kommt es mir in beiden unionistischen Gebieten so vor, als hätten die Menschen dort, was das Aufhängen von Flaggen, Fahnen, Wimpeln, Girlanden und Flitterdekoration im Farbcode des Union Jack sowie diverser Unterbrigaden von Oranier-Orden angeht, mächtig aufgerüstet. Dagegen wirkt die „Gestaltung“ der nationalistisch geprägten Falls Road nahezu karg. Da ich bei meinem letzten Besuch in Belfast die Shankill Road leider nicht besuchen konnte, kann ich nun nicht beurteilen, ob dies die übliche Dekoration ist oder ob aufgrund des großen Feiertages am 12.07, an dem der Sieg Wilhelms von Oranien über den katholischen König James II. am River Boyne erinnert wird, besonders aufgerüstet wurde.
- Im Zusammenhang mit dieser Feierlichkeit sind neben großen Umzügen der Oranier-Orden auch immer sog. *bonfire* geplant. Zu Deutsch etwa Lagerfeuer, was allerdings stark untertrieben ist. In einer Wohngegend nahe der Shankill Road entdecke ich eines dieser Bonfire. Es ist ein Turm aus Paletten, der gut und gerne zehn Meter hoch ist und etwa fünf bis sieben Meter im Durchmesser misst. Etwas abseits sitzen in einer aus Sperrholz notdürftig zusammengezimmerten Hütte, über der die ehemalige Flagge Nordirlands weht, ein paar Jugendliche mit Baseballschlägern und Schlagstöcken, die das Bonfire bewachen.

Zwar steht der Turm auf einer Brachfläche, ist aber nur wenige Meter von den nächsten Wohnhäusern entfernt und auch nur etwa zwanzig bis dreißig Meter von einer *Peace line*, was durchaus als Provokation gedeutet werden

---

Aus diesem Grund avancierte wohl auch Che Guevara zu einem Symbol der Nationalisten. Sein Konterfei findet sich beispielsweise auch auf einem bekannten *mural* in London-/Derry, zusammen mit dem angeblichen Zitat seines Vaters „In my son's veins flowed the blood of Irish Rebels“ (ebd.).

kann. Später erfahre ich in verschiedenen Gesprächen, dass die Türme oft noch um einiges höher ausfallen und gelegentlich auch schon mal zusammenfallen und das eine oder andere Haus unter sich begraben. Vor einigen Jahren soll das Feuer der Sandy Row so groß und heiß gewesen sein, dass angeblich die Fensterscheiben eines angrenzenden Hotels gesprungen seien. Gebaut werden diese Türme von den Kindern der jeweiligen Viertel, die ohne Schutz und Ausrüstung die Türme nach oben klettern und die Paletten hinauf hieven.

- An vielen Häuserwänden der unionistischen Viertel finde ich die Kürzel paramilitärischer Gruppen aufgesprüht, oft sogar mit einer spezifischen Brigade- bzw. Bataillonsnummer.

  In der Falls Road finde ich solche Markierungen der *IRA* nicht, in der Bogside in London-/Derry hingegen schon und zusätzlich auch einige der *INLA*. Dafür gibt es in der Falls Road zahlreiche „Botschaften" der *IRA*, die entweder in Form von Plakaten an Häuserwänden aufgeklebt oder aber auf Bauzäune etc. aufgesprüht werden. Dabei ist bemerkenswert, dass die Anwohner das offensichtlich nicht mehr haben wollen und es nicht tolerieren, so werden sehr viele Plakate noch früh am Morgen wieder abgerissen und die Botschaften notdürftig übermalt. So zumindest erklärt es mir ein Passant. Man erkennt es aber auch daran, dass man von den meisten Plakaten der *IRA* immer nur noch ziemlich mitgenommen aussehende Reste an den Wänden findet, die kaum mehr die Botschaft entziffern lassen auch wenn ein oder zwei Tage zuvor noch kein einziges Plakat da war. Ähnliches gilt für die aufgesprühten Botschaften.
- Außerdem fällt mir auf, dass die Unionisten ihre „Gegner", also Katholiken, *Sinn Féin* und *IRA*, sehr viel stärker öffentlich diskreditieren als dies von der anderen Seite der Fall ist. In der Shankill Road finde ich in einem der *Gardens of Reflection* zahlreiche Plakate, die einzelnen Mitglieder von *Sinn Féin* diverse Vergehen vorwerfen bzw. die *IRA* und *Sinn Féin* mit *ISIS* vergleichen. Die Nationalisten hingegen thematisieren meistens die keltische Kultur, ein vereintes Irland und ihre Solidarität mit anderen, beschäftigen sich aber eher wenig direkt mit der gegnerischen Seite. Wenn doch, dann gilt dies meist dem britischen Staat, einer seiner Exekutiven wie Militär oder Polizei oder den unionistischen Parteien (dabei ist dann auch schon mal ein

„Fóc an DUP!“ Schild im Pub zu finden). Einzelne Individuen der Gegenseite werden aber so gut wie nie herausgegriffen, zumindest bin ich dem nicht begegnet.

## Beobachtungsprotokoll IV
## Donnerstag 05.07.2018
## London-/Derry
## Peace Bridge – Ebrington/Mute Meadow – Murals Bondstreet – Bogside – Free Derry Corner – Museum of Free Derry

### Beobachtungen

- An diesem Morgen habe ich die Chance, mal einen Blick in den Veranstaltungskatalog des *Féile an Phobail* zu werfen. Das ist wirklich ziemlich politisch. Besonders interessant finde ich aber, dass sogar viele Sprecher aus anderen Ländern eingeladen sind. Dabei sind eigentlich all die Minderheiten und Abspaltungswilligen vertreten, die die nordirischen Nationalisten unterstützen. Es kommt beispielsweise eine Delegation aus dem Baskenland, eine Gruppe aus Katalonien und außerdem gibt es noch diverse Veranstaltungen zum Thema Palästina, ebenfalls mit Gästen und Vortragenden von dort.
  *Anmerkung: Ich habe tagelang versucht, einen solchen Katalog zu bekommen, aber leider hatte ich dabei kein Glück. Nicht mal im* Sinn Féin *Hauptquartier war noch einer zu bekommen. Der gesamte Veranstaltungskalender ist aber auch über die entsprechende Webseite*[170] *einsehbar.*
- Auf meinem Weg zur Busstation diesen Morgen komme ich auch an dem Platz vorbei, an dem die Bewohner der Sandy Row ihr Bonfire abhalten. Im Gegensatz zu dem in der Shankill Road ist dieses aber nahezu mickrig. Allerdings werden gerade neue Paletten geliefert. Mal sehen, wie es sich über die nächsten Tage entwickelt. Auf jeden Fall gibt es auch hier schon den Bretterverschlag mit der ehemaligen Nordirlandflagge, in dem die mit Baseballschlägern ausgestatteten Jugendlichen sitzen. Zusätzlich hat man hier auch noch die Flagge Israels an dem Verschlag aufgehängt.
- Auf der Busfahrt nach London-/Derry fällt mir auf, dass die Schallschutzmauern, die einen der community-trennenden Motorways begrenzen, tatsächlich extrem hoch sind und auch einen extra Zaun oben auf der Mauer

170 Die Webseite des Events ist unter http://feilebelfast.com/ abrufbar.

haben. Ich frage mich, ob der Grund dafür wohl die Angst ist, dass jemand auf den Motorway stürzen könnte oder doch eher, dass etwas auf die Straße oder auf die andere Seite der Straße geworfen oder an den Mauern aufgehängt werden könnte.

- Kurz darauf entdecke ich eine irische Trikolore, die an einem aus mehreren ziemlich dünnen Eisenstangen zusammengesteckten Fahnenmast gerade so einen oder zwei Meter über den Zaun der Motorway-Mauer ragt. Man kann deutlich sehen, dass die Flagge sehr provisorisch irgendwie mit Kabelbindern an den Mast gebastelt wurde. Ich finde es irgendwie bewundernswert, wie viel Mühe die Menschen sich hier machen, wenn es darum geht, irgendwo noch eine Fahne aufzuhängen. Obwohl das vor allem für die Nationalisten gilt. Sie basteln Fahnen an Stellen in luftiger Höhe oder hängen sie an Orten auf, von denen nicht klar ist, wie die Flagge dort hingelangen konnte. Die Unionisten hingegen setzen beim Präsentieren ihrer Flaggen eher auf Masse und verzichten auf die ungewöhnlichen Orte. Bedenkt man aber, dass die irische Trikolore viele Jahre lang gar nicht in Nordirland gezeigt werden durfte, wird diese Vorgehensweise vielleicht etwas verständlicher.
- Während der Fahrt nach London-/Derry sehe ich diverse Wegweiser und andere Schilder, auf denen Londonderry teilweise übermalt wurde, so dass nur noch Derry zu lesen ist. Häufig wurde dann aber mit Hand London wieder über den übermalten Teil geschrieben, nur um erneut durchgestrichen zu werden.
- In London-/Derry selbst fällt mir als allererstes eine End-Internment-Kampagne auf. Davon gibt es in Nordirland einige, entweder gegen diese Praxis generell oder aber in Bezug auf spezifische, offensichtlich internierte Personen. In der Regel sind die entsprechenden Plakate eher etwas provisorisch gestaltet, oder es handelt sich um großflächige *murals*. Die Plakate der Kampagne in London-/Derry sind aber professionell auf Plastik gedruckt und zudem scheint die Kampagne auch offiziell von der Stadtverwaltung geführt bzw. zumindest unterstützt zu werden. Das finde ich irgendwie ungewöhnlich.
- Als ich mir die *murals* in der Bond Street anschaue, ebenfalls eine (wenn auch ziemlich kleine) Straße fest in unionistischer Hand, werde ich erneut

ziemlich misstrauisch beäugt, zumindest kommt es mir so vor. Eine Mutter mit mehreren Kindern beobachtet mich sogar eine Weile von der anderen Straßenseite, bevor sie schließlich die Straße überquert und an mir vorbeigeht.

- Auf meinem Rundgang durch die Bogside etwas später finde ich tatsächlich sehr sehr viele aufgesprühte *IRA* und *INLA* Schriftzüge und auch ein brandneues Schild, das an einem der Laternenmasten hängt und in Rot und Schwarz verkündet „Join the IRA“. Ich muss ehrlich sagen, dass mich das ziemlich überrascht. Es macht auf mich wirklich nicht den Eindruck als hätten sich diese Gruppierungen aufgelöst, wenn sie nach wie vor so präsent in den Wohnvierteln sind. Irgendwie wird mir dann doch ein bisschen mulmig, wenn ich durch irgendwelche kleineren Straßen und Gassen laufe. Auch wenn mir die Leute hier in der Bogside längst nicht so misstrauisch vorkommen wie in den unionistischen Vierteln.
- Besonders erschüttert bin ich, als ich nur wenige Meter von *Free Derry Corner* entfernt die Reste einer Nagelbombe finde. Ich weiß zunächst gar nicht, was dieser Fleck auf der Straße bedeutet, und muss erst ein paar Mal an der Stelle vorbeikommen, bevor ich in dem vermeintlichen Straßenschmutz die Nägel und Schrauben und den Rest eines Schuhs entdecke und eins und eins zusammenzählen kann. Dass die Nägel noch dort herumliegen, lässt mich vermuten, dass die Nagelbombe wohl nicht bereits vor 20 Jahren explodiert ist, sondern erst vor Kurzem, sonst hätte man die Reste ja hoffentlich weggeräumt. Ich bin kurz wirklich schockiert und wieder einmal wird mir klar, dass hier wirklich Krieg herrschte und die Menschen in vielen Vierteln heute nach wie vor nahezu tagtäglich mit solchen Dingen (Schüsse, Bomben, Bestrafungsaktionen) konfrontiert sind, ohne dass der Rest der Welt viel davon mitbekommt. Nachdem ich meinen Fund verdaut habe, verstärkt sich wiederum mein Eindruck, dass es zwar auf den Touristenstrecken so aussehen soll als wären die *troubles* und die Gewalt nur ein Relikt aus vergangenen Tagen, wenn aber man nur ein paar Meter von den üblichen Wegen abweicht, kann man leicht erkennen, dass dies irgendwie nicht wirklich so ist.
- Insbesondere die *INLA* scheint in der Bogside ziemlich beliebt zu sein. Neben der irischen Trikolore wehen hier auch immer wieder ihre Fahnen.

- Ich bemerke auch wieder eine große Zahl in irgendeiner Form gehbehinderter Personen. Ob das alles Verletzungen von *kneecappings* sind oder anderweitige Verletzungen, etwa aus Straßenschlachten, die hier ja recht häufig waren, oder einfach nur eine ungewöhnliche Häufung von Menschen mit Knie- oder Gehproblemen, kann ich aber natürlich nicht beurteilen.
- In der Bogside fällt mir auch wieder auf, dass die Leute in den nationalistischen Vierteln wirklich freundlicher oder aufgeschlossener sind als in den unionistischen. Hier wird man immer wieder angesprochen, und wenn es auch nur wenig gehaltvolle Kommentare wie „Enjoy your coffee, love" sind, oder man nur im Vorbeigehen angelächelt wird, ist das doch irgendwie angenehmer als misstrauisch von der anderen Straßenseite beobachtet zu werden. Außerdem lassen einen die Autofahrer in den nationalistischen Vierteln immer über die Straße, und zwar, ohne dass man ein Zeichen geben muss. Das passiert mir in den unionistischen Vierteln nie.
- Sehr interessant finde ich auch den doch ziemlich großen Palästina-Support, den die nationalistischen Gemeinden an den Tag legen (während die Unionisten eher auf der Seite Israels zu stehen scheinen). Bei meinem Besuch ist auch *Free Derry Wall* gerade in den Farben Palästinas bemalt und palästinensische Flaggen wehen überall (das gilt übrigens auch für die Falls Road in Belfast). Eine hängt sogar im *Museum of Free Derry*.

**Beobachtungsprotokoll V**
**Donnerstag 05.07.2018**
**London-/Derry**
**Guildhall Austellung – Museum of Free Derry**
**Eindrücke aus den Museen**

## Guildhall Ausstellung

- In der bis heute genutzten historischen Guildhall von London-/Derry gibt es eine Ausstellung zur Thematik der *Plantation of Ulster*. Diese ist kostenlos und wirklich sehr gut gemacht. Sie leitet die Besucher in zeitlicher Reihenfolge durch die Besiedlungsjahre in Nordirland. Dabei ist sie sehr interaktiv gestaltet. Fast an jeder Station kann man auch irgendetwas machen, z.B. Grafschaften zusammenpuzzeln, für die damalige Zeit typische Burgen und Gebäude aus Holzklötzen nachbauen, mit einem Touchscreen interagieren oder sich sogar mit damals typischer Kleidung verkleiden. Es ist für jede Altersgruppe etwas dabei und es macht den Eindruck, als könnten sogar Kinder durch die spielerischen Aktivitäten zumindest ein wenig über die *Plantation* lernen. Sowohl am Anfang als auch am Ende der Ausstellung soll man sein Wissen über die *Plantation* bewerten, indem man eine Plastikmarke in eine von drei Röhren („How much do you know about the Plantation of Ulster?" - „a lot", „a little", „nothing") einwirft. Am Ende ist der Haufen in den „a lot" and „a little" Röhren um einiges größer und der in der „nothing" Röhre um einiges kleiner als zu Beginn. Zusätzlich gibt es die Möglichkeit, am Ende eine Karte mit Verbesserungsvorschlägen, Fragen oder den eigenen Eindrücken von der Ausstellung an einer dafür vorgesehenen Wand aufzuhängen. Besonders häufig liest man darauf Dinge wie „I'd like England to give Ireland back their country" oder ähnliches.

**Museum of Free Derry**

- Das *Museum of Free Derry* ist ebenfalls sehr interessant, auch wenn es um einiges kleiner ist als man erwartet. Es beschäftigt sich hauptsächlich mit den Ereignissen des *Bloody Sunday* 1972 sowie dessen Vorgeschichte und Nachwehen. Speziell wird auch auf die zweite, lange erkämpfte Untersuchungskommission und deren Ergebnisse eingegangen.

  Auch wenn man bereits einiges über den *Bloody Sunday* und die damit zusammenhängenden Ereignisse weiß, kann man doch auch noch einiges Neues erfahren. Vor allem bekommt man einen Einblick in die persönliche Dimension dieser Tragödie, denn außer einem kurzen historischen Rückblick auf die Ereignisse des *Bloody Sunday*, seine Nachwirkungen und den Weg zu der zweiten Untersuchung der Ereignisse, beinhaltet die Ausstellung vor allem persönliche Gegenstände wie Kleidung von Opfern, Banner der *NICRA*, diverse Schriftstücke (z.B. Internierungsbescheide etc.) und Gegenstände, die von Häftlingen während ihrer Zeit im Gefängnis angefertigt wurden. Außerdem gibt es noch eine Videoinstallation mit Filmaufzeichnungen von den Ereignissen am *Bloody Sunday* sowie ein besonders bewegendes Video, auf dem man die Verkündung der Ergebnisse der zweiten Untersuchungskommission sowie die offizielle Entschuldigung David Camerons für die Vergehen der britischen Armee am *Bloody Sunday* sehen kann. Ein Besuch in dieser Ausstellung ist vor allem emotional ziemlich bewegend. An einigen der ausgestellten Kleidungsstücke klebt noch immer das Blut der Opfer, und die vielen Einblicke in persönliche Schicksale wirken ziemlich beklemmend auf den Besucher. Auch das Video am Ende der Ausstellung ist sehr berührend und teilweise kommen den Leuten wirklich die Tränen, wenn sie es sich ansehen. Im *Museum of Free Derry* ist Fotografieren ausdrücklich erlaubt. Allerdings ist der Besuch der Ausstellung völlig zu Recht erst ab einem gewissen Alter bzw. nur in Begleitung von Erwachsenen erlaubt.

**Beobachtungsprotokoll VI**
**Freitag 06. 07.2018**
**London-/Derry – Belfast**
**Museum of Free Derry – Republican Pub Belfast**

## Beobachtungen

- Auf der Busfahrt nach London-/Derry und später auch dort in der Bogside fällt mir auf, dass die Menschen hier ihre politische Ausrichtung bzw. ihre Zugehörigkeit zu einer der beiden Gemeinschaften häufig durch die Blumen in ihren Gärten ausdrücken. Sie pflanzen dort einfach die Sorte Blumen an, die auch in ihrer Gemeinschaft Symbolfunktion hat. So findet man in vielen nationalistischen Gärten weiße Arum-Lilien, in unionistischen Gärten dagegen eher roten Mohn oder orange Lilien. In der Falls Road in Belfast gibt es ein Haus, dessen gesamter Vorgarten ausschließlich mit weißen Arum-Lilien bepflanzt ist. Auch an Denkmälern für nationalistische Opfer der *troubles* oder in den *Gardens of Remembrance* findet man diese Blumen. Letzteres gilt natürlich auch für die *Memorial Parks* der Unionisten.
- In London-/Derry fällt mir erneut auf, dass die Menschen in den nationalistischen Gegenden einfach freundlicher und auch aufgeschlossener sind als in den unionistischen. Völlig fremde Menschen beginnen einfach so eine Unterhaltung mit mir, fragen freundlich und interessiert, woher ich komme und was ich hier mache. Das sind nur ganz banale Gespräche, trotzdem fühlt man sich gleich freundlich aufgenommen. Und es ist mir deutlich lieber als von der anderen Straßenseite aus beobachtet zu werden.
- Ebenfalls in London-/Derry in der Bogside entdecke ich einen Treffpunkt von Jugendlichen in einem von einem Wellblechzaun umgebenen Areal, zu dem es kein Tor gibt. Der Eingang liegt hinter einem Stück Wellblechzaun, das sich zur Seite schieben lässt. Der Zaun ist über und über mit Schriftzügen der *IRA* und der *INLA* und noch einigen anderen Gruppierungen bedeckt. Später steige ich auf einen Hügel und kann so von oben zumindest halbwegs einen Blick in das Areal werfen. Darin befindet sich der obligatorische Bretterverschlag, nur dass hier natürlich die irische Trikolore weht und nicht

der Union Jack.

- Auf der Heimfahrt im Bus entdecke ich in einem unionistischen Viertel etwas außerhalb von Belfast ein Plakat, auf dem darauf hingewiesen wird, dass es bei den Feierlichkeiten am 12.07. um das historische Ereignis geht und nicht darum sich zu betrinken. Der Spruch auf dem Plakat lautet: „It's about the Battle, not the Bottle!" Das finde ich ganz interessant. Es zeigt auch, wie die Menschen immer wieder an historische Ereignisse und ihre Bedeutung für die Gemeinschaft, sowie daran, dass das Gedenken daran eine ernsthafte Sache ist, erinnert werden (müssen).
- Am Abend treffe ich mich in Belfast in einem republikanischen Pub tief im nationalistischen Viertel um die Falls Road mit einigen ehemaligen *IRA*-Mitgliedern auf ein Bier. Obwohl alle sehr nett und freundlich sind, ist das irgendwie ein komisches Gefühl. Die meisten von ihnen arbeiten mittlerweile als Touristenführer, was so etwas wie der typische Job für ehemalige Paramilitärs zu sein scheint. Sie alle gehen aber zumindest in dieser Umgebung des Pubs sehr offen mit ihrer Vergangenheit als Kombattanten um. Ich bekomme ausführliche Antworten auf meine Fragen. Die meisten der Männer, mit denen ich am Tisch sitze, geben zu, schon Personen erschossen zu haben. Sie erzählen über die Waffen, die sie früher benutzten, und über das Bauen von Bomben als würde man sich über etwas völlig Banales unterhalten. Für mich sind solche Gespräche irgendwie ein bisschen befremdlich und beklemmend, denn solche Themen erscheinen mir unglaublich weit weg von meiner eigenen Realität. Aber in Nordirland ist das wohl ganz normal.
- In *Kelly's Bar*, einem anderen nationalistischen Pub in der Belfaster Innenstadt, lerne ich ein Mädchen aus der Falls Road kennen. Sie erzählt mir, dass sie sich in einer Jugendorganisation für die Verständigung und den Austausch von nationalistischen und unionistischen Jugendlichen einsetzt. Der Friedensprozess ist ihr sehr wichtig, aber sie glaubt auch, dass der *Divide* zwischen den beiden Gemeinschaften heute keine so große Rolle mehr spielt. Trotzdem spricht sie nur ein paar Momente danach von ihren unionistischen Freunden, die sie aber heute Abend wohl nicht sehen wird, denn diese würden niemals hier her kommen, und das wäre wohl auch besser so. Sie würde schließlich auch hauptsächlich in nationalistische Pubs gehen.

**Beobachtungsprotokoll VII**
**Samstag 07. 07.2018**
**Belfast**
**Führung Falls Road**

## Beobachtungen

- An diesem Tag hatte ich eigentlich geplant, an einer politischen Stadtführung teilzunehmen, die zunächst, von einem ehemaligen nationalistischen Paramilitär geführt, auf der nationalistischen Seite (Falls Road) beginnt und dann später an einem der Tore an einen ehemaligen unionistischen Paramilitär übergeben wird, der dann die Führung auf der unionistischen Seite (Shankill Road) übernimmt. Allerdings findet genau heute eine Parade auf der Shankill Road statt, und unser Guide ist sich nicht sicher, ob wir überhaupt hinüber können oder ob die Tore geschlossen sind. Aber selbst als sich herausstellt, dass die Tore offen sind, hält er es für zu gefährlich hinüberzugehen, die Tore könnten geschlossen werden und dann würde man erst mal eine Zeit lang auf der anderen Seite festsitzen. Außerdem sind viele Betrunkene dort unterwegs und das könnte ebenfalls gefährlich werden, also bleiben wir auf der nationalistischen Seite.
- Auch wenn eigentlich alles ruhig ist, kann man deutlich spüren, dass die Menschen auf der Straße etwas angespannt sind. Sobald irgendwo eine Sirene zu hören ist, sehen sich sofort alle um. Angeblich, so erzählt unser Guide (Michael von der Organisation *Coiste* und ebenfalls ehemaliger *IRA*-Kämpfer), sind an solchen Tagen wie heute auch Polizisten auf dem Dach des *Divis Towers* postiert und beobachten das Geschehen auf der anderen Seite, um jederzeit eingreifen oder die Tore schließen zu können.
- Michael erzählt, dass viele der ehemaligen *IRA*-Kämpfer heute oftmals als Community-Worker arbeiten. Sie sind zum Beispiel Vermittler bei Streitigkeiten oder Ansprechpartner bei Problemen, v.a. dann, wenn Leute nicht zur Polizei gehen wollen oder können. Als ehemalige Kämpfer haben sie ein gewisses Standing in ihren Gemeinschaften und sind so in der Lage, auch

Sachen an- oder auszusprechen, von denen andere Personen vielleicht lieber absehen würden.

- Es geht auch kurz um den Brexit bzw. die innerirische Grenze. Genau wie schon Thomas Collins in Derry (siehe Interview II) ist auch Michael der Überzeugung, dass eine harte irische Grenze schon alleine aus logistischen Gründen nicht möglich wäre. Sie zu bewachen wäre mehr oder weniger unmöglich, da es unzählige Wege von Nord nach Süd und umgekehrt gibt. Zudem besteht die Gefahr, dass im Falle einer harten Grenze die *IRA* darauf reagieren wird.
- An der *Peace line* in der Bombay Street haben die Anwohner noch immer eine Art Gitterkäfige über ihren Terrassen und Gärten. Laut Michael sind diese auch nicht unnötig. Die letzten Brandsätze etwa wurden am 12.07.2017 über die *Peace line* geworfen, und es ist recht wahrscheinlich, dass dieses Jahr wieder einige kommen werden. Die Leute haben also berechtigterweise immer noch Angst bzw. sind vorsichtig.
- Als die *Peace lines* damals errichtet und die Wohnviertel saniert wurden, hat die Stadtverwaltung Zufahrtswege von einer auf die andere Seite anlegen lassen. Diese enden zwar im Moment an der *Peace line*, sind aber immerhin ein optimistisches Zeichen der Hoffnung, dass man diese Mauern irgendwann nicht mehr brauchen wird und dann ganz einfach von einer auf die andere Seite gehen oder fahren kann.
- In einem nahegelegenen *Garden of Remembrance* zeigt Michael, dass oft versucht wird, den vielen Namen getöteter Personen ein Gesicht zu geben. Etwa, wie in diesem Beispiel, indem riesige Blechplatten mit den Namen und Fotos einiger der Personen bedruckt und an die *Peace line* montiert werden.
- Danach ist die Führung zu Ende und Michael erklärt, dass er nun schnell in den nächstgelegenen Pub müsse, denn gerade spiele England gegen Schweden, und auch, wenn er rein gar nichts von Schweden wisse, „Today everybody here is Swedish!“
- Auf dem Nachhauseweg höre ich in der West-Belfaster Innenstadt zufällig das Gespräch eines Vaters mit seinem etwa dreijährigen Sohn mit:
  *Sohn*: „They will get shot won't they, Daddy?“
  *Vater*: „Don't say that!“

*Sohn*: „But Daddy! Mommy said that the bad people will all get shot. That's right isn't it, Daddy?“

*Vater*: „Billy, I told you don't say that! We're not talking about that here.“

# Anhang B

## Gesprächsprotokoll I
## Dienstag 03.07.2018
## Belfast
## Mary O'Brien – AirBnB-Vermieterin und gemäßigte Nationalistin

### Gesprächsnotizen

- In Nordirland gibt es auch eine Organisation für Frauen, die in die *troubles* verwickelt waren, was meist eher indirekt der Fall war. Einer der Standorte ist London-/Derry, aber es gibt noch viele weitere Büros im Land verteilt. Frauen spielten eine sehr große Rolle während des bewaffneten Konflikts, denn sie hielten die Communities und die Familien zusammen. Was vor allem wichtig war, wenn die Männer beispielsweise interniert wurden. Zudem kümmerten sie sich um die Versorgung der Kämpfer, versteckten Waffen oder überbrachten Informationen. Ohne sie wären die *troubles* so also nicht möglich gewesen.
- Eine weitere recht bekannte Organisation ist *WAVE*. Diese kümmert sich vorwiegend um Trauma-Arbeit.
- Die meisten Leute, denen gegenüber ich erwähne nach London-/Derry fahren zu wollen, wissen sehr viel über die Geschichte der Stadt und erzählen mir diese auch immer gleich noch einmal (so auch Mary). Dies scheint wiederum zu bestätigen, dass die historischen Ereignisse hier wirklich sehr tief im kollektiven Gedächtnis verankert und den Leuten auch sehr präsent sind.
- In London-/Derry soll es außerdem ein Mahnmal für die Hungerstreiker geben, das wohl sehr bewegend und beeindruckend sein soll.
- Man sagt, dass auch die Schnellstraßen in Belfast extra so angelegt wurden, dass sie die *Interface-Gebiete* trennen.

## Gesprächsprotokoll II
## Mittwoch 04.07.2018
## Belfast
## Mary O'Brien – *AirBnB*-Vermieterin und gemäßigte Nationalistin

### Gesprächsnotizen

- Mary spricht zuweilen leiser, wenn sie von den Leuten redet, die für den Brexit gestimmt haben, und auch, wenn sie von den Protestanten spricht. Selbst wenn wir drinnen sind und uns eigentlich keiner hören kann.[171] Sie sagt zudem nicht einfach Protestanten, sondern meist etwas wie „well the … you know like … the protestants". Man hat das Gefühl, das auszusprechen, ist ihr irgendwie ein bisschen unangenehm. Außerdem spricht sie über die Katholiken stets als Nationalisten, die Protestanten hingegen nennt sie Protestanten und nicht Unionisten.
- Sie erzählt auch, dass sie früher draußen immer *plastic bullets*[172] hat herumliegen sehen, aber daran gedacht, welche aufzusammeln und zu behalten, hat sie nie „cause in the middle of a war who would think about that?"
- Zum Thema Brexit und der irischen Grenze meint sie „when they were voting about the Brexit honestly nobody thought about the inner Irish border."
- Sich selbst definiert Mary als irisch und erklärt weiterhin, dass der Hauptaspekt des Brexits wohl „migration issues" seien, aber davon abgesehen, dass es natürlich im Moment wirklich zu große Zahlen seien und es so nicht auf ewig weitergehen könne, hätten die Iren mehr Verständnis und dadurch bedingt hoffentlich auch mehr Sympathie für die Migranten. Was natürlich daran liege, dass auch die Iren selbst schon immer viel aus wirtschaftlichen Gründen migrieren mussten, beispielsweise nach England oder in die USA, und dort ebenfalls oft mit Anfeindungen konfrontiert waren.
- Im Anschluss erzählt sie mir von einem jährlich stattfindenden Festival in

171 Manchmal schließt sie dabei selbst Fenster und/oder die Terrassentür.

172 Das sind relativ große Plastikgeschosse, die von der Polizei anstatt richtiger Kugeln verwendet wurden. Sie sind in Nordirland allerdings mehr als umstritten und ziemlich verhasst. Viele Menschen kamen durch diese *bullets* ums Leben, weil die Polizisten sie ihnen an den Kopf schossen oder wurden anderweitig schwer verletzt.

West-Belfast (*Féile an Phobail,* auf Deutsch etwa „Festival der Community“[173]) mit vielen Rednern, Diskussionsrunden und Workshops zu politischen und meist irgendwie mit den *troubles* verknüpften Themen. Letztes Jahr drehte sich alles um das Thema Brexit, und unter anderem war ein Sprecher der Regierung aus Dublin dort. Er hatte einen riesigen Ordner bei sich. Darin waren die Pläne der irischen Regierung, um ein vereintes Irland realisieren zu können. Es sei alles vorbereitet. Zwar würde es eine Weile dauern, etwa bis 2035 oder 2040, bis alle Schritte vollzogen seien, aber es sei definitiv möglich.

- Interessant ist auch, dass Mary mir bei meinem ersten Besuch erzählt hat, dass der *Divide* zwischen den Bevölkerungsgruppen lange nicht mehr so stark sei wie früher (etwa wenn Jugendliche abends ausgehen), aber bei meinem jetzigen Besuch geht sie in den Gesprächen viel mehr ins Detail, und ich bin mir nicht mehr sicher, ob sie das wirklich so sieht. Das Ganze erscheint mir irgendwie wie mehrere Schichten zu sein. Denn auf den ersten Blick scheint ja zunächst alles gut in Nordirland, und ich habe den Eindruck, das wollen einem die Leute zu Anfang irgendwie auch vermitteln. Erst bei genauerem Hinsehen, wenn man quasi die erste Schicht abgelöst hat, kommt mehr zum Vorschein, und wenn man tiefer in der Materie ist, sprechen auch die Menschen ausführlicher mit einem.

173 Die Webseite des Events ist unter http://feilebelfast.com/ abrufbar.

# Anhang C

## Interview I
## Freitag 06.07.2018
## London-/Derry
## Patrick Murphy – Museum Manager
## Museum of Free Derry

### Setting

Das Interview fand am 06.07.2018 gegen 12:00 Uhr Ortszeit im Gebäude des *Museum of Free Derry* in London-/Derry, Co. Londonderry statt. Der entsprechende Raum befand sich im ersten Stock und war offensichtlich eine Art Besprechungsraum, der direkt an Patrick Murphy's Büro anschloss. Er war relativ klein, ruhig gelegen und mit einem kleinen Tisch sowie mehreren Stühlen ausgestattet. Insgesamt empfand ich ihn damit als sehr gut für das Interview geeignet. Zu Beginn hatte ich den Eindruck, dass der Interviewpartner nicht wirklich Lust auf das Gespräch hatte und etwas gestresst war. Er klang zudem eher genervt und war auch ein wenig pampig. Glücklicherweise änderte sich seine Stimmung bereits nach den ersten beiden Fragen deutlich und man hatte den Eindruck, dass er die Fragen und das Gespräch angenehm und interessant fand und gerne über die darin angesprochenen Aspekte nachdachte und diskutierte. Die Interview-Sprache war Englisch, weswegen auch das Gespräch hier in Englisch wiedergegeben wird.

### Interview

- *I read on your website, that it is very important for you that the Museum of Free Derry is understood as a public place for everybody and that you want to promote conflict transformation and understanding in Northern Ireland's society and even beyond. How do you do that? What kind of projects are involved? How do you reach people?*

  – The museum is about a diverse view of history, because conflict does not only exist in the form of violent fights but also in other ways. For example in how history is shaped and perceived because there are different and conflicting stories existing.

- But it is important to understand that there will be no shared consensus in this particular case. This will never happen! But it needs to be achieved that people understand that there are different views and that that is okay, and that they need to accept this difference instead of fighting about it. There rather should be discussions so that people and the different groups as such get a chance to understand each other's point of view better.
- People also need to be encouraged and enabled to tell their own story, and other people need to see it and learn from it. This is not at all about converting but about understanding the other's perspective.
- So this museum is there for other people to understand this side of the story and to learn about it.
- There would be so much more sites like that one here needed, but it does not necessarily have to be museums. It could also be other projects like books, exhibitions etc.
- It would also be important to understand the unionist side and their views and perspectives. But once more it needs to be understood that this is not about agreeing with them, but rather knowing about them, their reasons, perspectives etc.

• *How do you feel is the people's response to actions you take? Or to the museum in general?*

- I cannot really say anything about people from abroad, but especially with people from the North I have the feeling (and sometimes people also state it) that they leave with a much better understanding. They also are accepting the other side's view[174] much more after they visited the museum.

174 In diesem Fall bedeutet das, die Sichtweise der Nationalisten. Murphy beurteilt diese Frage aus der Sicht der für ihn anderen Seite, also der Unionisten.

- *Do you also work together with unionist / loyalist people and / or institutions?*

– We would like to do so very much and we also did in the past, but not at the moment because it is quite difficult because there are just not enough of these institutions on their side.
– But because everything during this co-working activities is on a voluntary basis there would be no feeling uncomfortable involved.

- *If I'm informed correctly the Museum of Free Derry existed long before the second inquiry. Do you have the feeling something has changed for the institution as such after the new inquiry had taken place?*

– Yes, that is correct. The museum existed long before the second inquiry took place, and also things changed a little or actually quite a lot after the new inquiry.
– So the museum had already been in planning before the second inquiry and it would have been opened or kept open anyway regardless of the fact, if the inquiry would take place or whatever may have been its results.
– The museum and the actual results of the second inquiry helped many people to believe what most of them already knew!
– Even though there were serious doubts about what had happened on Bloody Sunday long before the inquiry, the unionist view always stayed the same. They didn't accept that they might be wrong with their version of the things that happened that day. They only accepted that they had been wrong, when the British Government declared that they had been wrong and that the army made a terrible mistake that day. Only then did the unionists believe it, because it came from a source in which they trusted.
– With collusion it was pretty much the same thing!
– But nowadays the discussion is much more about the extent of the events not about their existence.

- *Have there been any difficulties opening the first museum? With the authorities or with community members?*

  - There were no major difficulties opening the museum. But there is a small group in the community that doesn't like the museum because they disagree with certain views displayed there.
  - There were also no problems with the authorities, but especially during the last few years a shift from simply tolerating the project towards a real support occurred. This is mainly due to a turn in politics, because there is now a nationalistic government in Derry. But also there is a general shift in politics visible because decisions now depend much more on certain criteria than on political orientation.
  - In most cases this also means that Sinn Féin and DUP somehow even out.

- *Was it difficult to get relatives to donate or lend objects of their dead loved ones to the museum?*

  - No, not at all. Most relatives have been extraordinarily supportive!
  - But concerning this there is also an abnormality with this museum which is that this is all first generation stuff, because the events it is connected to didn't take place long ago, so it's harder to give any things away. That is the reason why most objects displayed here are only loaned to the museum and not given to it. But that is entirely okay, it means a lot to the families that they know if they wanted they could always get the things back at any time.
  - For most families it is very important to display the stuff, because it makes the events much more personal and it gives them a face and that is really helpful if you want people to really understand the events. Sometimes people need to be reminded that they were always persons, not just numbers.

- *What do the people here think of all the tourists coming here taking pictures, strolling about etc.?*

– This is still a very bad area here concerning jobs etc. so first of all the tourists bring jobs to this place, and besides, tourism is the only growing industry that is existing around here. So in general people are really welcome here.

– Of course there are also problems occurring, for example concerning the infrastructure,[175] and also sometimes visitors just went a step too far or behaved like they were in a zoo and of course that's not okay, because this is still people's home and they have a right to live here unmolested by visitors.

– But most of all it is important that tourism is used in such a way as that it is a very benefiting thing to local people too. That means, for example, that there are as little inconveniences as possible caused for people living here, or to use the investment that goes here also for community issues like fixing footpaths etc. Because it would not be fair to use the investments just for the tourists.

– So to sum it up, there is some conflict happening from time to time, but overall the situation is okay with the community.

- *The general public image in Europe claims that there is peace in Northern Ireland nowadays. Apart from the fact that armed violence clearly diminished how would you rate that statement?*

– It would be much better to call it post-conflict instead of peace!

– The last gunshots in the Bogside in Derry were heard two days ago! That's because some groups are not on ceasefire.

– Actually it is more like there is still war, but people are not openly showing it any more. They are still opposed on nearly everything, not only on the future of Ireland.

175 Dies spielt wohl vor allem darauf an, dass Straßen und Gehwege zum Teil nicht im besten Zustand sind. Zudem ist die Verkehrssituation rund um die *Free Derry Corner* recht komplex, die Verkehrsführung verlangt ohnehin schon viel Aufmerksamkeit, die durch die vielen Touristen (v.a. touristische Autofahrer) noch zusätzlich strapaziert wird.

- Also it turns out to be pretty much a left vs. right issue as well by now. With the nationalist side representing the more left wing oriented politics and Britain or the unionists tending much more to the right wing inspired politics.

- *Do you think it is likely that fighting will occur again?*

- I would say Yes and No
- No, because it's never going to be like the last time during the troubles!
- Yes, because at some point the big question about the border will have to be answered and then there will be a response from one side or the other.
- But in general the majority knows and always knew that the armed conflict had to end at some point and most people have no desire to go back to these violent days. Things need to be done and solved in another way now.

- *What do you think is necessary to build a really lasting peace without structures of sectarianism in Northern Ireland's society? Do you think that is even possible?*

- Yes, that should be possible and the only way to achieve it is time. Even nowadays you can already say that it had been worse before.
- A good idea, for example, would be mixing schools etc. but this is a development which needs time too and it will happen sooner or later. But this is only true, if nothing happens in between, and that is never sure, especially at the moment with Brexit on the horizon.
- Furthermore, kids are growing up today with not even remembering the troubles any more, but they still share their parents views which is somehow natural but not really good for moving on.
- Also the city centres are already mixed nowadays, and people can't distinguish so easy between catholic and protestant, young people also don't mind any more when they go out in the evening.
- Overall political differences are not so urgent any more.

- *How do you feel about the Good-Friday-Agreement? What would you have done different if you would have been in the position to do so?*

  - I would have changed nothing! Even though, of course, the agreement is not perfect, it is still much better than all the alternatives which were on the table.
  - But even though it already is the best possible solution, even 20 years after its signing it is still not completely fulfilled and an ongoing work in progress.

- *Do you think the British state has put enough effort in bringing peace to Northern Ireland? And are there any initiatives created and/or sustained by the state (either Britain or the Republic of Ireland)? Do you think them helpful?*

  - No, Britain definitely didn't! Not near to enough!
  - To be honest I do not trust the British state, because it always will just do what is best for the British.
  - After the armed conflict was finished they just walked away and didn't give a shit any more.
  - Britain might eventually finally leave at some point soon, but still then it would just be for the damn Brexit!
  - And to answer that question you can also look at all the other conflicts they created all over the world! That is just the way they do it. They divide a society and then they leave them fighting against each other. It is always just the same.

- *How do you feel about the Brexit? What would be the best solution in your opinion? Is there any?*

  - That is a hard question! At the moment even the unionists get more pro-European.
  - To be honest, an Ireland including all 32 counties and therefore the North too is the only way. Because there is also the issue of a European identity

on top of an Irish or British and a loyalist or republican one. And the European identity is very strong up here. Because the EU brought many good things like freedom, jobs, support, funding and so on.

- The Brexit-issue increased the number of people who want to unite Ireland even in the loyalist community. The North as a whole voted to stay!
- The ideal solution for me would mainly be to leave everything as it was. Of course I want to see Ireland united, but maybe that won't happen. With the Brexit Britain has weakened its own Union so much, which can be easily seen with Scotland. Maybe a border in the Irish Sea would be a possibility, but then Irish people would need a passport to go to London and that was never the case before. So in the end there finally might be a united Ireland, but then it would be really separated from Britain.

**Zusätzliche Frage**

- *Can you explain to me what the blue flag with the white stars on it, that's waving here everywhere, means?*

- The flag is called the stary plough, and during the Easter rising in 1916 it belonged to a private force left-wing socialist group connected to Conolly. But their interests were closest to those of the republicans so both groups felt connected to each other
- The original flag looked a little bit different and symbolised Irish freedom from the land to the stars. In its modified version it became one of the general republican flags. Especially the INLA, which is very left-wing in its political orientation, used and uses this flag.

**Interview II**
**Freitag 06.07.2018**
**London-/Derry**
**Thomas Collins – Education Officer**
**Museum of Free Derry**

## Setting

Das Interview wurde am 06.07.2018 gegen 13:00 Uhr Ortszeit im Gebäude des *Museum of Free Derry* in London-/Derry, Co. Londonderry geführt. Der entsprechende Raum befand sich im ersten Stock und wird offensichtlich ansonsten für Vorträge oder Diskussionsrunden etc. genutzt. Für das Interview war er ein wenig zu groß. Auch wenn wir uns gemeinsam an einen Tisch (der sonst für Gruppenarbeiten verwendet wird und dementsprechend ebenfalls etwas überdimensioniert war) setzten, war die Situation ein wenig ungemütlich. Der Interviewpartner war zu Beginn des Interviews aber sehr freundlich und aufgeschlossen. Die Interview-Sprache war wiederum Englisch, weswegen das Gespräch auch hier in Englisch wiedergegeben wird.

## Interview

- *The Bloody Sunday Trust supported relatives when they tried to achieve a new or like a second inquiry of the traumatic events that took place on Bloody Sunday in Derry. So when this inquiry really took place, how would you rate the effect that it had on the ongoing peace process?*

  - The second inquiry always was a part of the negotiation of the Good-Friday- Agreement.
  - So when the inquiry finally took place, it actually was a really big thing for the whole catholic society, not only for the people in Derry, and it definitely moved the peace process in the right direction. It also gave the people in the city of Derry a lot of confidence and strength and also a sense of inner justice and triumph.

- *Do you think that the inquiry changed the society's (especially the nationalists'/republicans') attitude towards Britain as a state and its executive branches?*

  - No, there was no change at all! Because the British wanted everything to stay just as it was. They agreed to the inquiry, but only because they had to! So it was no favour at all. Therefor nothing changed.

- *Do you think if there would have been more second inquiries of this kind about other events, that would have been helpful or even necessary for a really working peace process?*

  - Yes, that would have helped very much!
  - There are still so many people out there in their pain, and an inquiry often is the only way to achieve truth and justice.
  - But there will probably never be a second inquiry like the one in Derry, because it was just so hard to achieve and the result of a very long process!
  - But at least other inquests would be good, because there are so many matters lying there unresolved and untouched, because what was done so far, often was not enough and as long as these matters lie there in people's minds, there can't be peace.

- *Do you think a Truth and Reconciliation Commission like the one in South Africa would have been a good idea here too? What is your opinion on that?*

  - No, not at all! Because that would involve that everybody needs to say the truth. But during the first Bloody Sunday inquiry and also during the second one the British soldiers never said the truth even though they were offered so many benefits.
  - So it probably just wouldn't work here because people are so involved, and it's also about very crucial norms and values and so on. That wouldn't have been a possibility here.

- *What do you think is necessary to build a really lasting peace without structures of sectarianism in Northern Ireland? Do you think this is even possible?*

  – It could be possible, but people need to be willing to move forward, and at the moment there are still many who can't or who won't move forward! Many people are still living in the past and new generations will be the only way to move forward, so it's mainly a matter of time.
  – Also the politicians and the politics as such would need to move on.
  – People and politicians need to see and respect the fact that there are views diverting from their own point of view and that this is okay and that they need to accept it.
  – Seen from a long-term perspective, a united Ireland is the only solution, but it needs to be an agreed one everybody can live with.

- *Do you think the British state has put enough effort in bringing peace to Northern Ireland? And are there any initiatives created and/or sustained by the state (either Britain or the Republic of Ireland)? Do you think them helpful?*

  – No, definitely not! The British have always turned two blind eyes on the whole issue and because it is so far away from them and doesn't affect them any more they don't care.
  – Even today, because the British are controlled by the DUP, they really don't care what happens here!
  – They would get rid of Northern Ireland by tomorrow if they could and if it would just be for the money reasons.

- *How do you feel about the Brexit? What would be the best solution in your opinion? Is there any?*

  – I really want to remain in the EU, but obviously I have no say in the matter!
  – But just for all the benefits the EU is bringing with it, like the freedom of travelling and especially all the money that flew here, I think it is a really bad idea to get out of it.

- Also the museum wouldn't exist without the EU funding, and so many people also have double passports which makes it even more complicated.
- Furthermore, there can't be a hard border anymore because it would be impossible to guard it, there are so many roads going in and out, and also parts of the IRA might start their border campaign again, so a hard border would be nearly impossible.

- *Are there any commemorative events taking place here?*

- There were these remembering marches here when we were still trying to get the inquiry, but after we got it, most people stopped it, because they felt that they had succeeded and "finished" their project.
- But there are still some people who want to continue it, and that's okay.
- But there still is a mess organised by me myself and a week full of events (workshops etc.) that have in some way to do with it also takes place.
- It is important to commemorate and to keep the memory alive, but maybe someday it will come to an end.

**Zusätzliche Fragen**

- *What is the story with all the IRA signs around here?*

- There are still groups out there which are against the Good-Friday-Agreement. They are called dissident republicans, but they are not very well supported!
- So IRA still exists, but is really not much loved anymore!
- They will need to go away, because there are and won't be any battles of that kind any more.

- *What happened to Tony Taylor?*

  – That example shows that internment still takes place.
  – Back when the Good-Friday-Agreement was signed, it was agreed that prisoners got released when they served more than three years of their sentence, but they could be sent back to prison again when they did something else which also happened in Tony Taylor's case.
  – But when he finally got out he was just arrested again for whatever reason without a trial for 847 days now, which is illegal.

**AN INTERDISCIPLINARY SERIES**
**OF THE CENTRE FOR INTERCULTURAL AND EUROPEAN STUDIES**

**INTERDISZIPLINÄRE SCHRIFTENREIHE**
**DES CENTRUMS FÜR INTERKULTURELLE UND EUROPÄISCHE STUDIEN**

CINTEUS • Fulda University of Applied Sciences • Hochschule Fulda

ISSN 1865-2255

1 *Julia Neumeyer*
Malta and the European Union
A small island state and its way into a powerful community
ISBN 978-3-89821-814-6

2 *Beste İşleyen*
The European Union in the Middle East Peace Process
A Civilian Power?
ISBN 978-3-89821-896-2

3 *Pia Tamke*
Die Europäisierung des deutschen Apothekenrechts
Europarechtliche Notwendigkeit und nationalrechtliche Vertretbarkeit einer Liberalisierung
ISBN 978-3-89821-964-8

4 *Stamatia Devetzi und Hans-Wolfgang Platzer (Hrsg.)*
Offene Methode der Koordinierung und Europäisches Sozialmodell
Interdisziplinäre Perspektiven
ISBN 978-3-89821-994-5

5 *Andrea Rudolf*
Biokraftstoffpolitik und Ernährungssicherheit
Die Auswirkungen der EU-Politik auf die Nahrungsmittelproduktion am Beispiel Brasilien
ISBN 978-3-8382-0099-6

6 *Gudrun Hentges / Justyna Staszczak*
Geduldet, nicht erwünscht
Auswirkungen der Bleiberechtsregelung auf die Lebenssituation geduldeter Flüchtlinge in Deutschland
ISBN 978-3-8382-0080-4

7 *Barbara Lewandowska-Tomaszczyk / Hanna Pułaczewska (ed. / Hrsg.)*
Intercultural Europe
Arenas of Difference, Communication and Mediation
ISBN 978-3-8382-0198-6

8 *Janina Henning*
In Dubio Pro Europa?
An Analysis of the European External Action Structures after the Treaty of Lisbon
ISBN 978-3-8382-0298-1

9 *Claas Oehlmann*
Europa auf dem Weg zur Recycling-Gesellschaft?
Die EU-Rohstoffinitiative im Kontext der Strategie Europa 2020
ISBN 978-3-8382-0401-7

10 *Volker Hinnenkamp / Hans-Wolfgang Platzer (ed. / Hrsg.)*
Interkulturalität und Europäische Integration
ISBN 978-3-8382-0573-1

11 *Vera Axyonova*
The European Union's Democratization Policy for Central Asia
Failed in Success or Succeeded in Failure?
ISBN 978-3-8382-0614-1

12 *Lisa Moessing*
Lobbying Uncovered?
Lobbying Registration in the European Union and the United States
ISBN 978-3-8382-0616-5

13 *Andreas Herberg-Rothe (ed.)*
Lessons from World War I for the Rise of Asia
ISBN 978-3-8382-0791-9

14 *Agnieszka Satola*
Migration und irreguläre Pflegearbeit in Deutschland
Eine biographische Studie
ISBN 978-3-8382-0692-9

15 *Vera Axyonova (ed.)*
European Engagement under Review
Exporting Values, Rules, and Practices to the Post-Soviet Space
ISBN 978-3-8382-0860-2

16 *Işıl Erduyan*
Multilingual Construction of Identity
German-Turkish Adolescents at School
ISBN 978-3-8382-1201-2

17 *Hans-Wolfgang Platzer*
Bronislaw Huberman und das Vaterland Europa
Ein Violinvirtuose als Vordenker der europäischen Einigungsbewegung
in den 1920er und 1930er Jahren
ISBN 978-3-8382-1354-5

18 *Aileen Heid*
Erinnerungspolitik
Nordirlands langer Weg zum Frieden
ISBN 978-3-8382-1351-4

***ibidem****.eu*